가족놀이치료

가족치료에서 놀이의 활용

Play in Family Therapy (2nd ed.)

Eliana Gil 저 | 진혜련 · 허미정 · 최연실 공역

학지사

Play in Family Therapy(2nd ed.)
by Eliana Gil

역자 서문

근래 우리나라에서 가족치료는 상담 영역에서 크게 각광받고 있으며, 사회적으로도 가족 문제에 대한 상담적 개입의 필요성 인식과 실제 수요가 크게 증가하는 추세다.

상담은 과학이 아니라 '예술'이라는 말이 있다. 상담 영역에서 '창의성'이 상당히 강조되는 것을 나타내는 말이다. 상담은 과학적인 절차와 규칙에 따라 엄밀하게 진행되는 일련의 과정이라기보다 사람과 사람이 만나서 수행하는 관계의 예술이라고 할 수 있다. 무엇보다도 상담사가 내담자의 문제를 어떻게 다루느냐에 따라서 그 형식과 내용이 상당히 달라질 수 있을 것이다. 이러한 상담의 특성은 아마도 가족치료와 놀이를 결합한 가족놀이치료의 경우에 가장 선명하게 드러나지 않을까 싶다.

본래 상담사의 창의적 접근이 요구되는 상담 영역에서도 여러 가족원을 대상으로 하는 가족치료는 훨씬 더 창의성에 대한 요구가 크다. 가족치료는 평면적이라기보다는 다면적 · 입체적 접근이 요구되고 가족원의 다양한 시각을 모두 포괄하고 수용해야 하는 입장을 지니고 있다. 따라서 가족치료는 그 어떤 영역보다도 상담사의 복합적인 성찰과 창의적 시각이 필요하다. 더 나아가 여기에 놀이를 결합한 가족놀이치료는 기존의 가족치료이론에 놀이영역을 접목한 복합적인 분야이므로 상담사의 창의적 안목이 무엇보다도 요구되는 분야라고 할 것이다.

이와 같은 배경에서 가족놀이치료의 권위자인 엘리아나 길(Eliana Gil) 박사의 저서 『가족놀이치료(Play in Family Therapy)』는 이 분야에 대한 그녀의 창의적인 시각과 접근을 풍부하게 보여 준다는 점에서 상당히 가치가 있는 책이라고 할 수 있다. 엘리아나 길 박사는 미국 버지니아 주에서 40여 년 넘게 임상작업을 수행해 오고 있으며, 특히 아동학대 방지와 치료 분야의 권위자로 추대받고 있다. 그녀는 오랜 기간 가족놀이치료 훈련 프로그램을 이끌고 있으며, 아동기 트라우마를 경험한 사람들과 그들의 가족을 위한 특별한 치료 프로그램을 개발한 것으로 명성이 높다. 이 책에서는 바로 이러한 엘리아나 길 박사의 임상적 경륜과 지혜, 아이디어와 노고가 유감없이 전개되고 있다. 바로 이런 점에서 이 책은 상담 분야의 경계와 영역을 허물고 새로운 가치를 발전하도록 도움을 줄 수 있기 때문에 가족치료사나 놀이치료사, 아동상담사 모두에게 일독을 권할 만하다.

이 책은 전체 12개의 장으로 이루어져 있다. 제1장에서는 놀이치료와 가족치료를 통합하는 이론적 근거를 제시하고 있고, 제2장은 가족놀이치료를 활용하는 데 있어서의 과제와 새로운 기회를 동시에 보여 준다. 제3장은 가족놀이치료에서 임상적 창의성을 어떻게 개발할 것인지를 다루고 있다. 그 이후의 장들은 상당히 다양한 매체들과 구성을 통해 가족놀이치료의 창의적인 접근을 실제로 보여 주고 있다. 제4장과 제5장에서는 인형이나 퍼핏의 사용과 스토리텔링, 제6장에서는 미술치료의 활용, 제7장과 제9장에서는 가족, 커플의 난화 사용, 제8장에서는 가계도의 활용, 제10장에서는 가족 역동 평가에서의 가족 예술 작업의 활용 등을 다룬다. 제11장에서는 가족변화를 유도하기 위한 드라마치료 기법의 사용까지 보여준다.

이 책은 가족치료와 놀이치료를 결합했다는 점에서 양 치료 영역의 경계를 확장했다는 의미를 지니고 있으며, 창의적이고 다양한 치료기법을 구체적으로 제시했다는 측면에서도 치료 레퍼토리를 보다 풍부하게 하는 데 공헌하고 있다. 따라서 가족치료 · 놀이치료 · 아동상담 실무자들은 이 책을 통해 임상현장에서 활용도가 높은 실용적인 아이디어를 많이 빌려 올 수 있을 것으로 기대한다. 부부, 부모와 자녀들이 함께 참여하는 한국의 가족치료와 놀이치료 현장에서 부디 이 책에서 얻은 영감과 지혜가 보다 유익하게 쓰이기를 바라는 마음이다.

끝으로, 이 책을 번역하여 펴낼 수 있도록 도와주신 학지사 관계자 여러분께 심심한 감사의 마음을 표한다.

2016년

역자 일동

저자 서문

어린 자녀가 있는 가족과 함께 작업하는 것은 도전적이고 흥미롭고 보람 있는 일이다. 나는 수년간 많은 가족과 만나 치료 작업을 진행하면서 가족치료에 놀이를 통합하는 것이 긍정적인 변화와 영향을 증진시키는 가장 성공적인 방법 중 하나라는 확신을 가지게 되었다. 가족치료와 놀이치료 분야는 많은 공통점을 가지고 있다. 두 치료법 모두 창조적인 활동으로 내담자의 표현과 표출을 돕고, 새로운 해결책을 시도하도록 하며, 가족들이 서로에 대해 새롭게 알아 가게 하면서 감정적인 결속과 공감을 깊이 있게 재정립하게 한다.

가족놀이치료는 창조적인 요소 외에 경험적인 요소를 포함하고 있다. 성인과 아동 모두가 두뇌와 신체 활동에 참여하게 되면서 여러 가지 이유로 억압되었거나 접근하기 쉽지 않은 내면의 자원들을 깨우고 변화하게 된다. 특히 가족놀이치료에는 몇 가지 중요한 요소가 있다. 가족놀이치료는 경직되어 있는 신체와 감정을 활성화하고, 잠재되어 있는 기쁨이나 행복감 등 긍정적인 정서를 증진시키며, 특히 가족놀이치료를 경험하는 성인들에게 새로운 발견을 하게 한다. 새로운 발견이란 치료를 통해 경험한 것을 단순히 이해하는 것을 넘어 그동안 경직되어 있던 사고에 유연성을 증가시키는 것을 의미한다.

가족놀이치료에 내재된 또 다른 중요한 특징은 은유와 은유적인 언어들의 등장이다. 가족들은 은유를 통해 스스로를 더 깊이 이해할 수 있고 의식에서 감춰져 있는 내면의 문제들을 보다 쉽게 표출할 가능성이 있다.

약 20년 전 『가족놀이치료(Play in Family Therapy)』의 초판이 출판된 이후로, 나는 위기에 처한 가족들을 돕고 그들과 함께하면서 많은 성장을 이루었다. 중

거 기반 모형, 부모-자녀 교육 그리고 뇌의 기능, 신경과학과 관련된 지식들을 습득하는 과정을 거치며 가족놀이치료는 점차 더 발전되었다.

먼저, 『가족놀이치료(Play in Family Therapy)』 개정판에서는 아동과 그 가족들의 창조적인 변화에 더 많이 초점을 두고 치료 활동에 직접 참여할 수 있는 실제적인 방법들을 소개하며 통합적인 접근을 보여 주고 있다. 이러한 접근은 가족들에게 언어만을 사용한 제한적인 치료방법에서 벗어나 전문적인 경험 속에서 얻은 적절하고 다양한 치료 접근방법을 통합한 방식을 제공한다. 한 가지 이론적 모델만으로는 모든 내담자에게 효과적이지 않다. 따라서 우리는 상담사로서 가족들이 다른 방식으로 접근할 수 있는 다양한 통합적인 치료 과정에 참여할 수 있게 하는 것이 필요하다.

개정판에서의 또 다른 중요한 진전은 협력적인 접근이다. 협력적 접근은 상담사의 역량에 의존하기보다는 가족 스스로 치료와 성장을 위해서 자신들만의 방법을 함께 창조하는 것을 말한다. 이것은 은유에 좀 더 중점을 두고 치료할 때 내담자들이 지금까지 해 온 독특한 그들만의 방식을 반영해 볼 기회를 제공한다.

초판에서는 가족치료에서의 통합적인 은유에 대한 근거를 제시하고 치료에 도움이 되는 몇몇 활동을 소개하는 것이 주요 내용이었다. 이번 개정판에서는 내담자들이 즐거운 활동을 통해 창조한 개인의 은유적 언어를 구조적 개입으로 구체화하도록 한다. 또한 그들이 창조한 추상적인 은유들을 구체화하는 것을 넘어서, 내담자들이 그들이 만들어 낸 은유들을 가지고 자유롭고 발전적으로 상호작용하도록 돕는다.

20년 전에 나는 은유에 대한 개념을 완전히 정립하지 못했다. 이후로 나는 '견뎌 주는 것(holding up)'에 대한 깨달음의 과정과 은유를 확장시켜 내담자들이 새로운 방식으로 자신을 경험하고 가치를 느끼게 되는 과정을 이해하게 되었다.

내담자들은 자신의 은유에 그들 자신을 투영하고, 점점 더 많은 통찰과 변화의 기회를 만들어 간다.

세 번째의 중요한 진전은 내담자와 상담사 모두에 대한 창조적인 표현의 강조다. 상담사들은 내담자들이 창조적일 수도 있으나 그렇지 않을 수도 있다고 생각한다. 상담사는 내담자들의 창조성을 일깨우고 그것을 표현하는 데 주저하는 내담자들에게 강요하지 않고 자연스럽게 이끌어 가야 한다. 이 책은 내담자의 창조성이 자연스럽게 발현되도록 돕는 상담사의 작업이 어떻게 내담자에게 치료적으로 적용될 수 있을지를 보여 준다. 따라서 상담사는 스스로 먼저 자신의 창조성을 개발하고 다른 사람들의 창조성에 대해 개방적인 태도를 가져야 한다.

마지막으로 앞서 언급했듯이, 최근의 신경과학 연구 분야에서는 두뇌가 다양한 형식의 개입으로 영향을 받는다고 주장하고 있다. 브루스 D. 페리(Bruce D. Perry) 박사는 모든 개입방식은 각각의 장점을 가지고 있고, 전달되는 일련의 영향은 서로 연관된다고 한다. 이에 근거하여 상담사들은 먼저 내담자의 감정과 신체적 상태에 주목해야 하고 두뇌의 비활동적 부분을 자극해야 한다.

두뇌의 비활동적 부분을 자극하기 위하여 방어적인 내담자들에게 다른 방식으로 접근하는 방법, 즉 다른 방식으로 이야기할 것을 요청하거나 그들이 가진 감정을 표현해 보라고 하는 것, 피규어를 상징적으로 사용하는 것, 혹은 '기존의 패턴이나 고리를 끊어내는 과정(shutting-down process)'을 방해하는 어떤 다른 행동을 하게 하는 방법 등은 도움이 될 수 있다. 가족들을 놀이에 참여하게 하거나 상징적인 언어를 사용하게 하는 것이 그들에게 신선한 자극을 주고 긴장을 풀게 할 수도 있다. 이 과정을 통해서 가족들에게 행복감을 불어넣는 웃음이나 기쁨, 즐거움을 이끌어 낼 수 있다.

개정판은 위와 같이 보완된 내용으로 새롭게 쓰였다. 제1장과 제2장은 놀이치료와 가족치료의 보완된 이론을 정리하고, 통합을 통한 두 치료의 호환성과 강점에 대하여 기술하였다. 특히 자각되지 못하거나 해석되지 못한 은유들에 대해 관심을 두었다. 그리고 은유를 표현하기 위해서 구체화하는 과정에 대해 몇 가지 제안을 하였다.

제3장은 가족놀이치료를 실행하는 데 있어서 창의성을 일깨우는 동기부여 방법과 창의성이 어떻게 발전할 수 있고 어떻게 실제적으로 사용될 수 있는지에 대해 논의한다. 나는 창의적으로 태어나는 사람은 원래부터 따로 있다는 믿음을 타파하려 하며, 대신 임상가들이 작업을 하는 과정에서 이런 창의성이 확장되도록 해야 한다고 주장한다.

마지막으로, 많은 가족치료사와 놀이치료사가 다양한 이유로 이 두 가지 치료 접근을 통합하는 것에 있어 상반된 감정을 가지고 있는 듯하다. 이에 대한 이해를 돕기 위하여 제4장에서 제11장까지는 실질적인 가족놀이치료의 적용과 그에 따른 효과를 경험한 가족들의 예들을 제시한다. 이런 사례들은 각 가족에게 임상적인 실제가 어떻게 특정한 기술을 통해 쉽게 통합될 수 있는지 자세하게 안내할 것이다.

가족놀이치료 연구나 가족놀이치료를 임상적 접근에 통합하는 데 있어 이 책이 독자들에게 유용하기를 바란다.

차 례

CHAPTER 01

놀이치료와 가족치료의 통합

with 캐서린 포드 소리(Catherine Ford Sori)

PLAY in FAMILY THERAPY

가지 않은 길

로버트 프로스트(1916)

노랗게 물든 숲 속에 두 갈래 길이 있었습니다.
난 나그네 몸으로 두 길을 다 가볼 수 없어
아쉬운 마음으로 그 곳에 서서…
뒷날을 위해 한 길은 남겨두었습니다.

심리치료 분야에서 아동을 다루는 데는 두 개의 나누어진 '길들', 즉 '아동(놀이)치료'와 '가족치료'가 있다. 로버트 프로스트(Robert Frost, 1916/1966)의 유명한 시 〈가지 않은 길〉의 여행자와는 달리 우리는 놀이치료와 가족치료라는 두 길을 모두 가는 것이 가능하다. 그 길들은 프로이트의 정신분석이론이라는 공통지점부터 시작되어 갈라져 왔기 때문이다. 가족치료를 구축한 많은 사람이 아동과 작업하기 위해 정신분석적 훈련을 받았다. 그러나 그들은 아동과의 개별상담만으로 충분하지 않다는 것을 발견하였고, 가족이 함께 상담에 참여하는 실험을 시도했다. 그 후로 가족치료는 아동의 개별적인 욕구보다는 하나의 체계로서의 가족에 더 중점을 두었고, 아동치료는 아동과 그 아동의 문제를 심화시키는 하나의 맥락으로만 가족을 이해하면서 가족의 중요성을 최소화하였다.

최근 아동의 정신 건강 분야는 중요한 사회문제가 되고 있으며, 그 필요성이 점점 더 강조되고 있다. 이를 위해 어린 아이들과 그들의 가족을 다루는 데 중요한 부분을 차지하는 '가족에 기초한 치료 서비스(family-based treatment services)'에 대한 요구가 대두하고 있다(Cornett, 2012; Miller & McLeod, 2001). 따라서 점점 더 많은 가족치료사와 연구자들이 가족치료와 가족놀이치료에서 아동을 다루는 문제들을 검토하기 시작했다(예를 들어, Botkin, 2000; Carr, 2009; Lund, Zimmerman, & Haddock, 2002; Raimondi & Walters, 2004; Rober, 2008; Ruble, 1999; Seymour & Erdman, 1996; Sori, 2006a; Sori & Hecker, 2003; Strickland-Clark, Campbell, & Dallos, 2000). 한 연구에서는 아동에게 더 나은 치료적 효과를 이끌어 내기 위해서는 아동치료에 양육자들을 포함해야 한다는 연구 결과를 발표했다(Bratton, Ray, Rhine, & Jones, 2005). 그러나 밀러와 맥리오드(Miller & McLeod, 2001, p. 375)의 연구에 따르면 다수의 가족 전문가는 여전히 개별적 관점에서 작업을 진행하고 있다고 하였다. 하지만 과거 수십 년간 가족치료와 놀이치료를 통합하여 가족놀이치료 분야를 개발하려는 움직임은 있어 왔으며(Gil, 1994, 2011b; Gil & Sobol, 2005; Dermer, Olund, & Sori, 2006; Keith & Whitaker, 1981; Zilbach, 1995), 관리 의료(managed care)에 대한 요구가 생기기 시작하면서 아동(놀이)치료와 가족치료 분야에 증거기반 연구들이 활발하게 이루어졌다(Bratton et al., 2005; Henggeler & Sheidow, 2012; Kaslow, Broth, Smith, & Collins, 2012). 이에 부응하여 이 개정판에서는 아동(놀이)치료와 가족치료 분야의 통합을 진전시켜 서로에게 더 많은 것을 제공하고자 한다.

아동놀이치료와 가족치료, 각 개별분야가 하나의 통합된 가족놀이치료 모델로서 무엇을 가져올 수 있는지를 더 자세히 알아보기 위해, 제1장은 아동놀이치료와 가족치료 모델의 핵심 개념과 치료 모델들을 살펴보고 그것들이 가족놀이치료로 통합되는 이론적인 근거를 살펴본다. 제2장에서는 이 통합의 방해물들을 살펴보고, 가족놀이치료로 인해 새롭게 열린 임상적 기회들을 다룬다. 제3장에서는 임상적 창의성이 놀이치료에서 사용되는 몇 가지 신화를 찾아보고 임상적 창의성을 계발시키는 방안을 제공한다. 그리고 이 책의 나머지 장에서는 우리가 '가족놀이치료' 분야에 새로운 길을 걸어갈 수 있도록 여러 가지 사례를 중심으로 대부분의 아동치료가 가족치료 접근방법들과 쉽게 통합될 수 있는 혁신적인 개입방법들을 제시한다.

1. 아동과 놀이치료

프로이트(Freud)는 그의 첫 번째 아동 분석 사례에서 놀이를 활용한 아동심리치료 개념을 도입하고(Gil, 1994; Miller, 1994), 치료적 놀이의 세 가지 주요 기능을 강조하였다.

① 놀이는 스스로 자기표현을 언어적으로 전달하기 어려운 아동이 놀이를 통해 자기표현을 할 수 있도록 돕는다.
② 놀이 안에서 아동들은 자신의 소망을 이루어 성취감을 경험한다.
③ 놀이는 아동들이 트라우마를 극복하고 상처를 회복하도록 돕는다(Nash & Schaefer, 2011).

프로이트의 이론 이후로 에릭 에릭슨(Erik Erikson)의 심리사회적 발달 단계, 장 피아제(Jean Piaget)의 인지발달이론, 해리 스탁 설리번(Harry Stack Sullivan)의 성격 발달에서의 대인 관계 역할 강조 등 아동발달 이론가의 연구는 놀이치료 발달에 큰 영향을 주었다. 아동치료사들은 아동의 성격 발달 이론 외에도, 아동의 표현적인 언어 발달을 이해해야 한다(Miller, 1994). 밀러(Miller)는 아동뿐만 아니라 가족도 가족 발달 단계를 경험한다고 인식했다(Carter & McGoldrick, 1999). 치료사들은 가족이 어떤 한 단계에 '갇혀서(stuck)' 다음 단계로 이동하지 못할 때 아동이 어떻게 영향을 받는지 알기 위해 가족생활 주기에 대한 지식을 가질 필요가 있다.

놀이치료의 접근방법은 크게 비지시적 관계적 놀이치료와 지시적 놀이치료 두 가지로 나뉘며, 몇몇 치료들은 이 두 가지 요소를 결합한다.

1) 관계적 놀이치료(비지시적 놀이치료)

관계적 놀이치료는 주로 비지시적 방법을 적용하며 치료적 관계를 강조하고 치료사들이 아동을 있는 그대로 수용할 것을 요구한다. 관계적 놀이치료는 과거는 덜 강조하지만, 정신분석 이론과 강한 연관성을 가지고 있다(Schaefer & O'Connor, 1983).

내담자중심 놀이치료는 칼 로저스(Carl Rogers)의 성인을 대상으로 한 비지시적 인간중심 접근으로부터 발전했다. 이 접근방법에서 아동은 '잘 갖춰진 놀이방'에서 제한은 최소한으로 받으면서 자유롭게 놀게 된다(Landreth, 1991, p. 32). 치료사들은 현재에 중점을 두고 과거를 해석하는 시도를 하지 않는다. 이 접근방법은 어린 내담자가 자신의 문제를 해결할 능력을 그들 자신 안에 가지고 있다고 전제한다.

로저스와 무스타커스(Rogers & Moustakas, 1959)처럼 버지니아 엑슬린(Virginia Axline, 1947, 1964)도 아동은 '무조건적인 긍정적인 관심, 공감적 이해, 진실성'이라는 맥락 안에서 변화할 역량을 지니고 있다고 믿었다(Nash & Schaefer, 2011, p. 5). 엑슬린(1947, p. 9)에 따르면, "놀이치료는 놀이가 아동이 자기를 표현하는 자연스러운 수단이라는 사실에 기반을 둔다. 놀이는 아이들이 감정과 문제를 풀어내는 기회를 제공한다. 이는 마치 성인을 대상으로 하는 치료에서 개인이 자신의 어려움을 '언어로 표현하는' 것과 같다."

치료사는 가장 먼저 아동들이 이용할 수 있는 놀이도구를 준비한다. 모래놀이(Kalff, 1980; Lowenfeld, 1935; Nash & Schaefer, 2011; Miller, 1994), 미술(Malchiodi, 1998), 퍼펫(Irwin & Malloy, 1975) 등과 같은 다양한 놀이 도구와 치료적 기법들을 이용할 수 있다. 비지시적인 놀이치료에서 치료사의 역할은 ① 놀이 중인 아동을 주의 깊게 관찰하는 것, ② 아동의 행동, 가능한 생각, 감정을 반영하는 것, ③ 아동이 무엇을 할지 선택할 자유가 있다는 것을 알 수 있도록 환경을 구성하는 것이다.

아동은 그들이 원한다면 그들이 좋아하는 것을 하고 싶은 대로 표현하며 놀거나 이야기할 수 있도록 격려받는다. 치료사가 아이들의 감정을 반영할 때, 아이들은 자신이 수용 받고 이해받는 경험을 내면화한다(Guerney, 1983). 그 전제는 '아이의 감정이 표현되고 수용되면, 아이는 감정을 받아들이고 자유롭게 다룰 수 있게 된다.'는 것이다(Landreth, 1991, p. 32). 엑슬린(1950, p. 68)은 "놀이 경험은 치료적이다. 놀이는 아동과 성인 사이의 안전한 관계를 제공하고, 아동은 자유롭게 스스로를 표현할 공간을 가지게 된다. 놀이치료는 아동 자신을 위한 온전한 시간과 자신만의 방법으로 자신을 경험하는 순간이다."라고 했다.

게리 랜드리스(Garry Landreth), 루이즈 거니(Louise Guerney), 라이즈 반플릿(Rise VanFleet)과 같은 현대의 많은 놀이치료사들은 엑슬린의 아동중심 놀이치료를 다듬고 개선해 왔다(Kottman, 2001, p. 24). 비지시적인 치료방법은 문제가 있는 많은 아동을 치료하는 데 성공적으로 사용되었고(Guerney, 1983), 아동을 사정하고 치료하는 데 상당히 중요한 역할을 수행해왔다.

2) 지시적 놀이치료

구조화된 놀이치료에서는 치료사가 치료의 과정과 초점을 결정하는 적극적인 역할을 수행한다. 데이비드 레비(David Levy, 1938)의 '이완요법(release therapy)'은 초기 지시적 놀이치료 방법의 하나로 아동이 스트레스에 대처하도록 돕는 '정화요법(cathartic method)'을 제공하며(Miller, 1994) 정신적 외상(trauma)을 경험한 아이들을 위해 발전되어 왔다. 레비는 놀이치료사들은 아동이 스스로 조절할 수 없는 강력한 감정들의 '홍수'를 경험하지 않도록 주의해야 한다고 강조하였고, 치료사들이 견고한 치료적 관계가 형성되기 전에는 이런 접근방법을 시도해서는 안 된다고 경고하였다. 오로지 몇 개의 장난감만이 제공될 뿐이지만, 그것들은 아이들이 가지고 있는 정신적 외상의 재창조를 촉진하도록 주의깊게 선별된다(Schaefer & O'Connor, 1983). 레비는 아동이 두려움을 주거나 압도감을 주는 외상스트레스 요인들에 점진적으로 노출될 수 있도록 돕기 위해 아동의 자연회복 메커니즘과 같은 외상 후 놀이에 대한 이해의 기초를 마련하였다(Gil, 2010a).

비지시적인 접근방법과 지시적인 접근방법을 구별하는 중요한 요인 중의 한 가지는 치료사의 역할이다. 비지시적인 치료사가 아동을 따라가고, 놀이를 구조화하지 않는 반면, 지시적인 치료사는 무의식적인 생각을 끌어낼 목적으로 혹은 특정한 방향으로 아동에게 영향을 주기 위해 놀이를 구조화한다. 비지시적인 치료와 비교할 때 지시적인 치료는 짧은 용어를 사용하고, 증상에 초점을 맞추며, 치료적 전이에 덜 의존적이다. 지시적인 치료사는 아동이 특정한 형태의 활동을 하거나, 특정한 그림을 그리거나 혹은 특정한 이야기를 구상하고 말하며 반응하도록 제안할 수 있다.

지시적인 놀이 접근방법에는 행동주의 놀이치료, 게슈탈트 놀이치료(Oaklander, 1988), 생태체계적 놀이치료(O'Connor, 2000), 아들러 놀이치료(Kottman, 2001), 처방적 놀이치료(Schaefer, 2011), 부모-자녀 놀이치료(Guerney, 1983), 치료놀이(Jernberg & Booth, 1999) 등 많은 접근 방법이 있다. 이러한 접근에 대한 더 많은 정보를 얻기 위해서는 코트먼(Kottman, 2001), 오코너와 브레이버먼(O'Connor & Braverman, 1997), 쉐퍼(Schaefer, 2011)를 참고하면 좋을 것이다. 부모-자녀 놀이치료와 치료놀이는 양쪽이 모두 부모-자녀를 대상으로 하고 있기 때문에 특별히 관심을 가져야 한다.

3) 부모를 포함하는 놀이치료

부모훈련 접근방법은 아동놀이치료와 가족치료 사이의 통로를 만들어 내며, 광범위한 아동상담 영역을 다루는 데 효과적이라고 알려져 왔다. 부모훈련 접근방법은 지시적인 그리고 비지시적인 요인들을 모두 포함하고 부모-자녀 관계 향상에 중점을 둔다. 다음에 간략히 소개되는 부모-자녀 상호작용치료(Parent-

Child Interaction Therapy: PCIT)와 부모-자녀 심리치료(Parent-Child Psychotherapy: PCP)는 둘 다 증거기반 상담으로 간주한다. 연구에 따르면 부모-자녀 놀이치료(Filial Therapy: FT), 자녀-부모 관계치료(Child-Parent Relationship Therapy: CPRT), 치료놀이(theraplay)는 모두 긍정적인 치료 결과가 있는 것으로 나타나고 있다.

(1) 부모-자녀 상호작용치료(PCIT)

이 증거기반 접근은 실라 아이버그(Sheila Eyberg, 1988)가 조작적 행동치료와 치료적 관계의 중요성을 강조하는 놀이치료의 일반적인 취지를 통합하기 위해 발전시켰다. 바움린드(Baumrind)의 연구에 따르면, PCIT는 부모가 권위적인 양육태도를 보이는 자녀들에게서 더욱 긍정적인 결과를 보여준다고 한다(Butler & Eyberg, 2006). 이 접근방법에는 두 가지 단계가 있으며, 두 가지 모두 아동과 별개로 부모훈련이 필요하다. 첫 번째 단계는 아동지시적인(child-directed) 접근으로 다른 행동주의적 접근방법들과 PCIT를 구별 짓는 것이다(Eyberg, 1988). 부모들은 부모와 자녀 간의 유대를 강화할 수 있는 기술들을 숙달한다. 부모들은 아동이 이끄는 대로 따르고, 세 가지 '하지 말 것'의 규칙, ① 명령하지 말 것, ② 질문하지 말 것, ③ 비판하지 말 것을 지켜야 한다(Bailey & Sori, 2000, p. 483). 이 접근방법은 부모가 단지 아동의 문제 행동에만 반응하는 부정적인 피드백을 멈추도록 한다. 그 대신에 부모들은 아이가 하는 행동을 지속적으로 읽어 주고, 아동이 하고 있는 것들을 따라 하고, 아이가 말하는 것을 다시 반영하고, 마지막으로 아이를 칭찬한다. 부모훈련 후에 치료사는 부모와 아이의 놀이시간을 관찰하고 코칭을 하며 긍정적인 피드백을 제공한다. 부모들이 이런 기술들을 숙달하게 되면, PCIT의 두 번째 단계로 접어드는데, 부모 스스로 직접 놀이시간을 운영해 나가기 시작한다. 이 단계의 목적은 부모의 일관성, 예측성, 공정한 훈육 사용을 증가시키는 것이다. PCIT는 우울증이 있는 어머니들(Timmer et al., 2011), 소수민족 아동들(Butler & Eyberg, 2006)과 같은 대상에서도 효과적인 치료로 나타났다(Pearl et al., 2012).

(2) 부모-자녀 심리치료(PCP)

부모-자녀 심리치료는 또 하나의 증거기반 접근방법으로 부모를 아동에 대한 협력적 치료사로 기능하도록 훈련하는 것이다(Nash & Schaefer, 2011). 이것은 애착 이론과 정신분석 이론, 인지행동 이론, 사회학습 이론에서 유래한 여러 가지 개입기법을 적용한다. PCP는 영아, 유아, 취학 전 아동들을 가진 부모를 위해 만들어졌다. 이것은 부모-자녀 관계를 넘어 그 외의 중요한 가족 구성원들을 포함하는 특징을 가지며, 가족의 문화에 관심을 기울인다.

이 모델은 가정 내 폭력을 경험한 아동들을 대상으로 연구하고 발전했다. 부모-자녀 심리치료의 목적은 아이들에게 보호자로서의 부모 이미지를 회복할 수 있게 하려는 것이다. 핵심 접근방법으로는 아동의 상징놀이가 있다. 치료사는 아동의 외상적 사건, 가족, 인종과 연관된 특정한 놀이도구들을 선택한다. 치료사의 역할은 아동과 부모에게 놀이의 의미를 설명하고 아동의 상상력을 기를 수 있고 부모-자녀 상호작용을 용이하게 하는 놀이 활동에서 상호 간 즐거움을 증진시키는 것이다(Lieberman & Van Horn, 2008).

(3) 부모-자녀 놀이치료(FT)

1950년대 후반 루이즈와 버나드 거니(Louise & Bernard Guerney)가 부모-자녀 놀이치료를 개발하였다. 이것은 비지시적인 놀이(Axline, 1947)의 원칙과 아동중심 놀이치료(Landreth, 2002)를 통합한 것으로, 반플릿(VanFleet, 2003, 2005, 2011)은 부모-자녀 놀이치료는 광범위한 심리사회적 문제를 치료하고 방지하는 데 사용될 수 있는 사실상의 심리교육적 가족치료 방법이라고 설명하였다. 부모-자녀 놀이치료는 부모와 아동 사이의 애착을 증진시키고, 우울, 불안, 행동장애, 주의력결핍 과잉행동장애(ADHD), 정신적 외상, 학대, 가족 구조의 변화를 겪는 가족 문제를 포함한 다양한 아동 문제를 다룰 때 성공적으로 사용되었다(VanFleet, 2003).

거니는 원래 정신적 외상, 학대, 반항 행동, 혹은 상실감을 포함한 정서 문제로 고통받는 3~10세의 어린 아동들을 위한 집단 접근법의 하나로 부모–자녀 놀이치료를 개발하였다(Topham, Wampler, Titus, & Rolling, 2011). 반플릿(2014)은 이것을 개별 가족을 위해 사용하기 위해 수정하고, '특별한 시간(special time)'이라는 청소년 집단 프로그램에 적용될 수 있는 방식으로 개발하였다. 이 프로그램에서 부모들은 ① 구조화 기술, ② 공감적 반영 기술, ③ 아동중심 상상놀이 기술, ④ 제한 설정 기술 등 네 가지 기술을 배우게 된다. 부모–자녀 놀이치료의 목표는 아동의 행동 문제를 최소화하고 더 나은 부모–자녀 간 상호 교류를 증진시키는 것이며, 그것을 위해 부모에게 의사소통 기술, 적응 기술, 문제 해결 기술 등 주요한 기술들을 교육하는 것이다(VanFleet, 2005).

치료사는 '강의, 시연, 모델링, 역할놀이, 기술 연습, 피드백, 지도 감독을 받는 놀이 회기와 강화'를 제공한다(Kottman, 2001, p. 47). 부모와 아동은 매주 두 가지 방식의 훈련을 받는다. 부모들은 치료사와 아동 사이의 놀이를 관찰하게 되고 기술 훈련을 받는다. 그 후 부모는 치료사의 지도 아래 아이와 함께 놀이를 실습하고, 마지막으로 집에서의 부모놀이 시간을 어떻게 임상가들이 실행해야 하는지 지도 및 감독을 받게 된다. 카마이클(Carmichael, 2006)은 부모–자녀 놀이치료에서 부모들에게 방법을 가르치고, 놀이 회기 동안 그들을 지도 감독하고, 그들이 집에서 놀이시간을 가지도록 지원하는 등 다양한 역할을 하게 된다고 강조했다.

지난 50년간 부모–자녀 놀이치료의 과정과 효과성에 대한 연구들이 넘쳐났다. 브래턴 등(Bratton et al., 2005)은 놀이치료의 메타분석을 통해 "놀이치료 과정 중에 부모의 참여, 특히 부모–자녀 놀이치료가 놀이치료의 효과를 극적으로 향상시킨다."는 것을 발견했다(VanFleet, 2011, p. 163). 반플릿(2011)은 "통제 연구에 따르면 부모–자녀 놀이치료가 아동 행동과 문제 표출, 부모의 수용/공감, 부모의 기술 수준, 부모의 스트레스 정도를 개선하고 가족의 삶의 만족을 증가시킨다." (p. 163)고 보고하였다.

(4) 자녀-부모 관계치료(CPRT)

자녀-부모 관계치료는 부모-자녀 놀이치료에 바탕을 둔 10회기의 과정으로 매뉴얼화되어 있다(Landreth & Bratton, 2006). 이 접근방법은 아동중심 놀이치료를 핵심으로 사용하는 훌륭한 부모교육 모델이며 광범위한 양육 문제들에서 부모와 아동 모두에게 효과적인 것으로 밝혀진 접근방법이다(Bratton et al., 2005; Landreth & Bratton, 2006; VanFleet, Ryan, & Smith, 2005).

(5) 치료놀이(Theraplay)

앤 전버그(Ann Jernberg)는 1967년 시카고의 '헤드 스타트 프로그램(Head Start programs)'에 등록한 부모와 아동들 사이의 건강한 애착 증진 수단으로 치료놀이를 개발하였다(Jernberg & Booth, 1999; Munns, 2000). 이것은 애착 이론, 자기심리학과 대상관계 이론의 개념들을 포함하고 있다(Jernberg & Booth, 1999; Munns, 2011). 치료놀이는 부모와 아동 관계를 향상하고 많은 아이의 문제 표출을 줄이기 위한 강점 기반의 놀이 접근방법이다. 치료놀이의 주된 목표는 아동과 양육자 사이에 보다 더 안전한 애착을 이루게 하는 것이다(Jernberg & Booth, 1999; Munns, 2000, 2011). 치료놀이는 안전한 애착관계가 형성된 건강한 초기 부모와 아동의 관계 특징을 모델링하여 만들어졌으며, 개입방법은 관계의 취약점을 보완하고 건강한 관계를 지원하도록 구성되었다.

대부분의 공인된 치료놀이 치료사는 마샥 상호작용 방법(Marshack interactional method: MIM)이라 불리는 특정한 부모-아동 평가도구를 사용하는데, 이것은 임상가들이 부모-자녀 관계 내의 강점과 취약점을 평가할 수 있게 한다. 상담사는 아동과 가족의 특별한 요구에 적합하도록 주의 깊게 선택한 활동을 가지고 놀이를 구조화한다. 먼즈(Munns, 2011)는 치료놀이의 네 가지 요소, 즉 '구조' '도전' '참여' '양육'에 대해 논하고 있다. 각각의 요소는 모든 회기에서 몇 가지 방식으로 적용된다. 각 요소의 활동들은 아동의 요구에 따라 매 주 결정된다. 부모들은 처음부터 치료놀이 회기에 활동적으로 참여하게 된다.

초기 몇 회기 동안에 부모들은 일방경 뒤에서 치료사가 아동과 진행하는 30분간의 치료놀이를 관찰하며, 다른 상담사로부터 코칭을 받는다. 네 번째 회기까지 부모들은 회기 안에서 치료의 협력자로 활발하게 참여하고, 그들이 집에서 치료놀이를 진행하기 위한 긍정적인 피드백을 받게 된다. 먼즈(2011)는 부모가 아이들의 감정을 반영하고, 아동이 재미있고 즐거운 분위기에서 스스로를 통제할 수 있게 하도록 도움을 받게 된다고 하였다.

치료놀이는 몇 가지 독특한 특징을 가진다. 일반적으로 치료놀이에서는 부모와 치료사들은 표준화된 놀이치료 개입 기법을 사용하지 않는다(Kottman, 2001). 그러나 현재 많은 치료들은 훈련자가 치료놀이와 그 외 다른 놀이치료 방법들을 통합한 접근 방법을 사용하고 있다(Gil, Konrath, Goldin, Shaw, & Bryan, 2014). 치료놀이는 장난감 대신에 솜, 로션, 음식, 신문, 비누 거품, 공과 같은 제한된 소품을 사용한다. 회기는 짧고 집중적이다. 목표는 부모들에게 기술을 가르쳐 그들이 자신의 자녀를 돌보는 관계를 만들도록 책임지게 하는 것이다(Booth & Jernberg, 2009).

치료놀이는 효과적인 접근방법으로 밝혀져 왔다. 특히 위탁, 입양 가정에서 효과적인 접근으로 알려져 왔다. 부모가 아동의 정서에 조화를 이루고 신체적 상호 활동 놀이에 참여하여 서로 접촉할 때 관계는 더욱 강화된다. 양육자로부터의 재미있고 적절한 반응은 안전한 애착의 발달을 이끌고, 아동의 정서적인 자기통제 능력과 서로 이해하고 공감하는 능력을 발전시키며 자기존중감을 증가시킨다. 또한 이것은 전체 가족이나 부부에 대한 치료에도 통합되고 적용될 수 있다(Munns, 2011).

4) 놀이치료의 효율성에 관한 연구

몇몇 메타분석은 일반적으로 몇 가지 특정한 결과들을 제시하여 놀이치료의 효율성을 증명한다. 르블랑과 리치(LeBlanc & Ritchie, 1999)는 놀이치료 연구에 대한 메타분석을 실시하여 놀이치료는 "아동의 현재 문제가 무엇이든 놀이치료와 치료에서의 부모 참여라는 두 가지 변인이 놀이치료의 효율성에 영향을 끼친다."고 결론지었다(Kottman, 2001, pp. 14-15). 긍정적인 결과를 만들어 내기 위하여 부모는 30~35회기의 치료 회기에 활발하게 참여할 필요가 있다(Kottman, 2001, p. 15). 브래턴과 레이(Bratton & Ray)는 81개의 놀이치료 연구 결과의 요약에서 놀이치료가 '사회적 부적응, 행동장애, 학교 행동 문제, 정서적 부적응, 불안/공포, 부정적인 자아개념, 정신적 도전, 혹은 신체적 장애나 학습상의 장애를 가진 아동들'에게 효율적이라고 지지하였다(Kottman, 2001).

1953년에서 2000년까지 93개의 연구 결과를 포함하는 가장 큰 규모의 메타분석이 시행되었다(Bratton et al., 2005). 연구자들은 전체 평균 0.80의 치료 효과를 발견했고, 또한 비인본적 치료보다는 인본적 치료가 더 많은 치료적 효과가 있다고 밝혔다. 가장 중요한 결과 중 한 가지는 놀이치료에 부모를 포함하는 것이 아동이 치료사와 개별적인 놀이치료를 받을 때보다 더 큰 치료 효과를 낸다는 것이다. 앞에서 언급했던 것처럼 부모-자녀놀이치료는 효과가 높다고 여겨진다. 브래턴 뿐만 아니라 내쉬와 쉐퍼(Nash & Schaefer, 2011, p. 6)는 "양육자들의 참여를 장려하는 여러 형식(예를 들면, 인지행동접근 혹은 집단접근)을 이용하는 가족놀이치료가 효과적"이라고 지적한다. 마지막으로 한 가지 흥미로운 결과는 놀이치료에서 아동의 문제 양상, 나이 혹은 성별은 치료의 효과성에 크게 영향을 미치는 요인으로 작용하지 않지만, 부모의 참여는 치료의 효과에 직접적인 영향을 미친다는 것이다. 놀이치료의 긍정적인 결과와 치료 결과의 메타분석에 대해서는 코트먼(2001, pp. 16-18)과 브래턴(2005) 등의 연구를 참고할 수 있다.

2. 가족치료와 아동의 역할

가족치료 분야는 사회복지 운동, 결혼상담, 그리고 정신의학에 뿌리를 두고 있다. 제2차 세계대전 이후로 가족치료는 독립적인 분야로 등장하였고, 이후 1950년대 말에는 연합하는 방향으로 발전하였다(Broderick & Schrader, 1991). 많은 초기 연구자는 정신분열증 환자들과 미성년 범죄자들을 연구하였고 이와 같은 심각한 문제들을 다룰 수 있는 새로운 방법들을 연구해 왔다. 이런 심각한 문제를 호소하는 사람들을 어떻게 다룰 것인가에 대해서 각기 다른 견해들이 등장하였으나, 모든 학파들이 공감하고 동의하는 부분은 가족을 하나의 체계로 보아야 한다는 것이다(Miller, 1994).

가족치료 분야에서 많은 사람들에게 가장 영향력 있는 이론가로 인정받고 있는 그레고리 베이트슨(Gregory Bateson)은 임상가가 아니었다. 그는 사이버네틱스(인간과 기계에서의 의사소통과 통제 그리고 어떻게 피드백을 통하여 안정성이 유지되는지 설명하는)와 체계 이론으로부터 온 개념들을 사람들 사이의 의사소통 패턴에 적용하는 데 흥미를 가지고 있었다. 일반체계 이론은 체계의 부분들 사이의 상호작용과 관계를 검토한다. 가족치료에서는 가족을 하위체계들로 구성된 하나의 상호의존적 체계로 보고 있는데(Bateson, 1972), 전체로서의 가족은 각 부분(개별 가족 구성원)의 합 이상이다.

가족치료는 가족 내 모든 구성원 사이의 관계, 상호작용 패턴, 상호 영향을 강조한다. 체계이론의 관점에서는 사람들은 그들 자신이 살아가는 맥락 안에서 삶이 형성된다고 보고 있다(Hecker, Mims, & Boughner, 2003). 예를 들어, 항상성의 개념은 가족체계의 변화를 잘 설명하고 있다. 부모 간에 다툼이 있는 아동은 학교에서 심각한 문제를 일으킬 수도 있기 때문에 부모도 아동치료에 함께하게 된다. 가정에서 부모의 갈등이나 위기 상황이 해결되면 아동은 다시 정상 행동으로 돌아갈 수 있게 된다.

가족치료의 많은 초기 이론가는 가족치료에 아동을 포함시키는 것이 중요하다고 생각했다(Ackerman, 1970; Chasin & White, 1989; Keith & Whitaker, 1981; Minuchin, 1974; Montalvo & Haley, 1973; Satir, 1972, 1983). 초기 이론가들 중 다수가 정신분석학 분야에서 훈련받았고, 이들은 각기 다양한 이론적 모델을 구축하였지만 모두 같은 결론에 도달하였다. 그것은 어린아이들을 포함한 가족 전체를 치료하는 것이 가장 효과적이라는 것이다. 예를 들어, 치료 회기에 아동을 포함시키는 것의 중요성에 대한 애커먼(Ackerman)의 믿음은 다음과 같은 문장에서 분명히 드러난다.

> 가족치료 면접에서 아동의 참여는 당연하며 중요한 사안이다. 한 가족의 의미 있는 세대 간 상호 교류에 가족 구성원으로서 아동을 참여시키지 않고서는 가족치료가 있을 수 없다. 그러나 실제로 가족치료에서 아동의 참여를 동원하는 것은 어려운 면이 있다(1970, p. 403).

그러나 가족치료에서 상담 초기에 아동들이 가족과 함께 치료 장면에 참여했다고 하더라도, 시간이 지날수록 아동의 참여는 점차 줄어들게 되는 경우가 많다. 이러한 변화는 두 가지 관점으로 해석될 수 있다. 한편으로는 가족치료를 통한 부모의 긍정적인 변화가 아이들에게 영향을 미쳐 아동의 치료가 더 이상 필요하지 않다는 결과로 해석될 수 있다. 그러나 다른 한편으로는 2세대 가족치료사들이 초기 치료사들과 다르게 아동 중심 치료에 적극적이지 않기 때문일 수도 있다. (아이들을 포함시키는 것에 대한 장애물은 제2장에서 더 자세히 다룰 예정이다.) 다음에서는 아동과 놀이를 포함시키는 몇 가지 중요한 가족치료 모델을 간략하게 설명하고자 한다.

1) 전략적 가족치료

베이트슨과 같이 제이 헤일리(Jay Haley)는 상담 전문가로서 훈련을 받지 않았지만 의사소통에 많은 관심을 가지고 있었다(Wetchler, 2003). 헤일리는 의사소통이 권력과 통제를 표현하는 데 어떻게 사용되는지에 중점을 두었다. 의사소통을 통한 권력 다툼의 방법에 따라 가족관계의 특징을 규정지을 수 있다고 했다

(Miller, 1994). 헤일리는 위대한 최면술사 밀턴 에릭슨(Milton Erickson)의 업적에 매료되었다. 그는 단 몇 주 안에 전국의 사람들을 성공적으로 치료하는 에릭슨을 관찰하기 위해 애리조나로 떠났다.

헤일리는 에릭슨의 업적에 대한 책을 출판하고 시간이 짧게 걸리는 최면술의 전략적인 방법들을 옹호하기 시작했다(Haley, 1993a, 1993b). 이후에 헤일리는 에릭슨의 역설적인 최면 기술을 가족 내의 어려움을 극복하는 데 적용하였다. 이런 에릭슨의 역설적 접근방법의 수용은 전략적 가족치료로 발전하였는데, 이는 문제가 있는 일련의 상호작용을 관찰하고 변경하는 것에 중점을 두는 간단한 접근방법이다(Wetchler, 2003).

헤일리는 아동이 가족치료에 포함되어야만 한다고 강하게 믿고 있었다. 헤일리와 동료들에 따르면(Montalvo & Haley, 1973), "놀이치료는 단순한 놀이가 아닌 일상의 삶에서 각기 다른 규칙을 가지는 특별한 의사소통의 방법"(p. 236)이다. 그들은 아이들이 치료의 진행 속도를 스스로 조절할 수 있고 가족의 변화 속도를 완화할 수 있는 존재라고 언급하고 있다.

> 아동의 상상과 놀이 안에서 가족의 행동 패턴을 확인할 수 있으며, 아동은 놀이를 통하여 역기능적인 가족 간의 상호작용에 대응하며 그것을 어떻게 대처할 수 있는지 배우게 된다. 아동과 그들의 놀이는 치료사가 가족에게 보다 안전하고 확실하게 개입할 수 있는 통로가 되어 준다(1973, p. 236).

초기 가족치료 이론가들은 가족놀이치료 발달의 토대를 다졌다. 그 가운데 버지니아 사티어(Virginia Satir)와 칼 휘태커(Carl Whitaker)가 가장 크게 영향력을 미치고 있다. 두 사람은 모두 창조적이고 개혁적이었고, 아동(아주 어린 영아도 포함)과 현존하는 놀이치료 기술을 활용하는 것을 가족놀이치료의 두 가지 요인으로 중요하게 강조하였다.

2) 경험적 가족치료

버지니아 사티어의 경험적 접근방법은 부모들이 자신의 아이들과 접촉하는 것을 장려한다. 그녀는 가족 구성원들이 직접 역할을 재현하거나 가족인형들을 가지고 역할을 정해 장면들을 재현하는 가족조각기법(Duhl, Kantor, & Duhl, 1973)을 사용하였다. 가족인형은 가족의 물리적 · 상징적 관계를 보여 주기 위해 가족 구성원을 형상화시키는 데 유용하다. 사티어는 가족 의사소통에 함축된 정서 체계를 강조하였다. 그녀의 목적은 가족들이 증상을 가졌다고 지목한 대상이 어떻게 문제를 보여 주는가 하는 것을 넘어서 그 증상에 영향을 미치는 가족들의 역동을 인식하도록 하는 것이다. 또한 가족들이 그들의 문제를 해결할 새로운 가능성을 열어 가게 하는 것이다.

칼 휘태커는 정신분석적 정신과 의사였고 놀이치료 훈련을 받았으며, 놀이가 어떻게 소개되었고 어떻게 가족 분야에 활용되었는지 명확하게 보여 준 경험적 가족치료의 대표적인 인물이다. 그는 자신의 놀이방법을 '탈이론적 치료'라고 이름 붙이고, 이후에 이 특이한 접근방법을 '상징적 경험'이라고 했다. 그는 모든 가족이 첫 회기에 참여해야 하며, 만약 가족들이 모두 참석하지 않으면 치료를 시작하지 말 것을 단호하게 이야기했다. 그는 이것을 '구조를 향한 싸움'이라고 불렀다. 그는 아이들을 회기에 참여시키는 것을 치료의 중요 요인으로 강력히 지지하였다. 키스와 휘태커(Keith & Whitaker, 1981)는 『놀이치료: 가족치료의 패러다임(Play Therapy: A Paradigm for Work with Families)』에서 다음과 같이 언급하였다.

> 현대 아동정신의학 분야는 가족치료에서 아동들이 간과되고 배제되어 왔다는 것에 대해 우려하고 있다……. 가족치료에 아동을 포함시키는 것은 가족이 아동의 발달단계를 이해시켜주기 때문에 그 중요성이 강조되고 있다. 우리는 아이들이 치료 과정에 참여하지 않을 때 가족들의 변화가 적고 아주 천천히 진행된다는 것을 지속적으로 발견하고 있다(p. 244).

키스와 휘태커(1981)는 놀이와 가족치료 사이의 유사성을 소개하였으며, 아이들이 놀이 능력을 가지고 있고 성인의 방어를 넘어 우회적으로 새로운 변화의 가능성을 개척한다는 것을 인식했다. 그들은 가족치료사들이 놀이와 놀이치료가 가족치료에 아주 효과적이라는 것을 알아야 한다고 주장한다.

휘태커는 가족들에게 놀이를 어떻게 활용할 수 있는지 많은 구체적인 실제들을 제안하지는 않았다. 그러나 그는 치료사들이 바닥에 앉아 있는 것, 아이들을 치료사의 무릎에 앉혀 두는 것, 유머의 사용, 아이처럼 말하기, 때로는 자극시키기와 같은 활동들을 제안하였다. 또한 키스와 휘태커(1981)는 다음과 같은 놀이가 활용될 수 있음을 보여 주었다.

> 아동이 가진 공포나 아동의 공격성은 물감이나 크레용을 사용하여 칠판에 표현하기, 거대한 군대의 전시 상황을 재현하기, 학교, 병원, 도시, 나라, 어머니, 아버지, 치료사, 아이들이 모두다 폭격 당하는 장면으로 묘사될 수 있다. 그들의 이러한 놀이는 굉장한 표현의 힘이 있어서 아동들은 이것을 통해 그들의 고립이나 극단적인 상황으로 인해 느껴지는 엄청난 공포 또는 힘에 대한 두려움을 놀이를 통해 표현한다. 그들은 단순히 일상적인 삶을 표현하는 것이 아니라 그 안에 왜곡된 실제를 볼 수 있게 하는 것이다.
>
> 어떤 면에서 놀이치료실은 공상과학, 왜곡된 성적 개념, 살인, 자살, 가학성을 보여주는 현대의 영화들과 유사하다. 이 모든 것을 자유롭게 드러낼 수 있고 수용됨을 경험하면서, 아동은 자신의 비정상적이고 미성숙하며 이상한 내적인 것들에 대해서도 수용받는 느낌을 가지게 된다. 내면적으로 수용되는 아동의 일차적 경험은 점차로 대인관계의 영역으로 확장된다(p. 245).

가족놀이치료 분야는 가족치료에 어린아이들을 포함시키는 것을 옹호하고 가족 회기에 놀이를 통합하는 휘태커의 혁신적 업적에 크게 영향을 받았다.

3) 보웬의 다세대 접근

머레이 보웬(Murray Bowen, 1978)은 원가족으로부터의 분화가 중요하다고 강조하는 정신역동적 가족치료 이론을 발전시켰다. 그는 대부분의 사람은 비슷한 분화 수준 단계에 있는 배우자와 결혼하게 되며, 체계 내 불안이 세대 간 전수되면서 그들의 자녀들은 더욱 불안전한 분화 수준을 가지게 된다고 주장하고 있다.

그는 가족 체계 내 삼각관계를 가장 작은 안정적인 단위로 보았다. 가족 구성원 중 두 사람 사이에 불안이나 갈등, 스트레스가 있을 때 제3자를 끌어들여 갈등을 우회하려는 경향이 있기 때문이다. 하지만 삼각관계는 일시적으로 긴장감을 경감시킬 수 있으나, 원래 있던 두 사람 사이의 갈등에 변화를 일으키지는 못한다. 보웬 연구의 한 가지 목적은 치료자와 가족들이 새로운 삼각관계를 형성하도록 하여 가족들이 삼각관계에서의 그들의 역할을 인식하고 탈삼각화를 통해 현재의 관계 패턴으로부터 벗어나 새로운 관계를 형성하도록 돕는 것이다.

보웬은 가족치료에서 가계도의 사용을 처음 시도하였고, 그것을 중요한 문제적 삼각관계와 다세대적 주제들을 연구하는 데 사용하였다. 모니카 맥골드릭(Monica McGoldrick)은 전통적인 가계도의 사용을 발전시키고 확장하였으며(McGoldrick, Gerson, & Petry, 2008), 가족의 역사와 발전에 따른 사회인구학적 특성을 고려한 놀이의 역할을 강조하였다(McGoldrick, Giordano, & Garcia-Preto, 2005). 엘리아나 길(Eliana Gil)은 아동친화적 가족놀이 가계도(child-friendly family play genograms)를 개발하였다(Gil, 2003; Gil & Sobol, 2005; McGoldrick & Gil, 2008).

질문–응답 형식을 취하는 대신, 아동친화적 가족놀이 가계도에서는 가족 구성원들이 자신들과 몇몇의 가족관계에 관한 생각과 감정을 가장 잘 나타낼 수 있는 상징적인 피규어를 선택하도록 한다. 가족들이 선택한 피규어들은 무의식으로부터 은유된 대상들을 등장하게 만드는데, 이것을 사용한 놀이 가계도는 내담자의 경험을 풍부하게 한다. 님스와 듀바(Nims & Duba, 2011)는 모래상자, 인형과 같은 보웬 관점의 놀이 기술을 활용할 것을 제안하였고, 커(Kerr, 2008)는 보웬의 이론을 가족 미술치료에 통합하였다.

4) 구조적 가족치료

구조적 가족치료의 대표적인 이론가인 살바도르 미누친(Salvador Minuchin)은 가족치료에 아동을 포함하는 것을 옹호한 선구자이기도 하다. 그의 신체화 가족들(psychosomatic families)에 대한 그의 연구(Minuchin, Rosman, & Baker, 1978)는 가족 역동이 아이들의 신체적 질병에 직접적인 역할을 한다는 증거를 보여 주었다.

구조적 가족치료는 부모-자녀 관계에서 아이들의 가족 내 발달과 경험에 관련된 세 가지 경계에 대한 특별한 관심을 가지고 있다. 밀착된 경계는 가족 성원들 사이의 경계선이 미분화되어 있고 강한 소속감 때문에 자율성을 방해받으며 문제에 대한 자발적인 대처를 방해하는 특징이 있다. 경직된 경계를 가진 가족들은 지나치게 분명하여 가족 간에 단절되기 쉬운 반면, 명확한 경계를 가진 가족들은 서로 왕래가 가능하며 부모-자녀가 서로의 자율성을 존중 및 지지하고 얽히는 것과 개별화 사이에 이상적인 균형을 맞추는 것이 가능하다.

명확한 경계가 있는 가족들은 세대 간 교류가 가능하며, 명확한 지위를 유지하는 부모 하위 체계가 있고 세대 간 연합이 없는 것이 특징이다. 그리하여 아이들이 성장함에 따라 적절한 규칙을 적용할 수 있게 하고 아이들의 발달상 요구 변화에 따를 수 있는 유연성을 가지고 있다. 이 가족들은 예전의 패턴들이 더 이상 기능하지 않을 때는 새로운 구조를 수용하는 것이 가능하다. 아이들은 부모와 정서적 관계를 유지하면서 자율성을 발전시켜 나간다(Minuchin, 1974).

미누친은 2006년 인터뷰에서 가족치료사가 아이들을 치료하기 위해 어떻게 훈련해야 하는가에 대해 말한 바 있다(Sori, 2006d).

> 놀이는 가족 이야기, 가족의 문제로부터 분리될 수 없다… 나는 아이들을 의자에 앉히고 아버지와 함께 참여한다……. 놀이는 어린아이들과 소통하는 언어다……. 부

모와 아이의 관계에 관한 문제에서 아이들과 놀이를 통하여 치료할 수 있다. 놀이치료는 숙련된 치료사들에게는 완벽하게 유용하다……. 그러나 이것은 많은 훈련을 요구하는 것으로 경험이 많은 치료사들은 아이들과 함께 가족들을 인터뷰할 때 치료와 놀이를 혼돈하지 않고 주객전도의 위험 없이 적절하게 놀이치료의 기법을 사용하여 치료에 적용한다(p. 29).

미누친은 초보 가족치료사들은 놀이치료 기술들을 통합하기에 앞서 먼저 아이들과 가족들과의 치료 경험을 필요로 한다고 하였다. 최근 몇 년간 치료사들은 미술과 놀이를 구조적 가족치료와 성공적으로 통합해 왔다(Dermer et al., 2006; Hoshino, 2008; Sori, 1995). 가족놀이와 통합된 구조적 가족치료는 모든 연령대 내담자를 참여시키고 가족 경계에 접근할 수 있으며, 가족 간 관계를 이해할 수 있는 가족의 재구조화를 가능하게 하는 최고의 접근방법이다.

5) 포스트모던 가족치료

구성주의와 사회적 구성주의 사상은 1980년대 후반 가족치료 분야를 휩쓸기 시작했다. 구성주의는 내담자들이 자신의 현실을 어떻게 만들어 가는지 탐색하고, 사회적 구성주의는 사람들이 사회적 상호작용을 통해 어떻게 의미를 창조하는가를 연구하였다. 이는 가족에 대한 생각을 상호작용이나 구조 또는 원가족 문제에 초점을 맞추는 것으로부터 인지, 사회적 상호작용과 의미를 탐색하는 것에 초점을 맞추도록 움직이게 하였다(Nichols & Schwartz, 2008).

사회적 구성주의 가족치료사들은 객관적인 '실재'는 없다고 믿었다. 실재는 주관적이고 다양한 해석이 가능하다. 치료사들은 더 이상 가족들에게 최선이 무엇인가를 알아내는 것을 믿지 않는다. 대신에 그들은 내담자들이 스스로 해결하기 위한 새로운 가능성을 찾도록 도와주는 것에 협력한다. 이런 움직임에서 가장 두드러진 두 인물은 스티브 드 쉐이저(Steve de Shazer, 1985, 1988)와 마이클 화이트(Michael White, 1984, White & Epston, 1990)로, 그들은 각각 해결중심 치료와 이야기치료를 개발하였다.

(1) 해결중심 치료

가족들과 작업하는 해결중심 접근방법은 강점 기반의 협력적인 접근방법으로 주로 미래에 중점을 두고 과거의 사건이나 현재의 상황에는 초점을 두지 않는다. 이 모델은 다음과 같은 가정들을 전제한다.

> ① 변화는 지속적이다. ② 변화를 용이하게 하는 가능성들, 해결책과 긍정성을 중시해야 한다. ③ 문제에 대한 예외는 항상 존재한다. ④ 가족들은 목표와 해결책을 선택하는 데 있어 능숙하고 전문적이다. ⑤ 해결책은 대화를 통해 진화한다[사회적 실재(social reality)는 언어를 통해 함께 만들어진다]. ⑥ 사물을 관찰하는 올바른 한 가지 방법이란 없다. 다양한 견해들이 동등하게 타당할 수 있고 사실에 잘 들어맞을 수도 있기 때문이다. ⑦ 문제를 해결하기 위해서 문제에 대해 많은 것을 알아야 할 필요는 없다(Dermer et al., 2006).

해결중심 가족치료의 치료적 개입에서 관심을 두어야 하는 것은 문제에 대해 잘 듣는 것이지만, 해결중심 치료사들의 목표는 내담자들이 해결책을 찾아 나설 수 있게 하고 그들이 자신들의 목표를 향해 갈 수 있도록 움직이게 하는 것이다. 이것은 내담자들 스스로 자신의 문제에 대해 전문가라는 관점을 가지고 접근하며, 내담자들이 문제가 발생하지 않는 예외적 상황을 알아낼 수 있게 돕고, 내담자가 문제라고 생각하지 않는 부분에 초점을 맞추어 치료가 이루어진다. 내담자들은 문제의 심각성을 1에서 10 사이에서 점수를 매기게 된다. 치료사들은 내담자들이 그들의 목표에 한 걸음 더 다가가는 데 무엇이 필요한지 생각해 보게 한다.

기적 질문이라는 기술이 있다. 이것은 내담자들에게 그들이 잠들 때 그 밤에 기적이 일어나고 그들을 상담에 참여하게 한 문제들이 놀랍게 해결되는 것을 상상하게 한다. 내담자들이 기적이 일어난 것이라 깨닫게 되는 첫 번째 사실은 과연 어떤 것이 될까? 내담자들의 반응이 깊어지고 확장되며, 그 기적이 계속해서 어떻게 나타나게 되는지, 어떻게 내담자에게 영향을 주는지, 다른 사람들은 그에 어떻게 반응하는지에 대한 그림을 그려 가게 된다.

이런 식으로 내담자들은 해결책에 대한 구체적인 시각을 만들어 가고 이를 통해 가능한 결과들이 무엇인지 보게 된다. 또 다른 해결중심 기술은 문제들에 대한 예외 상황을 찾을 수 있도록 돕는 것으로, 내담자의 문제가 문제가 아니었던 과거의 시간 혹은 별로 문제가 되지 않았던 때를 찾는 것이다. 치료사들은 내담자들이 특별하게 예외가 발생했던 때 그리고 예외들이 더 자주 일어날 수도 있는 경우들은 어떤 차이가 있는지 찾아보도록 돕는다.

수많은 해결중심 치료사는 아동, 청소년, 가족 상담을 위한 이론과 기술을 수용해 왔고, 몇몇 치료사는 이 모델을 통해 치료를 위한 혁신적이고 새로운 기술들을 소개해 왔다(Conoley et al., 2003; Nims, 2007; Trebing, 2000; Berg & Steiner, 2003; Dermer et al., 2006; Selekman, 2005, 2010; Shilts & Duncan, 2003).

예를 들어, 님스(2007)는 독자들에게 목표 설정에 있어 미술, 모래상자, 퍼펫을 이용하기, 기적 질문 사용하기, 해결책 찾기, 척도 질문 묻기, 상담 과정에 대한 해결 중심적 요약 제시하기 등을 안내하고 있다. 인수 김 버그와 테레즈 스타이너(Insoo Kim Berg & Therese Steiner, 2003)는 해결중심 치료에 대한 구체적인 정보와 새롭고 재미있는 많은 기술을 제공하고 있다.

(2) 이야기치료

이야기치료는 사회적 구성주의에 근원을 두고 있다. 시몬스와 프리드먼(Simons & Freedman, 2000)에 따르면, 이야기치료는 다음의 신념들을 포함하고 있다. ① 한 사람의 자아는 타인과의 상호작용을 통해 구성된다. ② 실재는 사회적으로 구성된다. ③ 실재는 언어를 통해 구성된다. ④ 진실은 개인에 따라 다를 수 있다.

⑤ 실재는 이야기를 통해 조직되고 유지된다. 치료사들은 내담자의 문제 중심적 이야기 속의 의미를 찾고 그들이 새롭고 더 나은 이야기들을 만들어 낼 수 있도록 돕는 작업을 한다(White & Epston, 1990).

예외적인 것(독특한 결과들이라 불리는, 기준 밖에 위치하게 되는 상황이나 행동들)을 살펴보는 것과 함께, 이야기치료사들은 내담자들이 그들의 문제에 이름을 붙여 그것을 외부로 표출할 수 있도록 돕는다. 부모들이 아이들과 안 좋은 상태로 머물기보다는 아이와 부모가 그 표출된 문제의 영향력을 줄이려는 노력에 참여해 결국에는 외재화시킨 문제를 이겨내는 것이다.

아동, 청소년, 가족에 대한 이야기치료 접근방법을 사용하는 것에 대해 저술한 상담 전문가에는 더머 등(Dermer et al., 2006), 프리먼, 엡스턴과 로보비츠(Freeman, Epston, & Lobovits, 1997), 라너(Larner, 1996), 메이(May, 2005), 페어와 롬바크(Pare & Rombach, 2003), 숄츠(Sholtes, 2003), 시몬스와 프리드먼(Simons & Freedman, 2000), 스미스와 나일런드(Smith & Nylund, 1997), 소리(Sori, 2008) 등이 있다.

우리는 가족치료에 대한 검토와 최근 치료 안에서 아이들과 가족을 함께 만나기 위한 두 가지 증거기반 접근방법(evidence-informed approaches)을 통해 가족치료 안에서의 아동의 역할에 대한 고찰을 마무리 짓고자 한다. 그것들은 수전 존슨(Susan Johnson)의 정서중심 가족치료와 존 가트만(John Gottman)의 메타감정에 대한 부모코칭이다. 그 두 가지의 증거기반 접근방법은 가족의 맥락 속에서 아이들의 삶을 향상하는 데 요구되는 많은 전략을 제공하고 있다.

6) 정서중심 가족치료

커플들을 위한 정서중심 치료(Emotionally Focused Therapy: EFT)는 수전 존슨과 리스 그린버그(Les Greenberg; Greenberg & Johnson, 1988)가 처음 개발하였고, 가족과 아이가 함께 하는 치료적 작업을 위해 정서중심 가족치료(Emotionally Focused

Family Therapy: EFFT)로 개정되었다. 애착 이론을 기반으로 한 EFT와 EFFT는 내담자의 경험을 확장하기 위해서 경험적 기술을 사용하였다. 이러한 경험적 기술을 시험하고 재구성하여 상호작용 패턴을 바꾸고 애착 외상(attachment injuries)을 치료하기 위해서 구조적 개입(structural intervention)을 활용하였다(Johnson, 2004; Johnson & Lee, 2005).

EFFT는 가족 구성원들 사이의 애착 유대를 정서로 규정하고 있다(Johnson, 2004; Johnson & Lee, 2005). EFFT의 주된 목표 가운데 한 가지는 감정적으로 솔직한 의사소통을 만들고, 문제 해결을 도울 수 있는 안전한 애착을 증진하는 것이다(Johnson & Lee, 2005). 기술 형성(skill building)은 애착의 욕구가 있을 때에만 효과적이다(Efron & Bradley, 2007). 아동이 안전한 정서적 기초를 가지게 되면 감정이 위협당하거나 불안정한 상태로 되돌아갈 때 아동에게 피난처를 제공하여 아동의 발달과 자율성을 증진시킨다(Palmer & Efron, 2007).

부적절한 의사소통, 개인의 정신병리 혹은 부모의 문제만으로 아동의 문제가 드러나는 것은 아니다. 문제는 역기능적 상호작용 패턴을 만드는 가족 유대와 불화와 같은 부적절한 애착 형성 등에서도 발생할 수 있다(Palmer & Efron, 2007). 예를 들어, EFFT에서 흔하게 보이는 한 가지 패턴은 비난하는 부모로부터 회피하고 숨어 있으려 하거나, 그것과 반대로 대항하는 아동의 모습이다. EFFT 치료사들은 이런 패턴 뒤에 숨어 있는 주요 정서를 밝혀내는 것을 돕거나, 아동이 요구하는 부모와의 애착 유대를 위해서 아동이 적절한 행동을 재구성하도록 도울 수 있다. 부모들은 아동의 문제를 단지 나쁜 행동으로 보는 것이 아니라, 충족되지 못한 애착 욕구로부터 온 것이라는 시각을 가질 수 있게 된다.

불안정한 애착을 가진 가족들은 우울, 불안, 행동장애와 같은 문제로 고통받을 수 있다. 안정 애착은 아동들의 스트레스와 정신적 외상으로부터의 충격을 완화하는 경향이 있다(Johnson & Lee, 2005). EFFT는 양부모가족, 한부모가족, 이혼가족, 입양가족에게 효과적으로 사용되어 왔다(Furrow & Palmer, 2007; Palmer & Efron, 2007).

팔머와 에프런(Palmer & Efron, 2007)은 안정 애착을 증진하기 위하여 부모자녀가 함께 참여하는 치료 작업을 추천하였다. 그들은 가족 구성원들 사이의 애착 유대를 강화시키는 다음의 단계들을 제안한다.

① 감춰진 감정과 애착 요구에 접근하기
② 채워지지 않은 욕구의 문제를 다시 구성해 보기
③ 다른 사람들의 정서적 경험을 수용하게 하기
④ 애착 욕구의 표현을 용이하게 하기와 새로운 상호작용과 반응 개발해 보기

아이들이 힘들어하는 상황에 있거나 낮은 자기존중감 혹은 사랑받을 가치가 없음을 표현할 때, 부모는 상담 회기에서 아동을 달래주고 편하게 해줄 수 있으며 이후에 치료에서 애착을 증진하는 새로운 상호작용 패턴을 만들고 강화할 수 있다(Palmer & Efron, 2007).

EFFT에는 치료적 목적 달성을 위해 ① 기존의 상호작용 패턴 자각하기, ② 감춰진 일차적 감정 표현의 증진과 자신과 타인들의 정서적 욕구 수용하기, ③ 변화를 확고하게 강화하기의 세 가지 단계가 있다.

EFFT는 아동과 부모가 느끼는 삶의 고통을 완화하고자 한다. 만약 놀이 기법을 사용할 수 있다면, 아이들은 기존의 상호작용을 표현하고 발달 단계에 맞는 적절한 방식으로 정직한 감정을 표현할 수 있을 것이다.

예를 들어, 휘튼본, 페이버, 하비와 토머스(Wittenborn, Faber, Harvey, & Thomas, 2006)는 EFFT의 첫 번째 단계에서의 기존의 상호작용 패턴이 나타나도록 인형의 집을 사용할 것을 제안한다. 이들은 "아동 놀이에서 드러난 상호작용 패턴을 보면서, 치료사가 아동의 상태를 이해하고 아동이 그의 부모를 어떻게 보고 있는지를 이해할 수 있게 된다."(p. 338)고 말하였다. 가족 인형 인터뷰(Irwin & Malloy, 1975)는 종종 가족 구성원들 사이의 상호작용 패턴을 반영하는 풍부한 은유를 제공한다.

또한 휘튼본 등(2006)은 상호작용 패턴에서 아동의 역할을 보거나 부모-아동 애착 양상과 애착 욕구를 찾기 위해서 FT(Guerney & Guerney, 1989; VanFleet, 2005)를 고려해 볼 것을 제안한다. 가족들은 그들이 가진 반복적인 패턴을 나타내기 위해 일련의 장면을 벽화로 만들어 보라는 요구를 받을 수도 있다. 또한 가족인형들이 부모-아동 애착 양상을 나타내 줄 수도 있다(Sori, 2003).

EFFT의 두 번째 단계인 감춰진 감정들에 접근하기 위한 놀이방법들은 가족벽화를 다시 보는 것을 포함할 수 있다. 벽화에는 가족과 연관된 1차적 감정에 대한 그림들이 나타날 수도 있다. 이어서 치료사는 애착, 공감, 이해를 증진하기 위해 (분노와 같은) 부차적인 감정들을 (버려짐, 잃어버림, 관계 끊김의 공포와 같은) 1차적 감정으로 재구성할 수 있다(Palmer & Efron, 2007).

1차적 감정들을 밝혀낼 수 있는 또 다른 기술은 '감정 얼굴들(Feeling Faces)'이라 불린다(Biank & Sori, 2003). 아이들과 부모들은 많은 감정을 표시하는 연결 그림들(pictures of laces)을 보게 된다. 내담자들은 개별적으로 내면의 감정들(은밀하게 감춰진 감정으로 1차적인 감정들)을 세 가지 말하고 연관된 외적인 감정들(밖으로 보이는 감정으로 부차적인 감정들)을 세 가지를 말하라는 요청을 받는다.

EFFT의 세 번째 단계인 변화의 강화에서는 가족들에게 새로운 가족인형 인터뷰를 통해 첫 번째 인터뷰와 비교하여 변화된 점과 강점을 확인하게 한다. 또한 가족들은 그들이 이루어 낸 변화를 강조하고 특별히 적절하게 감정을 표현하는 언어로 '랩(rap)'을 만드는 요구를 받을 수도 있다.

기존에 EFFT 혹은 정서중심 커플치료와 놀이를 통합하는 것에 대한 연구는 거의 없는 실정이다. 정서중심 가족놀이치료(emotionally focused family play therapy: EFFPT)는 애착 상처, 외상, 학대 혹은 상실, 가족 해체를 경험한 아이들에게 이로울 수 있는 유용한 접근방법이다.

7) 부모 메타-감정

존 가트먼은 성공적인 결혼을 위한 커플 관계와 전략에 대한 연구로 잘 알려져 있다. 이와 함께 가트먼과 동료들은 아이들의 정서지능을 키우기 위한 부모의 역할과 부모들 간 갈등으로 인한 부정적 영향으로부터 아이들을 도울 수 있는 방법들을 찾는 종단적인 연구를 시행하였다(Gottman, 1999; Katz & Gottman, 1997).

그는 부모의 메타감정과 부모들의 감정 코칭 능력을 연구해 왔다. 메타감정은 부모들의 감정, 생각, 자신과 아이들의 감정에 대한 반응을 말하는 것이다(Gottman, Katz, & Hooven, 1996; Liang, Zhang, Chen, & Zhang, 2012; Schwartz, Thigpen, & Montgomery, 2006). 메타감정 연구에서 가트먼은 부모들의 네 가지 기본 감정 양상, 즉 감정 묵살(emotion-dismissing), 감정 불승인(emotion-disapproving), 자유방임(laissez-faire), 감정 코칭(emotion-coaching)을 밝혀냈다. 가트먼과 디클레어(Gottman & DeClaire, 1997)는 아동 발달에 있어 처음 세 가지의 양육 철학이 마지막의 감정 코칭 양상보다 건강하지 않다고 했다.

예를 들어, 감정을 묵살하는 부모들은 아이들의 감정을 민감하게 인식하지 못하고 분노나 슬픔과 같은 부정적이라고 여겨지는 감정들을 유해한 것으로 인식한다. 그들은 행복하지 않아 보이는 아이들을 부모의 실패작으로 본다. 이들 부모는 삶에서의 긍정성을 강조하고, 아이들을 응원하고, 즐겁게 해 주고, 보상을 해 주면서 부정적인 영향을 바꾸려 시도한다(Gottman, 1999; Gottman & DeClaire, 1997). 그들은 매우 따뜻한 사람들일 수 있지만, 아이들의 부정적인 감정들을 묵살해 버린다. 그들은 아이들에게 어떠한 방식으로든 느껴서는 안 된다고 말하고 아이들의 경험을 무효화한다.

감정을 승인하지 않는 부모들은 감정을 묵살하는 부모들보다 더 부정적인 감정에 완고하다. 이들은 아이들의 감정은 조절할 수 있는 것이라 믿기 때문에 아이들의 감정에 엄격하다. 자유방임적 부모는 아이들의 부정적인 감정들을 인식하고 함께할 수 있는 능력을 가지고 있다. 그러나 그들은 감정적인 해소만으로 충분하다고 믿기 때문에 아이들에게 감정적 표현을 가르쳐 줄 수 있는 기회를 놓치기도 한다(Schwartz et al., 2006; Gottman & DeClaire, 1997).

이 세 가지 부모의 양육 태도는 아이들에게 각각 다른 영향을 미친다. 감정을 묵살하거나 수용하지 않는 부모의 아이들은 부정적인 감정을 갖는 것은 잘못된 것이라 느끼면서 자란다. 그리고 그 아이들은 자신의 감정을 조절하는 데 더 많은 어려움을 느낄 수 있고 더 많은 사회적 문제와 공격성을 경험할 수 있다(Schwartz et al., 2006). 자유방임적 부모의 아이들도 감정 절제의 문제를 경험하고 또래 관계에서 어려움을 겪을 수 있다(Gottman & DeClaire, 1997).

이와 반대로, 아이들에게 감정을 코칭하는 부모들에게는 다섯 가지의 긍정적인 특징이 있다(Gottman et al., 1996; Gottman, 1999). 이들 부모는 ① 아이가 작은 감정을 보일 때 재빨리 알아차리고, ② 아이가 감정을 보일 때를 유대감과 친밀감을 형성하고 그 감정에 대해 가르쳐 줄 기회로 인식하며, ③ 아이들의 감정을 인정하고 공감하고 수용하고, ④ 아이들이 그들의 감정을 언어적으로 표현하는 것을 도우며, ⑤ 아이들이 "행동의 제한을 정하고 목표에 대해 토론하고 부정적인 감정이 일어나는 상황을 다루는 전략들에 대해 이야기하도록 하여" 문제 해결을 돕는다(Gottman et al., 1996, p. 244).

가트먼은 감정 코칭은 상태 의존적(state-dependent)이라는 지노트(Ginott, 1965)의 신념을 따르고 있다. 다시 말해, 아이들은 그들이 실제로 화가 났을 때 화, 분노에 대해서 가장 잘 배운다는 것이다. 감정 코칭에서는 부모들에게 부정적인 감정을 표현하는 것을 위험한 것이 아니라 건전한, 심지어 아이들의 발달에 긍정적인 기여를 하는 것으로 전달한다. 감정 코칭을 하는 부모의 아이들은 그들의 감정을 잘 조절하고 문제 해결을 더욱 잘 해 나갈 수 있다. 부정적인 감정들이 부모들에게 승인된 것들이기 때문에 이 아이들은 자신의 느낌을 신뢰하게 된다.

이 아이들은 더 높은 자기존중, 사회적 기술, 신체 건강, 주의집중, 학습 성취, 긍정주의, 통제력, 더 큰 회복력을 보여 주고 있다(Gottman, 1999, 2001; Gottman &

DeClaire, 1997; Liang et al., 2012). 또한 가트먼은 5세 이전 아동의 생리학적인 자기 규제 능력이 이후의 나이에 따른 조절 능력을 예측하게 하고, 아동이 사회적 상호작용과 아동기 중반까지의 주요한 발달상의 기술에 대해서도 새로운 접근방법을 찾을 수 있게 한다는 것을 발견하였다(Gottman et al., 1996).

이러한 양육 방식들 사이의 차이점은 가트만이 말한 '위축 감정(withdrawal emotions)'을 어떻게 처리하는 지에 따라 다른 결과를 가져오게 된다. 이 '위축 감정'은 사람을 세상으로부터 위축되고 움츠러들게 만드는 슬픔, 공포, 혐오감 등을 의미한다(Gottman, 1999). 감정 코칭을 하는 부모들은 아이들에게 긍정적 감정과 부정적 감정에 대한 통제력을 제공하여 생리학적 각성으로부터 오는 자연스러운 신경계의 작용에도 영향을 미치게 된다.

또한 감정 코칭을 통한 양육방법은 아이들이 부모의 불화로 인해 받는 부정적인 충격을 완화시키고, (부부 관계를 포함하여) 가족 모두의 행복을 향상시키는 정서지능 발달을 위한 중요 요소가 되기도 한다(Alegre, 2011; Gottman, 1999; Katz & Gottman, 1997). 감정 코칭 양육을 하는 부모의 아이들은 부모-자녀 간의 안정 애착뿐만 아니라 보웬의 '자아분화'(Schwartz et al., 2006)에 있어서도 더 높은 발달 정도를 보인다는 증거도 나타나고 있다(Chen, Lin, & Li, 2012).

캐츠, 말리켄과 스테틀러(Katz, Maliken, & Stettler, 2012)는 부모의 메타감정 철학(parental meta-emotion philosophy: PMEP)의 구조를 입증하는 15년간의 연구를 통해 아이들과 가족들을 상담한 사람들의 실례를 보여 주고 있다. 그 실례는 부모 심리교육 프로그램에 감정과 메타감정에 대한 지침을 포함시키는 것이 중요하다는 것을 강조하고 있다.

3. 가족놀이치료의 옹호자들

몇몇 가족과 아동치료사는 특별하게 가족놀이치료를 옹호하며, 혁신적인 가족놀이 방법들을 제안하였다. 우리는 여기서 몇몇 중요 인물을 살펴보려 한다.

애리얼, 캐럴과 티아노(Ariel, Carel, & Tyano, 1985)는 가족의 상호작용을 이야기하는 대신 그것을 행동화하는 가상놀이(make-believe play)의 활용을 제안하였다. 그들은 아이들이 치료 과정에 의미 있는 방식으로 활발하게 참여해야 한다고 주장한다.

> 어린아이들은 성인들의 방식으로 자신의 감정을 언어적으로 표현하거나, 타인에게 감정을 이해하게 하거나, 문제를 논의하는 인내심이나 능력이 없다. 그러나 아이들은 모든 복잡한 사회적 활동을 자신들만의 표현과 의사소통 도구, 가상놀이를 통해 실행하는 능력과 인내심을 가지고 있다(p. 48).

애리얼 등은 아동이 짜증을 부리거나 떼를 쓸 때, 놀이가 가진 가상의 특성이 문제가 있는 감정의 맥락을 변화시킨다고 하였다. 가족은 똑같은 방식으로 그 문제를 다시 경험하지는 않을 것이다. 애리얼 등은 치료사가 가상놀이에서 청중, 감독, 배우, 관찰자, 명령자, 해석자, 비평가, 기획자, 조직자, 디자이너, 아이디어 제공자를 포함한 다양한 역할을 할 수 있다고 하였다.

소리(Sori, 1997)의 상담 사례를 통해 싱글맘과 어린아이에 대한 가상놀이의 한 가지 예를 확인할 수 있다. 이 사례에서 가족은 〈한밤중의 결투(The Fight at Midnight)〉라 불리는 '영화'를 만들었다. 여기서 부모와 아이는 서로 역할을 바꾸어 배역을 맡고 치료사는 아나운서와 감독 역할을 하였다. 서로의 입장이 되어 보는 것은 서로의 역할에 대해 더 깊은 공감을 촉발하였는데, 이는 이 가족의 변화를 위한 기폭제가 되었다.

버스비와 러프킨(Busby & Lufkin, 1992)은 "치료의 개념이 언어적이고 인지적인 작업이라는 생각을 넘어서야 할 때다. 놀이를 사용한 가족치료는 아동 때문에 가족 전체의 기능이 악화되는 것을 막아 준다."(p. 451)고 하였다. 부모들은 종종 놀이와 상상이 아이들의 언어라는 것을, 그리고 그것이 아이들의 감정을 표현할 수 있게 도와주고 가족 내에서 발생하는 일들을 나타낼 수 있다는 것을 잊어버리곤 한다. 놀이는 아이들의 치료적 도구이고, 놀이치료는 가족의 역할, 규칙을 명확하게 하고 가족의 상호작용 패턴을 보여 주는 가치 있는 방법이다(Zilbach, Bergel, & Gass, 1972). 질바크(Zilbach)는 종이, 크레용, 인형, 가족 피규어, 플레이도와 같은 재료들을 추천한다.

콤브링크-그레이엄(Combrinck-Graham, 1989)은 성인과 아이들이 함께 할 수 있는 공통의 관심과 활동을 계획하는 데 있어 아이들과 성인들을 돕기 위해 놀이의 사용을 오랫동안 지지해 왔다. 그녀는 "어떻게 아이들 없이 가족치료가 존재할 수 있는가?"라고 질문한다(Combrinck-Graham, 1991). 가족치료에서는 아이들의 목소리에 특별한 관심이 주어져야 하고 성인들의 문제보다 아이들의 문제에 우선권이 주어져야만 한다. 콤브링크-그레이엄(1989, 2006)은 치료사들이 아동과 성인이 함께 활동할 때 그들 사이의 균형을 유지하도록 최선을 다해야 한다고 주장한다. 그녀는 가족 구성원들 사이에서 역할놀이, 동적 가족화, 미술 등과 같은 공감을 증진시키는 놀이 활동을 추천한다.

앞서 논의하였듯이 많은 가족치료 선구자는 가족치료에 놀이를 통합하는 데 초석을 마련하였고, 가족치료 회기에 아이들을 포함시키는 것을 옹호해 왔다. 그러나 아이들은 여전히 치료에서 배제되는 경향이 많다(Miller & McLeod, 2001). 혁신적인 가족놀이 기술들이 소개되었지만, 『가족놀이치료(Play in Family Therapy)』(Gil, 1994)와 후속 저서들이 출판된 이후에야(Gil, 2003; McGoldrick & Gil, 2008, 2011b; Gil & Sobol, 2005; Sori, 2006a), 더 넓은 분야에서 관심을 가지게 되었고 정신내적 문제들과 이와 연관된 문제들을 해결하는 데 가족놀이치료의 이점을 심각하게 고려하기 시작하였다.

4. 놀이치료와 가족치료 통합의 근거

놀이치료와 가족치료는 서로 보완적이고, 두 가지 치료의 통합은 각각의 목표 달성에 시너지 효과를 가진다. 놀이치료의 일차적 목표는 아이들이 건강한 방식으로 자신의 감정을 표현하고 인식하게 하는 것이다. 또한 아이들이 어려운 감정의 표현을 용이하게 할 수 있고 문제의 해결책을 찾을 수 있도록 도우며, 가상놀이를 통해 아이들이 만나게 되는 많은 상황을 연습하는 능력을 키우는 것이다. 이런 치료적 작업들은 아동과 가족의 독특한 문화적 맥락에 특별한 주의를 기울여 수행된다(Gil & Drewes, 2005). 1994년에 썼듯이, "놀이치료는 아이들이 억눌린 감정을 드러내는 기회를 제공한다. 그리고 놀이치료는 아이들이 언어적 · 비언어적으로 자신들을 표현하고, 상징을 사용해 현실에서의 문제들을 보상하게 한다." (p. 33)

가족놀이치료는 가족 구성원 개개인의 경직되어 있는 인식의 변화를 도울 수 있다. 주로 바쁘고 지쳐 있으며 아이에게 조용히 있을 것을 강요하던 아버지가 가족놀이치료에서 한 손에 아기 고양이 인형을 들고 부드럽게 야옹거리는 것을 보게 되었을 때, 여자아이는 기존에 가지고 있던 아버지에 대한 시각이 갑자기 변화하게 된다. 그 후에 놀이는 더욱 확장되어 아이는 가상놀이에서 자신의 쥐 인형과 아버지의 아기고양이 인형이 친구가 되도록 하여 함께 파티를 하기도 한다. 이러한 놀이 과정에서 성인도 자신 내면에 있는 아이를 만나고 정서적 연결을 이루는데, 이를 통해 치료 과정에서 성인과 아이 모두 보상을 받게 된다.

전통적으로 가족치료사들은 가족을 부분들의 총합보다 더 큰 하나의 체계로 보고, 가족구성원들은 상호 간에 영향을 준다고 생각한다. 가족치료사들은 한 사람을 문제로 보지 않는다. 오히려 그들은 문제를 만들고 유지하는 데는 모든 가족 구성원이 어느 정도 연관이 되는 순환적 인과성을 가진다고 보기 때문에 개개인의 문제들은 가족의 문제로 다시 규정되기도 한다.

가족치료 초기에는 가족의 문제에 가족이 어떻게 상호작용하는지를 확인하고 가족의 기능, 구조, 수용성, 결속력, 가족 역할, 가족 규칙, 가족 신념 체계 등을 사정한다. 이를 위해 치료사는 '가족 구성원 중 누가 누구에게 말하는가? 어떻게? 얼마나 오랫동안? 그리고 무엇에 대해서?' 등의 질문을 한다. 이론적 접근 방법에 따라서 가족치료의 목적은 의사소통의 강화, 상호작용 패턴의 변화, 재구조화, 애착 유대 강화, 역할 명확하게 하기, 가족들이 새로운 방식을 경험하는 것을 돕기, 대안적인 이야기 구성하기, 문제에 대한 예외 강조하기 등이 될 수 있다. 놀이는 가능한 치료 목표의 범위에 도달할 수 있게 하고 가족 체계에 접근할 수 있게 하는 중요한 도구를 제공한다.

예를 들어, 가족놀이는 오래된 상호작용 패턴을 타파하고 더욱 참신한 대안들을 소개할 수 있다. 가족놀이는 가족 구성원의 그들 자신과 가족 정체성에 대한 견해를 변화시킨다. 만약 한 가족의 문제가 해결되었을 때, 가족들은 문제 맥락의 변화를 통해 같은 방식으로는 그 문제를 다시 경험하지 않을 수 있다(Ariel et al., 1985). 가족놀이는 가족들이 그들의 문제에 대한 대체 가능한 해결책들을 탐색하게 하고, 상호작용할 수 있는 새로운 방법들을 발견하게 하여 가족들 사이의 애착을 형성하고 가족에게 새 삶을 불어넣는다.

가족놀이치료사들은 한 세대 이상을 동시에 다루고 참여시킬 새로운 혁신적인 방식들을 가지고 실험하는 독특한 특징이 있다. 놀이는 놀이실에 있는 모든 사람(치료사를 포함)에게 이롭고, 가족 체계 전반의 정신 내적인 문제와 대인 관계 문제 모두를 강조할 수 있다. 놀이는 가족들이 즐거운 활동 안에서 함께 웃고 즐기면서 그들이 한 때 누렸던 기쁨을 다시 되찾을 수 있게 한다.

보트킨(Botkin, 2000)은 40년 전에 위니컷(Winnicott)이 심리치료를 '두 사람이 함께 놀이하는 것'으로 보았던 사실을 우리에게 상기시킨다. 그는 가족들이 함께 놀이할 때 '공동의 즐거움'을 경험하고(Gil & Sobol, 2005), 스트레스를 받은 가족들은 종종 놀이 활동이 긴장을 완화하고 즐거운 것임을 발견한다. 내담자들은 놀이 활동에 집중하게 되고 일종의 '몰입(flow)'을 경험할 수도 있다. 대부분의 사람은 그들 개인 또는 가족 전체가 그 변화를 알아차리게 된다.

가족놀이는 전통적인 이야기치료에서 성취한 것보다 더 깊은 수준에서 가족의 상호작용을 관찰할 수 있는 기회의 창을 열어 놓는다. 이것은 종종 등장하는 풍부한 은유들 때문이다. 놀이는 상담사들에게 가족 구성원들이 가족의 문제를 어떻게 인식하는지에 대해 접근할 수 있는 독특한 방법을 제공하기도 한다. 놀이는 가족이 함께할 때 더욱 분명해지기도 한다. 놀이 자체가 말로 하는 토론을 통해서는 결코 드러날 수 없는 해결책들을 제시할 수도 있다.

전통적인 말로 하는 치료에서 내담자들은 종종 주로 대뇌의 좌측 반구의 영향으로 그들이 얼마나 많이 나누고 반응할지를 검열하고 방어하게 되지만, 가족놀이치료에서는 은유의 사용을 통해 대뇌의 우측 반구를 활용하면서 무의식인 자원의 등장을 허용하며 저항을 내려 놓는다(Gil, 2001). 정신적 외상을 지닌 내담자들과 치료를 광범위하게 진행하는 리노어 테어(Lenore Terr) 박사는 "나 자신을 포함해서 많은 심리치료사들이 상황, 역할, 비유, 해결책에 대해 놀이를 하면서 어떤 즐거움을 갖지 못한다면, 심리치료가 성공할 가능성이 줄어든다."는 의견을 밝히면서 놀이가 가진 가치에 주목하였다.

가족놀이치료의 마지막 장점은 그것이 아이들을 위한 치료방법이라는 것이다. 많은 놀이치료사는 아동과 치료사 사이의 관계에 가치를 두고 있지만, 몇몇 놀이치료사는 아이들에게 치료사가 애착의 대상이 되는 것에 주목한다. 아동과 놀이치료사의 관계는 한시적이라는 제한점이 있어서 아동과 치료사와의 관계가 끝날 때 아동은 중요한 유대를 잃게 되고 이것은 다시 버려짐을 느끼게 하는 것일 수 있기 때문이다. 애착이 양육자에게로 전이되기를 바라지만, 이것은 사례마다 다를 수 있다. 만약 부모들이 기꺼이 치료에 참여하고 임상적 지도를 받아들인다면, 그들과 함께 한다는 것은 곧 아이들과 그들의 주 양육자들 사이의 애착 관계와 문제들을 끌어올리는 데 중요한 역할을 하게 될 것이다.

가족놀이치료는 아동과 성인 각각의 개별 목표를 다룰 수도 있고, 가족의 기능을 전체적으로 향상하며 이들 사이의 관계를 강화시킬 수도 있다. 개인과 가족들은 필요할 때, 그들의 발달상에 있었던 문제의 흔적들을 되돌아볼 수 있을 것이다.

5. 결 론

많은 연구를 통하여 놀이의 장점이 부각되면서 놀이가 가족 구성원들과 치료사들에게 확장되고 있지만, 가족치료에서는 아이들이 배제되고 아동놀이치료에서는 가족들이 배제되는 현실들이 아직도 존재하고 있다. 우리는 러블(Ruble, 1999)이 제기한 "가족치료사로서 가족치료로부터 아이들을 의도적으로 배제하는 것이 도덕적인가?"(p. 500)라는 질문을 해 본다. 우리는 또 이런 부가적인 질문도 해볼 수 있다. "놀이치료사로서 아이들의 치료로부터 가족을 배제하는 것이 도덕적인가?"

가족치료에서 치료사들이 성인만을 대상으로 개입할 때 전제가 되는 것은 부모들과 나이 든 가족 구성원들이 개선되면 아동의 문제가 해결된다는 것이다. 이것은 학대나 방임, 학습장애, 주의집중 문제, 반대 행동, 우울, 불안, 신체적 질병이나 장애, 학교공포, 행동조절장애, 따돌림 혹은 상실과 같은 각기 다른 어려움들을 가진 아이들의 개별적인 요구들을 간과하는 것이다.

가족치료 회기에서 어린아이들이 활발하게 참여하지 않는다면, 부모와 어린아이들 사이의 의사소통을 위한 노력은 한계에 부딪히고 문제를 다루는 데 실패하게 된다. 결과적으로 애착 요구와 학교 문제 등 더욱 중요한 문제들은 드러나지 않은 채 남겨지게 된다. 또한 환상적 또는 자기중심적 사고나 가족 사건에 대한 이해의 부족으로 야기된 아동의 공포를 해결하기 위한 내현적 혹은 외현적 문제들을 치료할 기회를 잃게 된다. 만약 아동이 가족 회기에서 배제된다면 아동의 본질적인 문제들은 밝혀지지 않고 간과된다.

그러나 가족치료 회기에 아이들을 단순하게 참여시키는 것만으로는 충분하지 않다. 심지어 아이들이 포함된다 해도, 아이들의 참여가 적극적으로 이뤄지지 않는 경우가 많다. 치료사가 성인들과 대화하는 동안 아이들은 치료실 구석에서 "그냥 놀아라."라는 지시와 함께 장난감이나 미술 재료들을 가지고 방치될 수도 있다. 성인들이 이야기한 것들을 확인하고 해석하기 위해 어린아이들은 불편하게 강제로 앉혀질 수도 있다. 그 결과, 아이들은 산만해지고 부모 그리고/혹은 치료사들로부터의 부정적인 감정을 이끌어낼 수도 있다.

아이들이 성인들만큼 가치 있게 여겨질 때, 그들은 그렇지 않았으면 말하지 않았을 의미 있는 정보를 끌어낸다(Ruble, 1999). 아이에게 가족에서 무슨 일이 일어나는지 알고 싶어 물을 때 아이는 어린아이의 말로 답했다. "나는 왜 엄마가 아빠랑 안자고 열세 살짜리 오빠와 함께 자는지 알고 싶어요." 당황한 아버지는 재빨리 그 질문을 되뇌일 뿐이었다.

각기 다른 인지적 수준과 언어 발달 단계에 있는 다른 세대의 내담자들과의 작업은 쉽지 않다. 많은 상담사는 성인들과 함께 작업하는 것을 더 편안해하고 종종 아이들이 이해할 수 없는 언어를 사용할 때는 부모들에게만 관심을 두기도 한다. 그들은 종종 어린아이들이 언어 사용 능력에 제한적이라는 것을 인식하지 못한다. 또한 성인들의 방식으로 생각과 감정을 표현하는 것이 아이들에게는 도전이 될 수 있다는 것을 인식하지 못한다(Gondor, 1957).

언어를 사용한 성인 방식의 치료방법은 아이들이 스스로를 정확하게 표현하기에 충분하지 않을 수 있다(Villeneuve & LaRoche, 1993). 그러나 아이들은 말할 수 없는 것을 미술, 모래, 놀이치료 혹은 스토리텔링과 같은 표현방법을 통해 보여 줄 수 있다.

만약 지식이 힘이라면, 우리는 이런 지식을 현명하게 사용해야만 한다. 우리는 최고의 치료, 그리고 치료를 통한 내담자들의 개별적 · 전체적 요구들에 기반을 둔 치료를 결정하기 위해 '통합 처방적 가족놀이치료(integrated prescriptive family play therapy)' 모델을 제안한다. 우리는 이를 위해 아이들의 목소리를 들어야만 한다.

지금까지 과거로부터 우리를 이끌어 온 발자취를 살펴보았다. 그것을 통해 어떻게 우리가 지금 이런 흥미롭고 새로운 교차로에 도착하게 되었는지 알게 되었다. 앞으로의 여정에서 어떤 새로운 길이 우리를 이끌어 갈지 점점 더 '흥미진진(curiouser and curiouser)' 해진다. 우리는 이 여정에 당신이 함께 하도록 초대하고자 한다.

CHAPTER 02

가족놀이치료 활용의 기회와 장애

with 캐서린 포드 소리(Catherine Ford Sori)

PLAY in FAMILY THERAPY

1. 가족놀이치료에 대한 장애

1) 왜 가족치료 회기에서 아이들이 배제되는가

제1장에서 언급했던 것처럼 아이들을 배제한 가족놀이치료는 상당히 많다. '왜 아직도 심리치료 분야에서 아동을 포함한 가족 전체를 대상으로 하는 서비스가 부족한 것인가?'라는 의문이 든다. 한 가지 가능한 설명은 많은 치료사가 가족치료 훈련 경험이 없거나 아동 중심의 훈련을 거의 혹은 전혀 받지 않았기 때문일 것이고, 그들이 아동의 개별적인 요구에 중점을 두는 훈련만 받고 체계적으로 사고하는 훈련이나 가족과 함께 치료하는 훈련을 받지 않았기 때문일 것이다(Cornett, 2012; Gil, 1994).

로터와 부시(Rotter & Bush, 2000)는 2세대 가족치료사들이 아동 정신분석이 아닌, 아이들보다는 성인 가족 구성원이나 커플들에게 초점을 두는 다른 훈련들을 받았다고 지적한다. 그래서 2세대 가족치료사들이 어린 아동의 발달에 대한 경험과 교육이 부족하다고 말한다.

여러 연구에서 다수의 가족치료사가 어린 아동을 가족치료에 참여시켜야만 하는 확실한 근거에도 불구하고 어린 아동을 가족치료에 잘 참여시키지 않는 것은 그들이 아동과 관련된 훈련이 부족하기 때문일 경우가 많다고 밝히고 있다(Johnson & Thomas, 1999; Korner & Brown, 1990; Miller & McLeod, 2001; Raimondi & Walters, 2004; Sori & Sprenkle, 2004; Zilbach, 1986). 코너와 브라운(Korner & Brown, 1990)은 가족치료사의 40%가 아동을 전혀 참여시키지 않으며, 31%는 아동을 참여시키지만 활발한 참여자로 개입시키지는 않았다는 것을 밝히고 있다(Gil, 2014).

존슨과 토머스(Johnson & Thomas, 1999)는 대부분의 가족치료사들은 아이들과 함께하는 것을 편안해 하지 않으며, 또한 그들의 훈련 과정이 이 분야를 소화하기에 적합하지 않았기 때문에 치료에서 아이들을 배제하였다는 사실을 알아냈다. 체더보그(Cederborg, 1997)는 그의 연구에서 아이들은 가족치료 회기에 참석할 때 활발하게 참여하지 않았으며, 단지 3.5%만이 아이들이 회기에서 이야기를 하였다는 것을 발견하였다. 이 연구에서 가족치료사들은 아이들이 가족치료에서 차지하는 역할이 무엇인지 정확하게 알지 못했다는 것을 보여 주고 있다.

또한, 존슨과 토머스(1999)에 따르면 많은 가족치료사는 그들이 받은 아동훈련이 10세 이하의 아이들과의 놀이치료에서 적절하지 않다고 인식했다고 밝혔다. 이를 방지하기 위해 존슨과 토머스는 다음 훈련 과정을 추천하였다.

① 아동에게만 중심을 두는 훈련
② 이론을 바탕으로 한 실용적인 훈련
③ 슈퍼비전
④ 치료사의 능력 향상에 초점을 두는 훈련

가족치료에서 아동을 배제하는 치료가 많은 것은 아동의 인지 능력 요인이 실제적인 치료에 영향을 미친다는 연구 결과 때문이라는 의견이 있다. 이러한 주장을 하는 연구자들에게는 적절한 훈련의 결과가 무엇인지 밝혀내는 연구가 필요하며, 소리와 스프렝클(Sori & Sprenkle, 2004)의 연구가 이런 요청에 대한 하나의 답이 될 수 있다.

2) 아동과 함께 하도록 가족치료사 훈련하기

소리와 스프렝클(2004)의 델파이 연구는 부적절한 훈련에 대한 연구다. 이 연구는 아동과 함께 하는 가족치료사 훈련 분야에서 선별된 최고의 전문가 자문단과의 인터뷰를 사용한 양적 연구다. 자문가들은 이론, 교육 분야에서 다양하게 선별되었고, 아동을 포함하는 훈련에 전문성을 가지고 있었다.

이 연구는 가족치료에 아이들이 포함된 경우와 배제된 경우를 나누어 과정 내용, 추천 도서들, 훈련생이 편안함을 느낄 수 있는 환경 형성, 기술 형성, 가족치료 훈련에의 놀이 통합이라는 여섯 가지 영역으로 실행되었다. 자문단이 강하게 지지하는 내용들은 다음과 같다.

① 성(sex)과 같은 민감한 문제들을 논의하지 않는다면 가족 회기에 아이들을 포함하라.
② 과정 내용들은 발달상의 문제, 이론상의 문제, 아이들과 성인들을 참여시킬 방법, 놀이와 가족치료 이론, 아동의 장애를 다루는 가족치료기법을 포함해야만 한다.
③ 치료사들은 즐겁고, 유머러스하고, 창조적이고, 아이들과 잘 연결되며 아이들과 함께 참여할 수 있는 능력을 갖추는 것이 중요하다.
④ 연역적이고 귀납적인 훈련방법들이 추천되며, 이 훈련방법에는 실시간 슈퍼비전과 수련 과정이 포함된다.
⑤ 추천할 만한 가족놀이치료 기술들에는 인형, 스토리텔링, 드로잉, 게임, 비언어적인 미술, 가족 벽화 그리기 등이 포함된다(Sori & Sprenkle, 2004).

이 연구의 결과들은 개인과 가족 분야 양쪽 모두에서 아동과 청소년을 치료하기 위한 상담사들을 훈련시키는 대학원 과정 설계에 반영되었다. 소리와 스프렝클(2004)의 델파이 연구로부터 끌어낸 목표들을 충족시키면서 이러한 강좌의 효과성을 알아보는 후속 연구가 현재 진행 중이다. 그 결과들은 놀이치료와 가족치료 분야에 가족놀이치료 훈련을 어떻게 구조화시키고 수행하는지에 대해 추천 사항을 제공할 것이다.

3) 왜 가족치료사들은 놀이를 사용하는 데 저항하는가

몇몇 가족치료사는 가족놀이치료 기술이 부족하다는 사실이 드러나는 것을 두려워하기 때문에 놀이의 사용을 불편해한다. 그러나 확신을 가진 치료사들은 내담자들에게 가족놀이치료 기술을 전달한다. 치료사가 준비 부족으로 소극적 태도를 가지고 상담에 임할 때 내담자가 가진 양면성과 서로 상호작용하여 치료에 영향을 미치게 될 수도 있다. 만약 체계적 개념을 고집하는 가족치료사들이 있다면, 그들은 아동놀이치료의 이점을 생각해 보는 것이 힘들 수도 있다. 그들은 가족치료의 목표를 달성하기 위해 어떻게 놀이를 통합할 것인가에 대해 잘 모를 수 있다. 또 어떤 치료사들은 그들이 값비싼 놀이치료 재료들을 과다하게 구매해야만 한다고 생각한다(재료는 중고 상점, 창고 세일, 빵가게, 저가 판매점에서도 저렴하게 구입할 수 있다). 어떤 치료사들은 참석한 가족 내 성인 구성원들에게 놀이를 사용하는 것은 치료사들을 전문적이지 않게 혹은 유치하게 보일 수도 있다고 느낀다. 치료사들이 놀이를 치료적으로 사용하는 것에 대한 자신감을 향상시키기 위해서는 많은 경험과 훈련을 통해 불편함을 극복하는 것이 필요하다.

가족치료에 놀이가 사용되어야 한다는 것에 대한 의견은 연속선상으로 연결되어 있다([그림 2-1] 참조). 성인들이 상담을 받는 동안 방해받지 않도록 어린아이들을 조용하게 하기 위해서 놀이를 사용하는 치료사들이 있는 반면, 어떤 치료사들은 놀이의 언어를 치료적으로 사용한다[미누친(Minuchin)은 놀이가 얼마나 이로울 수 있는지를 지적했다]. 아이들이 상담에 참여하도록 동기부여를 하기 위해 놀이를 처음에 사용하는 치료사들도 있지만, 어떤 치료사들은 가족놀이를 평가의 부가적인 도구로 활용하거나 가족놀이치료 회기의 구체적인 목적을 위해 사용하기도 한다(Sori, 2000, p. 137; Seymour & Erdman, 1996). 이처럼 가족놀이치료사들은 내담자의 요구와 치료의 목적에 따라 연속선 상의 다른 지점에서 활용할 기술과 유연성이 필요하다.

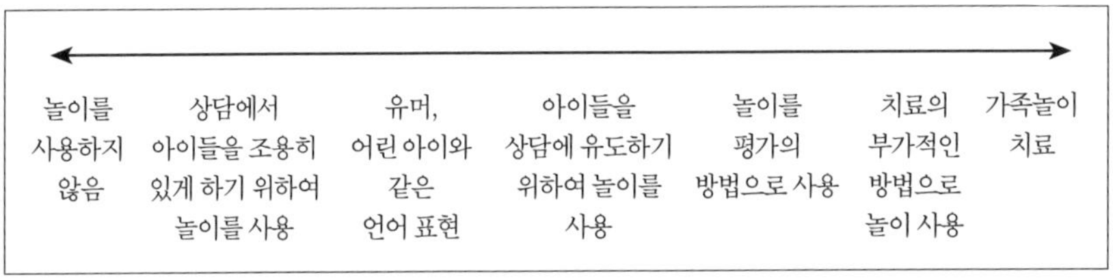

[그림 2-1] 가족치료에서 놀이에 대한 신념의 연속선

2. 놀이치료에 가족을 포함하는 것에 대한 저항

많은 놀이치료사는 그들이 놀이치료에서 성인 가족 구성원들에 대해 사정과 치료를 실행할 충분한 훈련을 받지 않았다고 느낀다. 그들은 가족을 포함한 놀이치료가 아동 개인을 위한 목표에 어떻게 역할을 하는지 혹은 가족을 포함한 놀이치료가 가족 체계와 긴밀하게 연관된 심각한 아동 문제들을 어떻게 드러내는지에 대해서 확신하지 못할 수도 있다.

2005년 램버트(Lambert) 등이 수행한 연구는 놀이치료협회(Association for Play Therapy)와 미국상담협회(American Counseling Association)의 치료사들을 대상으로 놀이 접근방법, 이론적 성향, 훈련방법 등을 조사하였는데, 이 연구의 결과 응답자의 45%가 스스로를 전문적인 상담사로 인식하였고, 20.5%는 사회활동가로, 9.8%는 학교상담사로 인식하였다. 단지 7%만이 가족치료사로서의 자신의 전문성을 인식하였다. 이 연구에서 응답자들은 다양한 놀이치료 방법 가운데서 놀이치료, 모래놀이치료, 미술치료, 활동치료, 가족놀이치료 그리고 마지막에 부모놀이치료 순으로 활용하고 있다고 응답하였으며, 응답자들이 하나 이상의 방법을 선택할 수 있을 때도 단지 26.79%만이 가족놀이치료를 선택하였다. 이 연구의 결과를 통해서 가족치료나 가족놀이치료에 대한 관심이 부족하다는 것을 확인할 수 있다.

좀 더 최근의 연구로는 놀이치료협회의 295명의 회원을 대상으로 한 가족치료와 놀이의 통합을 주제로 한 해슬럼과 해리스(Haslam & Harris, 2011)의 연구가 있다. 응답자의 대부분은 '가족을 포함시키는(family-inclusive) 태도'를 가졌고, 많은 사람이 아동기반 문제를 다루는 데 가족을 포함시켜야 한다는 중요성과 효율성을 인식하였다(중요성은 94%, 효율성은 90%였다). 또한 93%는 아동기반 정서 문제 발달에 가족 요인이 아주 중요하게 연관된다(p. 60)고 보았다. 일반적으로 놀이치료사의 상당수(82%)가 가족치료와 놀이치료 접근방법을 통합하는 것이 가능하다고 믿고 있었다. 흥미롭게도, 연구자들은 그들의 저서에서 가족치료사가 놀이치료를 포함하려는 경향보다 놀이치료사가 가족을 포함하는 것에 더 호의적인 것으로 나타났다고 지적하고 있다.

그러나 연구 참여자들이 특정한 가족치료 방법들에 사용된 놀이치료를 얼마나 효과적으로 인식하는가에 관한 연구 결과들이 확실한 것은 아니다. 약 2/3가 놀이치료와 가족치료가 효과적이라고 믿었지만, 약 1/3 정도는 청소년이나 너무 어리지 않은 아이들과의 사례에만 효과적일 것이라 믿고 있었다. 아이들이 없을 때 커플 혹은 성인 개인들과의 치료에 있어서는 그 숫자가 더 급격하게 줄어들었다. 이런 결과들은 그리 놀라운 것은 아니지만 우리의 전문적인 경험들과는 대조적인 것이다. 우리는 이 장의 후반부에 성인 개인과의 놀이치료의 예를 보여 준다.

이 연구의 참여자들은 그들의 역할 인식에 있어서 약간의 혼란이 있는 듯하다. 그들은 누구의 치료자인가? 치료사들이 그들의 역할을 어떻게 보는지에 대한 것은 치료에 누가 포함되고, 언제, 어떻게 그리고 얼마나 자주 치료를 하는가에 영향을 주는 것 같다. 그렇다면 아주 소수만이 자신을 '가족치료사'로 지칭하는 것이 타당해 보인다(Haslam & Harris, 2011).

가장 의미 있는 결과 중의 하나는 그들의 대학원 프로그램이 놀이 실습이든 가족 실습이든 간에 훈련을 충분히 시키지 못했다고 보는 놀이치료사의 인식이었다. 아이러니하게도 단지 38%가 자신의 놀이치료 훈련에 만족했던 반면, 더 많은 사람들이 가족치료 훈련에 만족했다(43%가 어느 정도 적절했다고 대답했다.

그러나 1/3은 그렇지 않았다고 대답했다). 이런 결과들은 앞서 언급했던 대학원의 훈련에 대한 가족치료사의 인식 연구 결과들과 비교할 때 흥미롭다(Johnson & Thomas, 1999).

1) 가족치료사들을 가족놀이치료사로 훈련시키는 것의 쟁점들

우리 두 사람은 모두 대학에서 가족놀이치료 대학원 강의를 해왔다. 다음에서는 우리 학생들에게 자주 발생하는 몇 가지 이슈를 제시한다.

(1) 훈련과 관련된 비용

비용은 정말 문제다. 대부분의 가족치료 훈련 프로그램은 놀이치료를 가르치는 것에 우선순위를 두지 않고, 아동들에게 거의 초점을 두지 않는다. 가족치료 훈련의 대부분은 가족 체계(전체로서의 가족의 기능), 위계(가족이 어떻게 구성되는가), 의사소통(주로 언어적 의사소통이 제한된), 언어(질문을 만드는 기술)에 중점을 둔다. 아이들을 포함하는 가족치료 기법에서 6세 혹은 7세 이하의 아동들은 배제하는 경향이 있다. 아이들이 가족치료에 포함이 되더라도 적극적인 가족치료의 대상이 되지는 않는다. 가족치료에 참석하는 경우라도 아이들은 성인들과는 별도로 과제를 받게 된다. 아이들의 놀이 그 자체는 관심을 덜 받게 된다. 아이들의 놀이를 아이들의 언어로 보기 위해 혹은 아이들의 발달적 차이점의 복잡성을 이해하는 훈련을 받아 온 가족치료사는 거의 없다. 가족치료사들이 더 많은 훈련을 받기 위해 학교로 다시 돌아가야 한다는 생각은 아이들을 가족치료에 통합시키는 데 큰 장애물이 된다.

(2) 추가적인 놀이치료 장비들과 관련된 비용

대부분의 가족치료사는 사무실에 가지고 있는 엄청난 수의 장난감을 준비하는 것에 부담을 갖는다. 상담실에 인형집, 이젤, 모래놀이상자, 미니어처들을 채워 넣어야 한다는 생각은 너무 부담이 되는 것일 수 있다. 그러나 이런 부담들은 쉽게 극복할 수 있다. 몇 개의 장난감만을 선택하여 아이들을 놀이치료에 참여하게 하는 많은 방법이 존재한다. 치료실 공간을 많이 차지하지 않아도 전통적 놀이치료와 같은 다양한 활동으로 적절한 대안을 찾을 수 있다.

예를 들어, 원가족 놀이 가계도는 내담자가 마음에 끌리는 미니어처를 선택하여 가계도에 그려진 가족 구성원들의 자리에 놓도록 한다. 내담자들은 큰 종이에 자신들의 가계도를 그리게 되고, '자신을 포함한 가족 내 모든 사람에 대한 생각과 느낌을 가장 잘 보여 줄 수 있는 것들 혹은 무언가를' 찾아보게 된다. 만약 미니어처가 없다면 다른 방법으로 할 수도 있다. 먼저, 내담자들에게 '정서적인 색깔 코드(affective color code)'를 선택하도록 한다. 다음으로, 내담자들은 '자신이 주로 지니는 느낌 목록'을 작성한 후, 작은 상자를 만들고 내담자가 각각의 느낌을 가장 잘 보여 줄 색깔을 선택하여 상자 안을 그 색깔로 채우게 된다. 이것은 정서와 정서적인 긴장(선의 압력과 색의 강도로 측정될 수 있는)을 전달하는 개별화된 색깔 코드가 된다. 이것이 형성되면, 내담자는 자신을 포함한 각각의 가족 구성원들에 대한 생각과 느낌을 정서적인 색깔 코드를 이용해 보여 주게 된다.

(3) 불편함과 부적응의 느낌

초반에 언급했듯이, 불편하거나 무능력하다는 느낌은 모든 사람을 힘들게 한다. 상징과 은유로 대화하게 되는 것은 임상적 창의성을 두드리는 것과 같이 작업하고 연습(이 장의 후반부 예를 참조)을 해야 하는데, 어떤 사람들은 자신에게 그런 임상적 창의성이 없거나 혹은 도달하지 못하는 것으로 본다(제3장 참조). 가족치료사들은 이러한 과정을 어떻게 진행해야 할지 또는 그 은유를 이해하는 것에 불편함을 느낄 수도 있다. 언어와 그것이 함축하는 의미에 초점을 두는 가족치료의 오랜 역사를 보았을 때, 이런 기술을 습득하는 것은 아주 쉬운 것이고 그렇게 옮겨가는 것도 부드럽게 이루어질 수 있다고 믿는다. 그러나 가족치료사들은 언어적 의사소통을 지나치게 강조하고 내담자들이 왜 대상들을 선택하는지에 대해 말하거나 그들에게 그 의미를 설명해 달라고 요청하면서 상징적 의사소통의 힘을 자기도 모르게 최소화시킨다. 가족치료사들이 이 작업에 성공적으로 참여하기 위해서는 경험적 학습 기회가 더 많아야 한다.

(4) 지루함의 느낌

어떤 가족치료사들은 어린아이들에 대한 관심과 연민이 부족하다고 느끼기도 한다. 그들은 아이들을 탐색하고 아이들이 치료 환경과 치료사와 편안해지기 위한 시간을 지루하다고 느낄 수 있고, 어린아이들을 힘들고 귀찮은 존재로 볼 수도 있다. 어린아이들이 반복적인 놀이를 하려고 하거나, 속이는 것과 같은 도전을 할 때 혹은 치료사가 선택한 활동에 참여하기를 거부할 때, 치료사들은 특별히 더 힘들어할 수 있다. 이런 문제들은 훈련을 통해 다뤄질 필요가 있다.

2) 놀이치료사를 가족놀이치료사로 훈련시키는 데 있어서의 쟁점들

우리는 가족과 함께 치료하는 놀이치료사들을 훈련시키면서 다음의 관심 영역들을 발견하였다.

(1) 성인과의 불편함

많은 놀이치료사는 성인들보다 요구하는 바가 거의 없고 덜 위협적일 수 있는 아이들과의 관계에서 편안함을 느끼기 때문에 아동을 대상으로 하는 놀이치료를 선택한다. 그러나 아이들은 결코 하나의 독립된 단위가 아니다. 모든 아이들은 양육자나 보호자들 혹은 부모들과 함께 있다. 놀이치료사들은 개별 아동의 치료 목표를 효과적으로 이끌기 위해 모든 가족을 초대하고 상담에 참여시키는 데 있어서 편안함을 가져야 한다.

(2) 언어소통의 관심 부족이나 불편함

어떤 놀이치료사들은 놀이 자체로 소통 하는 것을 더 편안하게 느끼고, 일차적으로 언어를 통해 의사소통 하는 것에 어려움을 느낀다. 어떤 놀이치료 훈련생들은 "아이들과 함께 할 때는 편안하고 자신감 있게 잘 진행되다가, 아이들의 부모들이 주변에 있을 때 얼어 버린다."고 말하는 경우가 있다. 이러한 머뭇거림고 불편함은 직접적으로 표출될 때 극복될 수 있다.

(3) 체계적인 사고의 부족

체계이론 혹은 가족치료 접근방법의 훈련 부족은 놀이치료사들로 하여금 맥락적 혹은 체계적 사고가 아닌 직선적 사고를 하도록 한다. 이러한 훈련 부족은 아이들의 가족이나 양육자들의 맥락 안에서 문제를 생각하는 것을 당황스럽게 여기거나 대응을 버거운 것으로 생각하게 할 수 있다. 그러므로 체계적 시각의 부족은 치료상의 진전을 제한한다.

놀이치료사와 가족치료사는 모두 창조적이고 개혁적이며 표현적인 기술들을 사용한다. 두 분야가 각각 발전되어 왔지만, 두 분야는 모두 같은 사람들을 치료하고 있다. '어린아이들의 상상력에 주목하고 놀이를 통해 소통하는 그들의 능력과 열망을 보여주는 전문화되고 아동 친화적인 개입 방법들'을 발전시키기 위한 가족치료사들의 노력이 있어야만 한다(Gil, 2001, p. 1). 마찬가지로 놀이치료사들은 가족을 하나의 단위로 다루는 가치에 대해 교육받고, 가족치료이론과 방법을 훈련받아야 할 필요가 있다. 놀이치료는 가족치료의 모든 주요 이론과 통합될 수 있으며, 이것이 놀이치료를 어린 아이들과 가족에게 더 적합한 것으로 만드는 경향이 있다(Dermer et al., 2006; Gil, 1994, 2001; Gil & Sobol, 2005). 두 분야는 또한 제공하는 훈련의 유형과 수준을 향상시키고, 그것들 간 구분을 연결시키도록 격려하고 경험적 학습을 포함시킬 필요가 있다. 이는 통합된 접근방법을 장려하고 고취시키는 최상의 잠재력을 갖는 것이다.

3. 가족놀이치료에서의 기회

1) 언제 가족놀이치료를 사용하는가

길과 소볼(Gil & Sobol, 2005)에 따르면 가족놀이치료가 유용하게 사용될 수 있는 경우는 다음과 같다(pp. 349-350).

① 가족 구성원 중 전통적인 언어치료에 관심이 없거나 따분해 하는 어린아이들이 있을 때
② 가족이 치료의 교착상태에 도달했을 때
③ 가족들이 언어 중심적이지 않을 때
④ 가족 구성원들이 지나치게 분석적이거나 머리로 판단하려고 할 때
⑤ 정체된 가족 역동을 변화시키고자 할 때
⑥ 가족들이 수치심이나 불편함 때문에 감춰진 문제나 감정을 노출하기 어렵다고 느낄 때
⑦ 치료적으로 연합을 형성하거나 강화하기 위해
⑧ 구체적인 치료적 목적을 향상하기 위해
⑨ 새로운 가족 관계 패턴을 장려하고 변화로 향하게 하는 매체로서의 놀이와 웃음의 개념을 소개하기 위해
⑩ 가족 건강성 증진을 위해

많은 치료사가 치료의 처음과 다른 몇 지점에서 전체 가족을 만나기를 원하지만, 모든 가족 구성원이 모든 회기에 참석할 필요는 없다. 상담사는 가족의 필요에 맞게 2인 체계나 하위 체계들(Gil & Sobol, 2005) 또는 다중적 접근방법들로 치료를 할 수 있다. 가족치료에 놀이를 통합하는 선택은 주의 깊고, 적절한 치료 목

적을 진행시키기 위한 특별한 활동들이 있을 때만 가능하다(Gil & Sobol, 2005).

2) 가족 역동 평가를 위한 놀이 사용

가족놀이치료는 가족 역동에 대한 특별한 통찰을 제공한다. 가족놀이치료사는 놀이 활동에 참여하는 가족을 평가하면서 가족의 의사소통 방식, 위계 및 경계를 확인하고, 그들이 어떤 연합 관계를 노출하는지 또한 놀이를 어떻게 구성하고 참여하는지 관찰한다. 예를 들면, '놀이는 누가 책임을 지고 있는지' '누구의 생각이 우세한지' '누가 소외될 수 있는지'를 본다.

가족놀이치료사들은 가족놀이 회기 동안 다음의 행동들에 특별히 주목할 필요가 있다(Gil, 2001; Gil & Sobol, 2005).

① 가족이 놀이 활동에 접근할 때 가족들이 협력하고 조직하는 수준
② 합의에 도달하는 능력, 합의가 성취되는 방식
③ 정서적인 그리고 신체적인 접촉의 정도
④ 활동 참여 수준과 즐거움의 정도
⑤ 놀이를 자신들의 현실에 대한 은유로 보는 것과 같은 자연스러운 통찰의 수준
⑥ 가족들이 무의식 단계에서 의사소통을 하도록 하면서 주제가 개인에서 집단으로 발전되어 가는 집단 무의식 수준

진행 과정 관찰은 가족들이 어떻게 소통하는지, 그들의 상호작용 패턴의 특징은 무엇인지 살펴보는 것을 포함하는 것이다. 내용은 단지 무엇에 대해 이야기하는가가 아니라, 상징, 은유, 은유적 언어를 사용해 말하고 있는 것이 무엇인가를 포함하고 있다(Gil & Sobol, 2005).

치료에서 해석할 수 있는 결과물들은 가족놀이치료에서 만들어진 가족 벽화,

가족 가계도, 가족 어항 등과 같은 구체적인 것들이 된다. 이런 결과물들은 가족 역할, 관계, 역동을 보여 주는 은유를 제공한다. 가족 은유의 내용은 이후의 회기에서 진행 과정을 살펴보고, 통찰을 더욱 깊게 진행하고, 재현하고, 고찰하면서 다시 다뤄질 수 있다(Gil & Sobol, 2005). 이후의 연구를 위한 비디오 제작 회기 또한 이런 진행 과정을 용이하게 할 수 있다.

3) 가족놀이치료에서의 성인

보트킨(Botkin, 2000, p. 32)은 마술 같은 생각, 가상놀이, 역할놀이를 포함하는 성인을 위한 놀이의 많은 치료적 이점들을 밝히고 있다. 그녀는 성인들이 때때로 놀이를 하기엔 '너무 많이 컸다'고 생각하고 있다고 지적한다. 그러나 우리가 그렇게 생각해 버린다면 우리는 우리 속에 있는 아이를 잃어버리게 되는 것이다.

그녀는 상담실에서 가족들이 상담을 받을 때마다 새로운 공기가 주입되는 듯하다는 테어(Terr, 1999)의 말을 인용하며 가족들은 가족놀이치료 과정에서 각각의 새로운 경험을 통해 변화한다고 했다. 만약 당신이 가족들의 놀이를 일방경을 통해 관찰하던 슈퍼바이저였다면 그런 변화의 장면을 보는 것은 더욱 놀라울 수 있다. 시간이 지날수록 누군가가 그 방에 마술의 기운을 불어넣은 것처럼 방금 전까지 의자에만 푹 꺼져 있으면서 이야기하기를 꺼리고, 서로서로 눈을 맞추려 하지 않던 가족들에게 새로운 삶이 공급되는 것을 느낄 수 있다.

로터와 부시(2000)는 성인들은 초기의 삶의 경험이나 자신의 성장 과정을 잊어버렸기 때문에 놀이방법을, 특히 그들의 일상에서 아이들과 놀이를 어떻게 진행할지를 다시 배워야만 한다고 지적한다. 질바크(Zilbach)는 "놀이하는 것은 어렵다. 아이들은 이 분야에서 놀라운 교사"라고 강조한다(1986, p. 22). 가족 친화적인 놀이 활동은 "이야기, 벽화 스토리텔링, 역할놀이, 그리기, 인형, 드라마, 글쓰기, 모래놀이, 진흙놀이 그리고 그 외의 다양한 형태의 창조적이며 표현적인 미술의 사용(Rotter & Bush, 2000, p. 173)"을 포함한다. 이런 놀이 활동은 두 세대 간의 '워밍업(warm up)'을 하는 데 유용하게 사용된다. 아이들은 자신들이 가족 구성원들에게 중요한 존재라는 것을 알게 될 때 가족을 치료에 오게 한 "문제를 다루는 과정에 참여"(p. 173)하게 된다.

놀이치료 기술들은 다음에 나오는 나의 내담자 더그(Doug)의 사례에서처럼 개별 성인들에게도 효과적으로 사용될 수 있다. 특히 놀이치료사, 미술치료사와 더불어 가족치료사는 은유를 치료에서 아주 중요하고 중심적인 초점으로 오랫동안 간주해왔다. 더그의 사례에서 은유는 중요한 치료도구로 사용되었고, 내담자들을 참여시키기 위해 치료자가 그들의 말을 듣고 초대하고 탐색할 때 임상적 은유가 어떻게 중심적인 단계를 차지하는지 잘 보여 주고 있다.

(1) 성인놀이치료의 은유 사용

은유는 대개 상징, 다른 어떤 것들을 표현하기 위해 사용된 것으로 규정된다. 이 말은 전달하다 혹은 이동하다의 의미인 그리스어 'metapherein'에서 유래하였다. '상징(symbol)'이라는 것은 대개 '재현(representaion)', 마크, 픽토그램, 혹은 '표시(sign)'와 같은 것으로 이해될 수 있다. 장난감, 미술 속의 이미지, 평화를 나타내는 표시(peace sign)와 같은 것이 상징이 될 수 있다. 그러나 상징은 종종 언어를 통해서 전달될 수도 있다. 우리가 "I'm running on half-empty(나는 기운이 거의 다 떨어졌어)." 혹은 "My cup runneth over(지금 상황이 너무 힘들다)." 혹은 "His boat hasn't docked yet(그는 아직 다 이루지 못했어)."과 같은 말을 얼마나 자주 듣는지 떠올려 보라. 우리의 언어는 줄여서 사용되는 혹은 더욱 복잡한 뜻으로 사용되는 많은 은유를 가지고 있다.

예를 들면, 나의 성인 내담자인 더그가 요즘 그의 생활이 어떤지에 대해 이야기를 시작할 때, 그의 기분은 생기가 없고 사용하는 언어들은 반복적이고 다소 모호하다. 나는 만약 그가 진실로 그를 괴롭히고 있는 것들을 감추려 할 때 그와 연결되지 못하는 것을 느꼈다. 그는 "내가 모래 속으로 빠져 버리는 것 같다는 게 내 기분을 표현할 수 있는 가장 정확한 말일 거예요."라고 말하였다. 여기서 나는 그의 고립감, 절망, 위급함을 그가 표현한 간략한 은유로 알아차릴 수 있었고 그의 감정과 연결됨을 느꼈다. 은유는 종종 더 깊은 단계로 울려 퍼지는 개념으로, 듣는 이들에게 다가간다. 그러나 어떤 때는 언어로 표현될 때조차 은유는 의미를 파악하기가 어려워지면서, 느낌은 말하는 사람을 붙들어 매는 하나의 내적 이미지로 남는다. 나는 어떤 이들에게는 은유를 시각화하거나 구체화하는 시도를 장려하기도 한다. 나는 나의 내담자 더그가 심상 작업에서 머뭇거리며 생각이 굳어 가는 것을 느끼고 그를 놀이치료실로 초대하였다.

나는 그에게 내가 최근에 분홍색 모래를 구매했다고 말했다. 나는 플라스틱 용기에 이 모래를 집어넣고 부드럽고 걸쭉한 상태가 될 때까지 물을 넣었다. 더 그에게 선반 위에서 자신을 표현할 상징적인 미니어처 하나를 선택하게 하였고 그에게 지시적 놀이치료를 실시하였다. 그는 시간을 두고 여러 가지 미니어처를 살펴보고는 마침내 원하는 한 가지(한 손에 서류가방을 들고 다른 한 손에는 휴대전화를 들고 있는 한 작은 남성 미니어처)를 선택하였다.

그는 그것을 가지고 내 옆에 앉았다. 나는 그에게 그가 선택한 자신의 미니어

[그림 2-2] 나는 나 자신에게 충분한 도움을 주었어요.

처를 모래 안에 넣어 보라고 하였다. 그는 그렇게 하였고 원하는 만큼 밀어 넣었다. 나는 그에게 다시 자리로 돌아오게 하면서 말했다. “좋아요. 모래 속으로 빠져들고 있는 당신을 살펴보아요. 어떻게 느껴지는지 함께 보죠.” 나는 그에게 그가 관찰한 것에 대해 생각이 아닌 감정을 살펴보라고 요청했다. 나는 조용히 앉아서 그가 시간을 갖고 깊은 생각에 빠지는 것을 보고 놀랐다.

다음에 일어날 일들은 예측할 수 없었다. 그는 자리에서 일어나 15분 정도 다른 미니어처들이 있는 곳으로 가서 그에게 특별한 의미를 상징하는 미니어처들을 찾아내어 모래상자 속에 조심스럽게 그것들을 놓았다([그림 2-2] 참조). 놓인 미니어처들은 구명보트, 해골, 그 자신을 상징하는 미니어처를 붙잡거나 겁주기 위한 손 모양, 나무, 컴퍼스, 사다리, 아이를 안고 있는 천사 등이었다. 모래상자의 한쪽 윗부분에는 무지개도 걸쳐 있었다.

더그는 자신이 한 것을 살펴보면서 그가 그 순간 했던 생각에 빠져 있는 듯 앉아 있었다. 나는 조용히 다음 상황을 지켜보기로 하였다. 몇 분 후에 그가 다시 일어나서 헬리콥터를 가지고 왔고 모래상자의 끝 부분에 들것을 내리고 큰 여성 소방관 미니어처를 모래상자 밖에 서 있도록 했다. 그는 다시 앉아서 이야기를 시작했다. “좋아요. 이제 좀 다르게 느껴지네요.” 돌아가는 그에게 그가 원했던 것을 좀 말해 달라고 했다. 그는 다음과 같이 이야기했다.

> 내가 처음 그(미니어처 더그)를 보았을 때 그는 혼자였고 불쌍해 보였어요. 내가 그를 보았을 때 여러 가지 느낌이 있었어요. 그러나 내가 가장 크게 느낀 것은 위급함이었어요. 내가 무언가를 해야만 할 것 같아 그를 그대로 둘 수가 없었어요.

그때 나는 그것을 반영하고 있었던 걸로 기억한다. 내가 말한 것이 무엇이든간에 그것은 그가 방금 이야기한 것에 대한 반응을 한 것이었다. 그는 계속해서 말했다.

나는 한 손에는 휴대전화, 다른 한 손에는 서류가방을 든 채 서 있는 미니어처를 보면서 아무것도 할 수 없다고 느꼈어요. 그래서 나는 그(미니어처 더그)를 위해 무언가를 해야만 했어요. 내가 아무것도 하지 않았다면 그(미니어처 더그)는 그대로 잠겨버렸을 거예요. 그(미니어처 더그)는 아마 그 상태로만 있을 수 있다면 모래 안으로 빠지지 않을 수 있다고 생각했을 거예요. 하지만 그렇지 않아요. 그대로 있는 것은 도움이 되지 않아요. 빠지거나 헤엄치거나 해야 하는 상황이었죠. 그(미니어처 더그)는 무언가를 해야만 했어요.

더그는 그(미니어처 더그)를 위해 무언가를 해야만 했다고 느꼈다는 것을 설명해 나갔다. 그리고 더그는 일어나 모래 속으로 빠져 가는 그(미니어처 더그)에게 도움을 주었다(그는 나중에 충분한 도움이었다고 설명했다). 더그는 이야기를 계속해 나갔고, 그의 통찰력은 대단했다. 그러나 더욱 중요한 것은 그가 무의식으로부터 온 은유를 명백하게 반영하고 변화시켜 나갔다는 것이다.

나에게 이야기한 후에 더그는 "잠깐만요, 할 게 더 있어요."라며 의자에서 일어나 헬리콥터를 잡고 "타타타타타타" 소리를 내고 주위를 돌았다. 그러고는 헬리콥터를 다시 모래상자 옆으로 되돌려 놓아두었다. 그리고 들것을 내리고 그를 상징한 미니어처를 들것 위에 놓고 헬리콥터에 태워서 방의 다른 한쪽으로 데려갔다.

여기에서 더그는 두 가지를 했다. 그는 물 잔을 들고서 미니어처에 묻은 모래를 털고는 물 잔 속에 그것을 부드럽게 잠기게 했다. 그리고 티슈를 뽑아서 그 미니어처를 아주 조심스럽고 부드럽게 닦았다. 그러고 나서 그 미니어처를 들고 "나는 그를 친구들에게 돌려놓을 거예요. 이렇게 혼자 있는 것은 지겨워요."라고 말한 후 미니어처를 다시 선반 위에 올려놓고 놀이실 앞으로 돌아가 소파에 앉았다. 그는 나에게 이야기할 준비가 되었다는 신호를 보내고 있었다.

나는 더그에게 미니어처를 가지고 했던 작업이 어땠는지 물었다. "재밌었어요. 나는 피곤하다 느꼈던 것 같아요. 왜 그런지 몰랐어요. 무엇을 했는지 모르겠지만 난 무언가 해냈다고 느끼고 있어요." 나는 이것을 좋은 사인으로 여겼다. 그는 진심으로 전뇌 활동(whole-brain activity)을 했다. 여기서 그는 은유를 외현화하였으며 구체화하였고 투영과 자신의 내면의 자원들에 불을 붙이는 경험을 했다. 나는 그가 중요한 것들을 했다는 것을 전달하고 그가 계속 생각하고 그의 생각들을 고민하도록 그리고 적어 볼 수 있도록 격려하였다.

우리는 다음 회기를 약속하고 그 회기를 마무리하였다. 그는 다음에 두 번의 약속을 취소하였고, 그를 다시 만난 것은 4개월 후였다. 그는 그가 일상에서 이룬 많은 변화에 대해 즐겁게 이야기했다. 나는 그가 말한 것을 다 기억하지 못하지만 흥미로웠던 두 가지는, 그가 일을 그만두었고 다른 일을 찾았다는 것과 이동주택을 하나 샀고 부인과 그의 대학생 아들을 방문할 휴가 여행을 계획하고 있다는 것이었다. 그는 아주 에너지가 넘쳐 보였고 좀 더 성장한 것 같았다.

더그와의 상담은 주목할 만한 은유의 과정이었다.

① 내면의 은유 창조
② (그것을 나눔으로써) 은유를 외현화하기
③ 은유를 구체화하려는 의지
④ 투사에 참여
⑤ 미니어처를 사용한 은유에 대한 성찰
⑥ 자신을 은유에 의해 움직이도록 허용
⑦ 은유에 새로운 요소를 도입하여 그것을 변형시키기
⑧ 은유 외현화와 변형을 모두 성취
⑨ 현실 생활에서 변화를 만들어 내도록 고취

이런 단계들을 거쳐 더그는 그 과정에서 의미 있는 경험들을 창조하였다. 앞으로 더그는 무기력함이나 절망의 느낌을 다시 경험할 수도 있다. 하지만 이런 은유의 경험이 다시 의식에 떠오르게 되고, 그는 자신의 변화된 은유들을 통합할 수 있을 것이다. 다시 말해, 그는 외현화된 은유와 은유의 자원들을 되돌아보고, 에너지와 변화를 일으키게 될 것이다.

모든 사람이 한 자리에서 이것을 해낼 수는 없다. 그러나 한 내담자의 은유가 밝혀지고, 강조되고, 탐험될 때 치료 과정의 각기 다른 시점에서 위의 단계들은 연속적, 비연속적으로 나타날 수도 있다. 이는 은유작업으로의 진입일 뿐이다.

4) 은유의 임상적 사용

밀턴 에릭슨(Milton Erickson)의 빛나는 업적과 함께 은유의 임상적 사용은 널리 논의되어 왔다(Erickson & Rossi, 1979). 밀턴 에릭슨은 내담자들이 치료 시간에 드러낸 은유의 범위에 임상적 초점을 두는 능력을 가졌다. 그는 내담자들이 자신의 의미를 창조하고 이해할 수 있도록 내담자들을 격려하고 때로는 도전하게 하는 데 은유를 사용하였다.

그는 때때로 내담자가 경험한 것들이 의식에서 받아들이기에 너무 고통스러워 견딜 수 없게 느껴질 때, 은유적인 이야기들이 샛길(sideways)로 접근해 들어갈 수 있다고 하였다. 에릭슨은 내담자들이 집중할 수 있도록 만드는 도발적이고 통찰력 있는 강력한 은유를 만들어 내는 진정한 전문가였다. 이러한 방법은 놀이치료 분야에서 데이비스(Davis, 1990)와 밀스와 크롤리(Mills & Crowley, 2001)에 의해 진전되었다.

에스파자(Esparza, 2010)는 치료적 은유는 인간의 잠재의식과 소통하며, 의식이 지나치게 강조되지 않도록 개인이 변화하고 성장하는 과정에 조화롭게 도움을 주는 가장 우아한 도구 중의 하나라고 설명한다.

더그의 은유에서 보듯 '모래 속으로 빠져드는'에 나타난 의미는 그가 빠져 버릴지 혹은 빠져 나가기 위한 싸움에 자원들을 모아야 할지를 고민하는 의미가 다 내포되어 있다. 리쾨르(Ricoeur, 1967)는 은유가 논리, 정서, 상상, 애정의 언어들 사이의 중재 요소로 기능한다고 언급했다.

오니스 등(Onnis et al., 2007)은 은유에 대해서 무의식의 의미를 명확하고 선명하게 만들려고 노력하지 않고, 자연스럽게 연상하고 환기시킬 수 있도록 돕는 이로운 기능이 있음을 강조하였다. 사람들은 은유를 사용하면서 은유가 깊은 의미들을 더 잘 내포할 수 있는 방법이라고 느낄 것이다.

기프리다, 조던, 세이즈와 반스(Guiffrida, Jordan, Saiz, & Barnes, 2007)는 은유의 임상적 사용이 내담자와의 관계 형성을 포함해서 정서를 다루며 상징화하거나, 침묵하고 저항하는 내담자들과 그들에 대해 가정하고 점검하는 과정에서 치료적 기능들을 발전시킬 수 있기 때문에 장려되고 있음을 밝히고 있다. 분명히 이런 기능들은 임상적 개입에 큰 도움을 줄 수 있다. 에스파자(2010)에 따르면 은유는 창조적인 에너지를 촉진할 수 있고, 그들의 견해를 나타낼 수 있고, 확고하게 자리 잡은 은폐된 사실에 대한 의구심을 가질 수 있도록 가능성들을 열어 주고, 선택 가능한 대안을 제시할 수 있는 유용한 치료적 이야기를 발견하도록 한다. 은유를 사용한 치료는 놀이치료사와 미술치료사들의 연구 분야에 자연스러운 한 부분으로 고려된다. 이러한 표현치료사들은 내담자들이 경험하는 정서적 거리감의 중요성, 내담자들이 다른 장소에서 있었던 무언가를 상담 장면에서 안전하게 누릴 수 있다는 것에 대해 심도 깊은 인식을 가지고 있다. 또한 놀이치료사와 미술치료사들은 은유와 실제 생활 사이에 자연스럽지 않은 언어적인 해석을 끼워 넣기보다는 창조된 은유들과 '함께 머무르는' 것을 배운다.

이 책의 다음 장들은 아이들의 놀이 맥락에서 보이는 은유들과 어떻게 함께 작업하는지에 대한 다양한 방법을 소개하고 있다. 때때로 은유들은 개인이 말하는 이야기에서 나타나기도 하고, 가족 구성원들 사이에서 집단적으로 창조되기도 한다. 은유는 인형놀이에서 구성되는 이야기 형태에서 나올 수도 있다. 은유들은 때때로 미술 작업과 모래놀이에서 등장하거나 행동으로 표현되기도 한다.

(1) 제이슨의 사례

적절한 사례 중 하나로, 나는 상담을 의뢰한 담당자로부터 치료가 어려운 사례라고 소개된 아동과 함께 작업을 했던 경험이 있다. 나의 음성 메일에 다음과 같은 메시지가 남겨졌다.

> 길(Gil) 박사님, 박사님께 지금까지 세 명의 상담사가 치료를 제공하다가 종결된 아이의 상담을 의뢰하려고 합니다. 저도 그 아이를 한 번밖에 만나 보지 못했기 때문에 아동에 대해서 많은 정보를 알려 드릴 것은 없지만, 제가 그 아이의 어머니에게 아이의 충동적인 행동과 반항적인 행동과 관련된 모든 서류를 박사님께 보내라고 요청을 했습니다. 어머니의 이름은 제니스이고, 박사님께서 그 아이를 도울 수 있는 방법이 있다면 어머니가 아들인 제이슨과 함께 박사님을 찾아갈 것입니다.

이어서 한 시간 후에 제니스로부터 전화가 왔다. 제니스는 "길 박사님, 저는 어떻게 해야 할지 모르겠어요. 어느 누구도 제 아들을 도울 수가 없어요. 아이가 누군가에게 치료를 받는다는 것이 확인되기 전까지는 제 아들이 학교에 다닐 수가 없다고 하네요." 나는 그녀에게 다시 전화를 했고 그녀는 힘들고 무기력한 목소리로 말하였다.

> 아이의 아버지는 작년에 우리 가족을 떠났고, 그는 아이를 가진 다른 여자와 가정을 꾸렸어요. 제이슨을 보러 오겠다고 말했지만 아이를 만나러 오지 않았어요. 어쩌면 제이슨과 아빠의 관계는 거의 단절되었다고 말해야 할지 모르겠네요. 하지만 제이슨은 항상 아버지의 관심을 얻으려 열심히 노력했어요. 이제 제이슨은 세상에 몹시 화가 나 있는 듯하고, 아빠를 집으로 다시 돌아오지 못하게 한다며 제게도 몹시 화가 나 있어요. 아이의 아빠에게 이 말을 전했지만, 그 사람은 여전히 "그 아이는 마마 보이야."라고 말해요. 저는 아이를 엄하게 대하는 것 말고는 할 수 있는 게 없어요. 저는 지쳤어요. 저는 먹고살기 위해 야간 근무를 해야만 해요. 아들이 말을 잘 듣지 않아서 아들을 돌봐 줄 그 누구도 구할 수가 없어요.

제니스는 의뢰한 상담사가 제이슨이 침을 뱉는 것에 대해 언급했는지 물었고, 나는 그렇지 않다고 대답했다. 그녀가 "그게 문제를 일으키는 아들의 행동이에요. 그 애는 모든 사람들에게 침을 뱉어요. 선생님도 포함해서요……. 어떻게 해야 할지 아는 사람이 아무도 없어요. 그런 심한 행동들이 바로 다른 치료사들이 그 아이를 계속 돌보지 않고 포기하는 이유예요." 나는 제니스에게 다음 날 그녀와 아들 제이슨을 만나겠다고 했다. 나는 공격적인 아이들만을 치료하는 전문가가 아니었지만, 그 아동의 부정, 절망과 같은 것이 느껴졌고, 나는 내가 할 수 있는 것들이 무엇인지 생각해 보았다.

그날 밤, 나는 판에 눈에 띄는 색깔들의 종이를 붙여 타깃을 만들고, 압정과 사용하고 버릴 수 있는 오래된 비닐 테이블보를 함께 준비하여 제이슨과의 상담 전에 세팅하였다. 대기실에서 제이슨과 악수했을 때, 나는 그에게 말했다. "제이슨, 만나서 반가워. 나는 많은 사람에게서 네가 놀라운 능력을 가지고 있다고 들었어. 내 사무실에서 실제로 보게 될 걸 기대하고 있었어." 제이슨은 호기심을 가지고 나를 쳐다보고 물었다. "무슨 소리예요?" 나는 말했다. "너도 알잖아, 잠시만 기다려. 나는 네 엄마에게 몇 가지 쓸 것을 드려야 해." 그리고 나는 어머니와 간단히 만나고 채워 넣을 서류 양식 등을 전달했다.

우리가 대기실로 돌아왔을 때, 제이슨은 내게로 와서 말했다. "나에 대해 뭘 들었어요?" 그는 설명 들었던 것처럼 타인을 위협적으로 공격하는 아이가 아닌 진실로 예쁘고 에너지 넘치는 아홉 살짜리 소년으로 보였다. 그리고 나는 그 아이가 조급하고, 고집스럽고, 시끄럽다는 것도 알 수 있었다. 나는 그에게 "들어오렴."이라고 말했다. 우리는 처음 소파와 의자에 앉았고, 나는 내 이름을 말해 주고 나에 대해 말해 주었다. 나는 나를 아이들과 함께 일하는 놀이치료사라고 설명했다. 그리고 왜 엄마가 그를 치료에 데려왔는지 알고 있는지 물었다. "학교에서 내가 치료사를 만나기 전까지는 학교에 오지 못한다고 했기 때문이에요." 내가 물었다. "왜? 학교에서 무슨 일이 있니?" "없어요."라고 그가 말했다. "없다고? 학교에서 네가 오는 것을 원하지 않는 데는 무슨 이유가 있을 거야." "상관없어요." 그가 말했다. "어쨌든 나는 학교에 가고 싶지 않아요." 내가 말했다. "아, 너는 학교에 가지 못하는 것에 대해서 많은 감정을 가지고 있는 것 같구나." 그 아이는 내게 어리둥절한 표정을 지어 보였다.

"좋아, 제이슨. 나는 네가 학교에서 문제가 좀 있고 다른 아이들과 잘 지내지 못한다고 들었어. 하지만 너는 남들이 모두 주목하는 엄청난 재주를 가지고 있다고 하던데……." "무슨?" 아이는 조급하게 물었다. 나는 그에게 놀이치료실로 함께 들어가자고 했고 아이는 따라 들어왔다. "뭐예요?" 아이는 조급하게 또 물었다. 나는 앉아서 그 아이에게 주변을 보여 주었다. "엄마와 스마일리 박사께서 네가 침을 뱉는다고 하셨어." 아이가 쳐다보았다. "너도 알겠지만 모든 사람이 원하는 대로 침을 뱉을 수는 없잖아. 그래서 침 뱉기에 능력이 있는 아이를 만난 건 정말 오랜만이란다." 아이는 대꾸하지 않았다. "나는 그 실력을 실제로 보고 싶었어. 그래서 너를 위해 타깃을 만들었어. 내 생각엔 너의 침 뱉기가 얼마나 정확한지 알아볼 수 있을 거야. 어느 정도 거리에서 침을 뱉을 수 있어?" 나는 바닥에 비닐 테이블보를 깔고, 그 위에 거리를 표시하는 몇 개의 선을 그렸다.

그리고 나는 앉아서 말했다. "좋아. 내게 보여 줘. 나는 너의 침 뱉기 실력을 보고 싶어." 제이슨은 흥미로운 듯하지만 조심스럽게 보였다. 30분쯤 지나고, 우리는 아주 즐거운 시간을 보냈다! 아이는 아주 먼 거리에서 과녁 한복판에 점점 더 가까이 침을 뱉었다. 회기의 절반 이상 지나면서 아이는 크게 웃고 즐거워했으며 나와 상호작용을 하기 시작하였다. 그 후 떠날 때 아이는 들어올 때보다 훨씬 더 좋아 보였다. 나는 아이에게 다시 보기를 기대한다고 했고, 오늘 사용한 타깃은 좀 젖은 것 같은데 새로운 타깃을 원하냐고 물었다.

아이는 "네, 새걸로요. 그리고 더 긴 테이블보도요!" 라고 말했다. 아이의 엄마는 아이가 놀이실을 나설 때 깡충깡충 뛰면서 다음 회기까지 며칠이나 남았는지 물어보는 것을 보고는 놀라움을 감출 수 없어 했다. 회기가 끝날 무렵, 나는 제이슨에게 내가 학교에 전화해서 내가 본 것을 알려 주겠다고 했다. 그것이 아이가 학교로 돌아갈 수 있는 조건이었기 때문이다. 아이는 이에 동의하며 고개를 끄덕였다.

"마지막 한 가지는 우리 당분간 오늘 침 뱉은 타깃을 보관하자, 좋지?" 그는 놀랍고 기쁘게도 다시 고개를 끄덕였다. "다음에 투명 포장을 입힌 타깃을 하나 준비해 볼게." 우리가 밖으로 나올 때 내가 말했다. "오, 그게 뭐예요?" 아이가 말했다.

이 첫 번째 만남에서 아이의 행동에 대해 내가 이해한 것은 아이는 팔을 뻗어 닿을 만큼 가까운 거리에 사람들을 두고 싶어 하면서도 타인에게서 거부를 이끌어 내는 행동을 하고 있다는 것이다. 아마도 이런 행동 방식으로 자기가 형편없다는 것을 강조하면서 아버지가 자신을 버리고 떠날 만했다는 것을 설명하고 있는 듯했다. 나는 이런 행동의 숨은 뜻을 진실로 알 수는 없었지만 분명히 몇 가지 가정해 볼 수 있는 것들이 있다고 생각했기에 아이의 은유적 행동을 막지 않고 표현할 수 있게 도와주는 치료방법을 사용하기로 결심했다.

사실상 내가 할 수 있었던 것은 거부당하는 것과 부족하다는 것에 대한 근본적인 공포를 가진 아동의 수용받고자 하는 욕구를 받아 주며 천천히 다가가는 것이었다. 나는 이 작은 소년이 많은 내적 고통 속에 있었고, 아이가 고통스럽고 불쾌한 정서에서 벗어나려는 방법으로 침을 뱉는 행동을 해 왔다고 생각하게 되었다. 이것은 개인적이면서도 체계적인 의미이기도 했다. 그러나 나는 이것만으로 아이가 침 뱉기를 멈추는 데 효과적인 것은 아니라는 것을 알고 있었다.

치료는 다음 해까지 지속되었다. 아이의 침 뱉기와 반항 행동은 아버지와 함께 하는 회기, 양육에 초점을 두는 커플치료, 지속적인 놀이치료 과정을 거치면서 멈추게 되었다. 아이가 침을 뱉는 행동은 몇 개월 동안에 놀이치료 회기에서 다양한 것을 만들고 놀이하는 과정에서 멈춰졌다. 아이의 어머니 또한 이틀에 한 번 아이와 함께 놀이하기 위한 코칭에 아주 협조적이었다.

(2) 커플과의 은유치료

은유치료는 개인과 커플에게 모두 유용하다. 예를 들어, 나는 상당히 먼 거리에서 각각 성장하고 지내 온 한 커플과 작업을 했다. 그들은 자신들의 관계를 '친근'하지만 부부의 결합에는 깊이가 없는 것으로 설명했다. 이 커플은 결국 이혼했다. 그러나 나는 그들에게 그들의 속 깊은 요구들(그들이 오래전에 서로에게 표현했던)을 가장 잘 표현할 수 있는 미니어처를 찾아보라고 요청했던 것을 결코 잊을 수 없을 것이다.

부인은 옹기종기 함께 모여 있는 네 마리 작은 원숭이의 미니어처를, 남편은 팔짱을 끼고 아기에게 먹이를 주고 있는 고릴라 한 마리를 선택하였다. 아내는 그녀의 미니어처에 대해서 설명했다. "나는 항상 우리가 아이들을 위한 가족이기를 원했어요." 반면에, 남편은"나는 어떤 신체적인 애정, 양육을 원해요. 나는 친밀감을 원해요."라고 말하였다.

이렇듯 은유들은 성인들의 치료 회기에서도 자주 사용되며, 커플들은 극명하게 양분화되었던 그들의 요구에서 공통점을 발견하기도 한다. 성인 간 관계에서 은유는 언어로 표현하지 못했던 요구와 욕구들을 표현하도록 돕고, 그들은 그들만의 문제 해결 방법을 찾게 된다.

(3) 은유로서의 '밴드' 활용

춤과 운동 치료사들은 치료 안에서 몸의 움직임을 돕기 위해 '밴드'를 종종 사용한다. 밴드는 신축성 있는 원단으로, 여러 가지 방법으로 사용될 수 있다. 내가 사용하는 방법 중 한 가지는 가족을 다시 모이게 하는 은유로 사용하는 것이다. 노스 가족은 어머니가 몸이 아프게 되자 법원에서 부모의 양육 의무 태만으로 판결을 받아 어린 자녀들이 위탁보호시설에 가게 되었다. 노스 부인은 병명을 모르는 만성 질환을 가지고 있었는데, 그 질환으로 인해 피곤함과 메스꺼움을 느끼고 심한 두통을 자주 겪었다.

그녀는 어린 싱글맘으로 주변의 자원은 매우 제한적이었고 의지할 수 있는 가족 또한 없었다. 가까운 곳에 사촌과 고모(이모)들이 있었지만 그들은 일을 해야 하기 때문에 아이들을 돌봐 줄 수 없었다. 그녀는 6세, 8세 된 아이들을 사랑했고, 위탁 보호시설에 아이들을 맡겨야 한다는 주(county)의 결정이 슬펐지만 이해하고 받아들였다. 사회복지기관에서는 어머니가 질병으로 인해 아이들에게 적절한 양육 환경을 제공할 수 없다고 판단하였고 제한된 경제적 자원 때문에 적절한 치료를 받는 것이 불가능하다고 판단하였다. 이와 같은 결과에 따라 사회복지기관들은 그녀에게 무료 의료 서비스를 연계해 주었고 필요한 의료 서비스들이 빠르게 공급되었다.

그녀는 건강을 되찾았고 사회복지기관들이 요구한 양육자로서의 모든 조건을 이행하였다. 우리는 그녀에게 가족 재결합 서비스(family reunification services)를 추천할 수 있었다. 위탁 보호시설에서는 엄마와 헤어져 엄마를 걱정하면서 우울하고 많이 불안했던 두 아이들에게도 서비스를 제공하였다. 아동보호 서비스 기관에 보고되어 서비스가 제공되기 전에 두 아이들은 아픈 엄마가 긴 시간 잠을 잘 수 있도록 귀찮게 하지 않는 것에 아주 익숙했고 엄마를 위해 스프를 데우거나 스스로 시간을 보내면서 어머니가 쉴 수 있도록 하였다. 학교 관계자들은 아이들의 상태가 지저분하고 배고픔으로 힘들어하며 때때로 한 주 내내 같

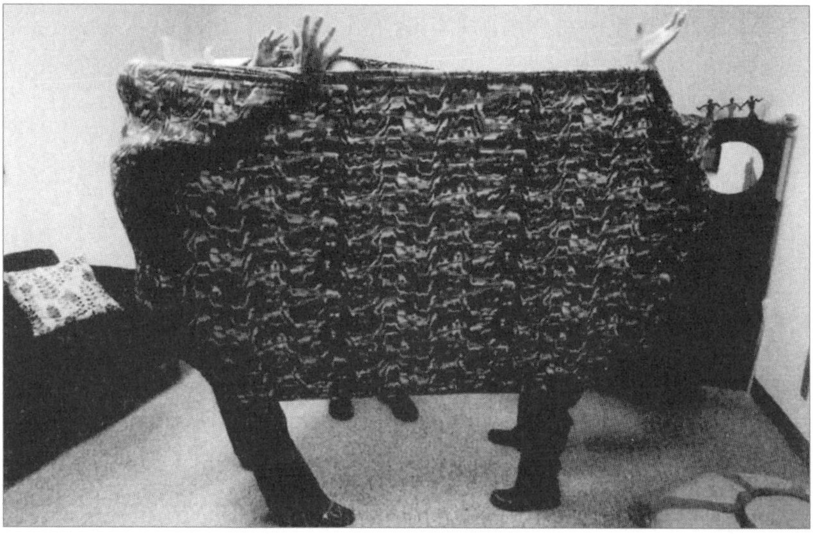

[그림 2-3] 가족이 당신을 지지해요.

은 옷을 입고 등교하는 것을 알게 되었고, 그들이 아동보호 기관에 보고하게 되었다.

치료 과정에서 두 아이들은 어머니에 대한 걱정을 많이 했고 집으로 돌아가 그녀를 보살피고 싶다고 말했다. 우리는 아이들에게 어머니가 의사들의 도움을 받고 있으며 앞으로 더 좋아지게 될 것이라고 설명하며 안심할 수 있도록 했고, 사회복지사들이 재판관에게 아이들을 가능한 한 빨리 어머니에게 돌려보내 달라고 요청할 계획이라고 알려 주었다. 우리는 또한 어머니와도 치료 회기를 가졌다. 그녀는 의료진에게 치료를 받게 되자 비로소 어린 자녀들을 데려오기 위해 해야 할 것들에 대해 알게 되면서 그동안 자신이 어린 자녀들을 적절히 돌보지 못했다는 것을 이해하게 되었다. 치료의 재결합(reunification) 단계에서 움직이는 '밴드(movement band)'는 유용한 은유가 되었다.

나는 노스 부인과 두 아이에게 원형 천으로 된 밴드 안에 들어오게 하고 그것에 기대게 하거나 어깨에 두르게 또는 엉덩이 아래 두게 하는 행동들을 하면서 계속 그 원 안에 머물도록 요청하였다. '원 안에 머무르는 것'이 이 과정에서 가장 중요한 부분이다. 그 과정을 위해 처음에 나는 바닥에 그 밴드를 두었고, 그 안에 들어가서 그것을 내 어깨부터 무릎 뒤까지 둘렀다. 그리고는 노스 부인을 밴드 안으로 들어오게 하였다. 그다음 그녀의 첫째 아이를 들어오게 하고, 그다음에 막내를 들어오게 하였다. 그리고 나서 모든 사람이 원형 밴드 안에서 각기 따로 다리를 벌리고 서서 그것에 기대어 밴드의 신축성을 이용해 천이 흘러내리지 않도록 하였다.

우리는 함께하는 아이들의 키와 몸무게의 차이를 고려하여 약간의 조정이 필요하였지만 곧 그 틀 안에서 모든 사람이 편안하고 안전하게 기댈 수 있는 위치와 자세를 찾게 되었다. 그 후에 나는 원 안의 가족에게 짧게 등을 앞뒤로 흔드는 동작을 하거나 밴드를 머리 위로 당기게 또는 무릎을 꿇고 그들을 밴드로 덮게 하는 등 여러 동작을 하도록 도왔다. 그들은 아침 해(the morning sun)처럼 당겨 올리는 작업까지 하며 이 활동을 마쳤다([그림 2-3] 참조).

밴드 안에 머물러 있으면서 마지막으로 나는 그들에게 밴드가 주는 은유를 알려 주었다. 이것이 가족이라는 것이다. 가족은 당신들을 붙들고 있다. 가족이 당신들을 지지한다. 가족이 당신들을 함께 붙들어 준다. 당신들은 영원히 서로에게 연결되어 있고 각자가 하는 것을 다른 사람이 느끼게 된다. 그러고 나는 밴드 밖으로 나왔고 그들에게 스스로 가족들이 제공해 주는 지지의 힘을 느껴 보라고 한다. 이 은유는 이것을 사용했던 가족들에게 아주 감동적이고 의미가 있었다.

이 책의 제4장부터 제11장까지는 가족놀이치료 작업에서의 은유의 식별, 확장, 변화의 예 등으로 구성된다. 우리는 이런 예들이 임상가의 창의성과 탐구의 발판으로 제공될 수 있기를 희망한다. 그러나 많은 치료사가 자신의 창의성에 자신감이 부족하다. 그러므로 다음 장에서는 창의성에 대해 흔하게 갖게 되는 잘못된 믿음 몇 가지를 살펴보고 임상적 창의성이 어떻게 발전될 수 있는지를 설명하겠다.

CHAPTER 03

가족놀이치료에서 사용되는 임상적 창의성의 발달

with 린 하들리(Lynn B. Hadley)

PLAY in FAMILY THERAPY

정신건강 전문가들은 그들의 작업에 창의성을 사용하고자 열망하기도 하지만 회피하기도 하는 양면적인 태도를 보인다. 창의성을 포함하는 임상적 실제들을 어떻게 창조하고 어떻게 시행할지에 대한 분명한 비전이 없다면 동기부여와 열정은 약화될 수 있다. 상담사들은 창의성이 무엇인가에 대해 혹은 창의성을 아동치료와 가족치료에 어떻게 적용할 것인가에 대해 혼란을 느낄 수 있다. 어떤 치료사들은 자신과 내담자의 창의적 능력에 의문을 품기도 한다. 다른 어떤 이들은 내담자의 상상과 잠재력을 포함해 다양한 창의적 기술과 활동을 적극적으로 통합하기도 한다. 그러나 그들은 여전히 수용적이지 않은 내담자들과 창의적으로 연결하려는 시도에 대한 확신은 없다. 심지어 경험 많은 상담사들도 내담자들을 고지식하다고 느끼거나 그들이 어려운 임상적 문제에 빠져 새로운 시도는 할 수 없다는 판단으로, 내담자들과 창의적 만남을 사용할 귀중한 기회를 놓칠 수 있다. 또한 어떤 상담사들은 서류나 그 외 외적 요구에 압도되어 그들의 창의성에 초점을 맞추려는 노력을 시도하기에는 많이 지쳐 있을 수도 있다.

이렇듯 치료사의 창의적 능력 개발과 활용에는 여러 가지 실제적인 많은 장벽이 있다. 가족치료사들이 밝히는 가장 자주 언급되는 장애물들은 '자신이 없는' '두려운' '창의적이지 않은' '충분하게 훈련되지 않은' '지식이나 기술이 없는' 등과 같은 개인적인 특징과 역량에 관련된 것들이다(Carson & Becker, 2003). 헤커와 코틀러(Hecker & Kottler, 2002)는 많은 임상훈련 프로그램에서 창의성과 창의적 사고에 대한 강조가 부족한 것이 창의성을 사용하지 못하게 만드는 큰 원인이라고 강조하고 있다.

앞서 언급한 많은 장애물은 치료사가 자신의 창의적 잠재력에 대한 통찰과 믿음을 발전시킬 때 그리고 많은 창의성이 연습되거나 학습될 수 있는 기술과 태도로 구성된다는 것을 깨달을 때 극복될 수 있는 것이다. 이것은 스스로 창의성을 키워야 하는 많은 치료사에게는 어려운 작업이다. 그들은 목표, 희망, 자기효능감을 가지고 창의성에 접근할 필요가 있다. 조직적 구조(organizational structure)의 도입과 함께 전문가들은 스스로를 돕고 치유하며, 내담자가 성장하고 변화의 내적 능력에 서서히 다가가는 것을 돕는 준비를 하여야 할 것이다.

이 장은 상담사들의 창의성 발달과 그 과정에 연관된 개념들을 소개한다. 먼저 우리는 창의성에 대한 우리의 태도와 관계에 대하여 탐구하고자 한다. 우선 창의성에 대한 잘못된 신념들을 수정하고 창의적으로 성장하기 위한 모든 중요한 준비 단계들을 탐색해 보며, 창의성 발달을 안내하기 위한 틀을 제안할 것이다. 상담사들은 모두 적절한 도움과 자극을 받으면 그들만의 특별한 창의적 능력을 발산할 수 있는 잠재력을 가지고 있다.

1. 자기자각: 창의적이기 위한 준비

개인의 사고방식을 탐색해 보고, 자신의 창의성과 정체성에 대한 인식을 높이며 창의성에 대한 오해들을 밝히는 것은 창의적인 기술 발달을 자연스럽게 준비시키는 데 도움이 된다.

1) 창의성에 대한 사고방식(태도)

성인들은 누구나 자기 자신과 타인의 창의성에 대한 자신만의 사고방식을 가지고 있다. 이 사고방식은 우리가 "상황에 대해 반응하고 해석하는 방법에 직접적인 영향을 미치는 특징적인 태도와 신념"으로 정의된다(Princeton University, 2010). 그러므로 실행하는 사고방식의 양상은 창의성의 출현이나 표현 그리고 내담자들에 대한 우리의 반응과 임상적 도전을 증진시키거나 혹은 방해할 수 있다.

스탠퍼드 대학교의 심리학 교수인 캐럴 드웩(Carol Dweck, 2006)은 특별히 상담사들에게 도움될 것으로 고려되는 두 가지 양상의 사고방식, 즉 고정된 것(변화하지 않는)과 성장하는 것(변화 가능한)을 밝히고 있다. '고정된 사고방식(fixed mindsets)'은 개인이 지능, 소질, 창의성과 같은 영원히 변하지 않는 특징의 능력을 인지하는 것이다. 드웩에 따르면 고정된 사고방식은 자신과 타인에 대한 냉혹한 판단과 연관되고, 또한 완벽주의를 향하는 경향과 연관된다. 고정된 사고방식에 있어서 실패의 가능성은 특별히 더 고통스러울 수 있는데 이것은 실패를 그 자신의 개인적인 것으로 인식하기 때문이다.

창의성과 관련된 고정된 사고방식의 한 가지 예는 누군가가 소질이 없기 때문에 절대로 미술을 잘하지 못할 것이라고 믿게 되는 것이다. 이런 고정된 사고방식은 개인적 삶에서도 그리고 임상적 작업에서도 내담자들의 선택을 제한하며 예술적 작업을 피하게 되는 결과를 가져올 수 있다. 고정된 사고방식은 부정적인 메시지로 우리의 내적 비평을 강화시키는 경향이 있다.

다른 한편으로, '성장하는 사고방식(growth mindsets)'은 구체적 행동을 통한 변화의 가능성을 허용한다. 예를 들어, 모든 사람이 훌륭한 창의성의 수준에 도달할 수는 없다. 하지만 누구나 훈련을 통해 그리고 열심히 노력하여 기술을 발전시킬 수 있고 그들이 선택한 분야에서 능력들을 향상시킬 수는 있다. 성장하는 사고방식은 내적 비평을 잠재우는 경향이 있고, 자기효능감을 강화시킨다. 성장하는 사고방식은 완벽해야만 한다는 스트레스를 버리고, 과정에 중점을 두는 것을 가능하게 한다.

대부분의 상담사는 창의성 분야에서 고정된 사고방식과 성장하는 사고방식의 연속선상에서 움직이게 된다. 예를 들어, 그들은 개인에게 교육과 시간이 주어진다면 그들이 그림 그리는 것 정도는 배울 수 있다고 믿는다. 그러나 그들이 창의적인 활동을 할 수 있다는 확신은 가질 수 없어 한다. 창의성에 대한 개인의 사고방식은 그들의 감정, 판단, 자극, 행동 등에 영향을 받는다.

창의성과 관련된 특정한 사고방식 양상에 대한 이해도의 차이에 따라 창의적인 잠재력을 발달시키고 사용할 수 있는가가 좌우된다. 고정된 사고방식에서 성장하는 사고방식으로 변화하는 것이야말로 상담사와 내담자들에게 창조에 대한 희망적인 동기를 부여하는 변화를 이끌어 낼 수 있는 길이다.

2) 창의성과 우리의 관계 이해

인간은 유아기부터 탐험하고 놀이하고 실험하고 무언가를 만들어내는 내적 충동을 소유하고 있고 독특한 방법으로 자신을 표현한다. 창의성은 아동기에 꽃을 피운다. 그러나 종종 아동기의 경험은 이후 개인이 창의적 행동을 방해하는 원인이 되기도 한다. 운 좋은 사람들은 가족과 학교에서의 긍정적 경험을 얻거나 그들에게 자신감을 향상시키고 성인기로 성장하는 데 긍정적인 창의적 정체성을 발전시켜주는 멘토와의 만남을 통해 자신의 창의적 행동에 대한 충분한 응원을 받는다.

반면에 그렇지 않은 많은 사람은 창의적인 메시지를 느끼고 인지하고 표현하는 것을 상당히 제한적으로만 받아들일 수밖에 없다. 창의성은 시간의 흐름에 따라 사회적 · 정서적 · 인지적 경험들의 복합적인 상호작용과 함께 창의적인 내적 활동 모델을 형성한다(Hadley, 2011). 창의적인 내적 활동 모델은 의식 단계와 무의식 단계 모두에서 결정된다.

정신건강 전문가들은 창의성에 대해 고려하지 않거나 창의성에 관한 자신의 태도에 대해 주목하지 않았다. 또한 그들은 창의성의 내적 활동 모델을 발전시키는 데 거의 관심을 가지지 않았을 수도 있다. 그러나 창의성과의 관계는 모든 관계에서 삶의 질과 행동에 대한 복합적이며 역동적이고 강력한 결정 요인이 될 수 있다.

한 개인이 일상생활에서나 전문가로서의 역할을 수행할 때, 창의성의 잠재력을 최대화하기 위해서는 창의성의 양육, 발달, 돌봄의 과정을 거치는 것이 중요하다. 정신건강 전문가들은 자신 스스로 먼저 이러한 과정을 통해 창의성의 잠재력을 최대화함으로써, 내담자들과의 임상적 작업에서 내적 활동 모델에 더욱 민감하게 된다.

3) 창의성의 잘못된 신념 밝히기

창의성이 있는 리더들은 창의성에 대한 잘못된 신념들이 개인의 사고, 느낌, 행동에 미묘한 방식으로 영향을 미치고 자신과 타인에 대한 믿음과 창의적인 노력을 훼손할 수 있다는 사실을 밝히고 개선하려고 노력한다. 창의성에 대한 검증되지 않은 잘못된 신념들은 고정된 사고방식으로 굳어질 수 있다. 정신건강 전문가들 사이에 나타나는 창의성과 관련된 흔한 오해들은 다음과 같다.

(1) 잘못된 신념 1: 창의적인 사람들은 우뇌 발달형이다

창의적인 사람들이 우뇌 발달형이라는 속설은 뇌에 관한 잘못된 신념으로, 특정 부분의 전문성을 설명하려는 초창기 뇌분할 연구에서 유래한 지나간 속설이라고 골먼(Goleman, 2011)은 말하였다. 그는 브레슬러와 메넌(Bressler & Menon, 2010)과 다른 이들이 언급한 대단위 신경망(large-scale neural networks)에 대한 설명을 언급하면서, 최근의 신경과학 분야에서는 뇌 전체가 창의적 사고와 행동에 관여한다고 이야기한다.

뇌의 좌 · 우 반구(hemispheres) 사이에 커뮤니케이션은 창의적 과정과 창의적 인식들을 지원하는 데 중요하다(Aziz-Zadeh, Liew, & Dandekar, 2013; Jung, Mead, Carrasco, & Flores, 2013). 창의성의 신경과학적 연구는 창의적 진행 과정의 다양한 측면이 진행되는 동안 뇌 시스템이 어떻게 상호 연결되고 기능하는지에 대해 보여 주고 있다(Kaufman, 2013). 창의적인 진행 과정의 뇌 전체 활동에 관심이 있는 독자들은 지난 30년 전에 만들어진 케이진(Kagin)과 루스브링크(Lusebrink)의 독창적인 ETC(expressive therapy continuum)와 이 주제와 관련된 힌즈(Hinz, 2009)의 여러 가지 연구 보고서를 참고로 도움을 받을 수 있을 것이다.

(2) 잘못된 신념 2: 당신은 창의적이게 혹은 그렇지 않게 태어났다

창의성은 태어나면서 결정되는 것도 아니고 하나의 고정된 특징도 아니다. 창의적인 사람들에 대한 연구에 의하면 그들은 창의성을 발현시키는 환경과 상호작용하며, 다양한 창의성의 경험을 접하는 것으로 나타났다(Kaufman & Beghetto, 2009; Selby, Shaw, & Houtz, 2005).

칙센트미하이(Csikszentmihalyi, 1997)는 창의성을 개인의 선택과 행동에 의해 직접적인 영향을 받을 수 있는 환경과 상호작용하는 전 생애에 걸친 발달상의 과정으로 본다. 더 창의적이길 원하는 사람들은 환경과 욕망, 자극과 함께 창의성을 더 발전시킬 수 있을 것이다(Amabile, 1983; Piirto, 2003).

(3) 잘못된 신념 3: 창의적인 사람들에게는 창조가 쉽다

칙센트미하이(1997)가 말한 개인이 완전하게 창의적인 활동에 몰입하는 시간은 창의적인 사람들에게는 어려운 것이 아닌 듯 보인다. 그러나 다양한 분야에서 높은 창의성을 보이는 사람들의 특징에 대한 연구들에 따르면 창의적인 작업이란 그것에 몰두하는 것, 인내심, 창조적 진행 과정에서 실패를 긍정적으로 통합하는 것들을 모두 포함한다. 에이브러(Abra, 1997)는 성공적으로 창의적인 활동과 그 과정에 몰두하는 사람과 원하는 만큼 성공하지 못하는 사람들 사이에 확연한 차이점은 헌신과 동기부여의 수준이라고 설명한다.

(4) 잘못된 신념 4: 창의적인 영감은 갑작스럽게 나타난다

때때로 창의적인 영감은 느닷없이 등장하는 것 같다. 그러나 창의성의 작업은 실제로는 지속적으로 진행되고 있는 것이고 때로는 상당히 긴 과정이다. 소이어(Sawyer, 2012)는 잠복기와 통찰력의 분야에 대한 그의 20여 년간의 연구를 종합하면서, 창조하는 사람에게 창의성은 어떤 순간에 갑작스럽게 나타나는 듯 보이지만, 돌아보면 항상 창조하는 사람이 참여했던 이전의 작업들에서 창의성의 흔적을 찾을 수 있는 것이라고 결론지었다. 최근 신경과학의 발전은 이런 현상과 소이어의 결과들을 설명하는 데 도움을 준다. 예를 들어, 획기적인 통찰력과 연결 가능한 신경 메커니즘을 조사하는 한 연구에서는 "아하!" 하는 순간은 약 1/3초 정도의 찰나의 순간에 이전의 정보 처리와 연결된 고주파 뇌파의 갑작스러운 파열이 일어나는 것이라고 설명하고 있다(Jung-Beeman et al., 2004). 즉, 창조하는 사람들의 창의성은 갑자기 나타나는 것이 아니라 이전의 창의적인 작업들의 흔적들이 정보로 입력된 결과로 나타나는 것이다.

(5) 잘못된 신념 5: 임상적인 창의성은 시각미술, 놀이, 음악, 다른 표현적인 양식으로 특징지어진다

창의성에 대한 잘못된 신념은 창의성에 대해 제한된 시각을 가지게 한다. 임상에서 다양한 기법과 매체의 사용은 창의적 활동에 필요하지만, 그것이 창의성의 모든 것은 아니다. 치료사들이 각각의 내담자의 요구들에 대응하는 창의적 사고와 문제 해결책들을 어떻게 사용하는가 하는 것 또한 중요하다(Kottler & Hecker, 2002; Shallcross, 2011). 셸크로스(Shallcross)는 "상담에서의 창의성은 내담자에 대해 상담사가 더 많은 융통성을 갖는 것, 새로운 생각과 경험들에 자신을 열어 두는 것, 모호성을 허용하고, 열정, 에너지, 즐거움을 모으는 것들이다."(p. 27)라는 빅토리아 크레스(Victoria Kress)의 말을 인용하였다. 다시 말해서, 내담자들이 더 나은 선택과 삶의 결과들을 얻도록 자신의 개성과 상상력을 발휘할 때 창의적이 된다는 것이다. 창의성은 우리가 자신과 타인에 대해 생각하고 느끼는 방법과 관련된 자기성찰과 연결된다. 자기성찰은 개인적 맥락에서 새로운 기술을 배우는 단계를 설정하고, 창조적 발전이 진행되는 더 큰 과정의 맥락에서도 중요하다.

2. 창의성 발달을 위한 형식: 상호작용하는 세 차원들

로빈슨(Robinson, 2011)은 "모든 사람은 인간이라는 자연스러운 결과로서 엄청난 창조적 능력을 가지고 있다."(p. 4)라고 주장하며, "도전은 그것들을 개발시키는 것"이라고 말한다. 우리는 이러한 도전을 받고 있는 정신건강 전문가들을 위해 다음과 같은 구조를 제안한다. 이 구조는 단계적이거나 창의성의 모든 측면을 다루거나 혹은 각기 개별화된 요소로 보이도록 고안되지는 않았다. 대신에 이 세 가지 특수한 차원들은 상호보완적이고, 지각과 의도적 활동에서의 전환을 통해 창의성을 최적화하도록 설계되었다. 이러한 차원들은 창의적 사고방식, 창의적 사고, 표현적 과정이다. 임상가들은 이 강점들을 더욱 효과적으로 이용하고 새로운 연관성을 만들어 내면서 자기 자신의 개인적 경로를 자리매김할 기회를 갖게 될 것이다.

1) 창의적인 사고방식

앞에서 논의한 드웩의 고정 사고방식과 성장 사고방식 외에도 창의성에 긍정적으로 연관되는 특정한 사고방식들이 있다. 그것들은 호기심, 즐거움, 끈기, 상상과 같은 특유의 자질과 태도인데, 이들 각각은 상담사들의 창의적 탐험과 발달을 돕는 잠재력을 풍부하게 한다(〈표 3-1〉 참조). 이것들은 서로 상호작용하고 창의적 사고와 표현 기술 영역을 뒷받침한다.

다음 사례는 창의적 사고방식이 임상적 실제에서 어떻게 효율적인 역할을 하는지를 보여 준다.

입양과 관련된 문제로 여덟 살짜리 소년이 상담에 의뢰되었다. 드러난 관심사는 오랫동안 지속되었고 최근 몇 달 사이에 더욱 심각해진 내담자의 형제, 부모, 친구들에 대한 분노 폭발이었다. 나(Lyun B. Hadley)는 놀이에서 드러난 핵심 문

〈표 3-1〉 창의적인 사고방식의 차원

사고방식	설명
끈기	상담사 자신과의 그리고 내담자와의 창조적 진행에 대한 도전을 만나게 될 때 견디는 것
자신감	새로운 것들을 찾고 새로운 관심거리를 추구하는 것
용기	자신의 역량 범주 안에서 현실에 안주하지 않고 능력을 확장하는 것
모호성에 대한 허용	창조적 과정 내에서 불확실성과 모호성을 다루는 것. 어떤 일이 일어날지 혹은 어떻게 진행될지 '알지 못하는 것'에 대해서도 편안하게 받아들이는 것
즐거움	창조적인 자기표현, 문제 해결, 다른 사람들과 관계하는 것으로 놀이를 만드는 것
호기심	배우는 것을 격려하고 놀라움을 유지하게 하는 가능성들에 개방적 자세를 갖는 것

제로 보이는 반복되는 주제들의 특별한 패턴에 호기심을 가지게 되었다. 이런 호기심은 내가 상담 안에서 관찰했던 것들에 더 많은 가능성들을 고려하게 해 주었다. 나는 의도적으로 놀이 회기에 더 많은 관심을 두는 접근방법을 적용하였고, 분명하게 보이는 것들 너머에 있는 여러 가지 가능성을 열어 두었다. 결과적으로 이 내담자는 학교에서 따돌림을 당했으며, 그의 분노는 보상적인 성격을 가지고 있었고 압도적인 상황에 대항하여 보호를 요청하고 있었다는 중요한 임상적 시사점을 확인할 수 있었다.

임상가들은 자기성찰과 어떤 특정한 사고방식의 적용과 실행에 초점을 맞춤으로써 창의적인 사고방식을 탐색할 수 있고 더 많이 참여할 수 있게 된다. 이러한 기술들은 개인적·전문적 시나리오로 다듬어질 수 있다.

2) 창의적 사고

셀비 등(Selby et al., 2005)에 따르면 창의성과 문제 해결은 지금까지 효율적인 대답을 얻지 못했던 질문과 문제들에 대한 새로운 대응들—새로운 해결책들—을 제시하는 공통점 때문에 종종 문학에서 사용되기도 한다. '창의적인 사고'는 '창의적인 인지'로도 언급되며 문제 해결과 아이디어의 생성과 같은 기술을 포

〈표 3-2〉 창의적 사고의 차원

창조적 사고 기술	설명
확산적 사고	판단하지 않고 가능한 한 많은 아이디어에 대해 사고하기
수렴적 사고	특별한 상황에 적용하기 위해 많은 것으로부터 최고의 해결책 선택하기
융통성	다양한 시각으로 문제를 보고 필요에 따라 생각을 변화시키기
패턴 보기	많은 정보로부터 의미 있는 전체 발견하기
연결과 결합	외관상 연결되지 않은 아이디어들 사이에 연결 고리를 만들고 의미 있는 방식으로 통합하기
문제 찾기	분명하게 드러나지 않은 것에 새로운 질문하기
문제 해결	항상 명백하지는 않지만 의미 있는 해결책 발견하기

함한다.

임상적 치료의 거의 모든 측면은 창의적 사고와 구체적인 요구들에 대해 적절한 계획들을 세우는 것에서부터 어려운 내담자들에게 다가가는 것, 치료적 이해 증진을 위한 패턴을 인식하는 것, 내담자가 자신의 삶에 도전하여 새로운 해결책을 찾도록 도와주는 것에 이르는 문제 해결의 과정을 포함하고 있다.

〈표 3-2〉에 보이는 서로 상호작용하는 창의적 사고 기술들은 상담사 자신과 내담자들이 가지고 있는 창의성을 시도하고 발달시킬 수 있는 가능성을 풍부하게 한다. 이러한 기술들로는 증거기반 프로그램(evidence-informed programs)과 그 단계들 또는 이벌(Eberle)의 SCAMPER 모형과 같은 창의적 사고 기술의 강화를 위한 단계들을 들 수 있다(Gladding & Henderson, 2000). 예술을 사용하는 방법들은 창의적 사고 기술을 적용하고, 학습하고, 가르치고, 증진하는 데 도움을 주는 것일 수 있다.

젠슨(Jensen, 2001)은 예술, 뇌 그리고 예술을 학습하는 과정에 대한 심도 깊은 연구를 진행하였고, 이러한 것들이 학습 진행을 강화하는 요인으로 작용한다는 결론을 내렸다. 우리의 감각적, 인지적, 정서적 그리고 행동적인 체계들은 발달하고 있으며, 사실상 이것들은 모든 학습에 대한 원동력이 된다. 결과적으로 우리의 모든 영역은 상호 의존적이며 상호작용하는 관계를 가지고 있다.

3) 표현적 과정

표현적 과정은 놀이, 예술, 그 밖의 다른 창의적이라고 여겨지는 분야들에서 필수적인 요소로 강조된다. 표현적 과정에서 창의성의 발달은 아마도 우리 안의 창의력, 상담과 창의성의 관계, 그리고 창조의 용기와 자신감과 같은 사고방식으로부터 가장 독립적이라는 것이 주목할 만한 점이다. 또한 표현적인 과정은 창의적 사고와 행동을 탐색하고 개발하는 임상적 잠재력을 증가시키는 데 있어서도 중요하다(〈표 3-3〉 참조). 각각의 기술은 서로 상호작용하며 사고방식과 문제 해결 기술의 차원들을 뒷받침한다.

각 요소와 연결되는 많은 특정 영역과 기술들에 대해 이 장에서 다루지는 않지만, 이 중심 아이디어는 정신건강 전문가들에게 있어 광범위한 창의적 개입을 편안하게 배우고 개발하는 임상적 능력을 키우고 확장시키는 것을 가능하게 한다. 임상가들은 치료 안에서 내담자들의 성장과 변화를 증진시키기 위하여 모든 창의력의 요소에서 전문가가 될 필요는 없다. 그러나 그들은 이러한 종류의 학습이 동기나 헌신을 증진시킬 수 있다는 것을 알게 되면, 경험적 학습을 통해 미술 제작, 놀이 그리고 폭넓은 표현과정에서의 기술을 토대로 편안함을 개발시키

〈표 3-3〉 표현적 과정의 차원

표현적 과정	설명
놀이	모든 형식의 놀이, 즐거움, 게임, 유머를 포함하는 놀이의 언어적/비언어적 표현과 다양한 이론적인 접근방법을 포함하는 것
예술	모든 범위의 미술 형식, 미술 활동, 쓰인 혹은 이미지 형식에서의 언어적, 비언어적 표현, 다양한 이론적 접근방법으로부터 온 것들을 포함하는 것
표현적인 양식	감각적 그리고 정신-신체적 접근방법, 음악, 움직임, 드라마, 댄스, 모래, 이론적인 기반을 무시한 시 짓기와 같은 것들을 포함하는 것
미술, 음악, 표현예술 그리고 놀이치료	검증된 자격을 부여하는 전문화된 훈련과 교육

는 그들의 역량을 확장시키도록 고무될 수 있다. 그럼에도 불구하고 구체적인 목표를 가지고 훈련하고 경험하는 것은 임상가의 성장에 도움을 주고 그들에게 필요한 것이다. 그리고 상담사들은 이 과정을 통해 창의적인 발달 분야에서의 자신의 교육 과정을 돌아보고 정리해 볼 수도 있다.

이런 체계에서의 세 가지 상호작용 차원(창의적인 사고방식, 창의적인 사고 그리고 표현적인 과정)은 임상적 창의성을 발전시키고 탐색하기 위한 청사진을 제공한다. 시각적인 사고 수립과 개인의 창의적 맵과 같은 시각화 도구들은 개인적인 삶뿐만 아니라 전문가의 삶에서도 마음과 몸, 감각을 통하여 창의적인 역할의 발견과 발전을 가능하게 한다.

3. 가족과의 임상작업에서 창의성의 확장

상담사들이 아동, 성인, 커플, 가족들과의 상담에서 창의성에 흥미를 느끼고 그것을 확대시키게 되면, 그들은 창의력 구축에 대한 개인적 과정을 경험할 수 있다. 칼 로저스(Carl Rogers)는 효율적인 치료를 위한 핵심 개념을 소개하였는데, 그중 한 가지는 일치성이었다. 이것은 우리가 존재하는 어떤 상황에서도 변함없이 진실한 반응을 보인다는 것이다.

창의성과 관련해서 상담사는 스스로 자신이 누구고, 어떻게 창조적 존재로서 다른 사람 및 세계와 관계 맺는지에 있어서 일치성을 경험해야만 한다. 만약 우리가 내담자들의 창조적 과정을 치유와 긍정적인 변화로 향하게 하는 진정하고도 순수한 조건을 만들려면 일치성의 경험은 중요하다. 임상작업에서 우리의 창의적 강점을 효과적으로 키우고 활용하는 데 있어 핵심적인 것은 아동·가족 임상작업의 복잡성과 도전에 대한 우리의 개인적 창의력을 개발시키는 사고방식, 사고, 표현적 기술과 경험들을 의도적으로 상호연계하는 것이다.

아동과 가족을 대상으로 한 창의적인 상담의 실제들은 우리 분야에 대한 지식적 맥락과 각각의 내담자의 독특한 생태학적 특징에 기반을 두어야만 한다. 즉, 우리는 이론에 기반을 둔 임상적 접근방법을 가져야만 하고 포괄적 평가에 따른 목표 지향적인 치료를 제공해야만 한다. 그리고 우리는 두 가지 방식, 즉 우리가 알고 있는 것과 다양한 기술 그리고 개인의 삶에 영감을 주는 것들을 의도적으로 연결시키는 것, 그리고 상담을 통해 그러한 연결을 행동(치료 관계와 과정을 성립하게 하는 의미 있는 행동)으로 변화시키는 것으로 우리의 창의성을 확장시켜 아동과 가족을 대상으로 한 창의적인 상담의 목표를 달성할 수 있을 것이다.

임상가의 작업이 한 인간으로서 그리고 한 치료자로서 자기 자신에게 의미 있고 일치하는 창의적 실천으로 진화해 갈 수 있는 것은 바로 이러한 지속적인 과정을 통해서다.

1) 예술의 연결성: 창의성의 통합 차원

개인 삶에 있어서의 창의성과 전문가 삶에 있어서의 창의성을 진정으로 연결하는 것은 무엇인가? 우리가 열망하는 창의적 상담사로서 사고하고 느끼고 행동하는 것은 어떻게 가능한가? 동료가 나(Lynn B. Hadley)에게 들려준 다음의 이야기는 한 명의 아동과 가족치료사의 이야기다. 이 이야기는 개인의 삶에서 치료에서의 창의성이 어떻게 연결될 수 있는지 그리고 그것의 핵심이 되는 요소들이 무엇인지를 잘 보여 주고 있다. 그 여성 가족치료사는 고맙게도 이런 사례를 제공하는 데 동의했고, 나는 그녀의 다양한 창의적 치료 측면을 강조하기 위해 그 부분에 (기울임체로) 주석을 달았다.

(1) 그녀의 웨딩 케이크 이야기

나의 동료의 이야기는 다음과 같이 시작되었다.

이것은 문제를 어떻게 실용적으로 해결해야 하는지에 대해 고민하게 되면서 시작되었어. (*창의성은 항상 문제 의식으로부터 시작된다.*) 그때 나는 웨딩 케이크를 준비해야 했지. 하지만 나는 웨딩 케이크를 주문할 돈이 넉넉하지도 않았고 그것을 돈 주고 사고 싶지 않았어. 게다가 나는 빵 굽기를 좋아했기 때문에 따로 케이크를 주문하지 않고 직접 만들기로 결정했지. (*자신감과 개인의 창의적인 흥미 그리고 그간의 경험과 기술이 통합된 결과*) 처음엔 내가 케이크를 살 돈이 없어서 손수 웨딩 케이크를 만든 거라고 사람들이 수군댈지도 모른다는 생각이 들어 좀 창피하다고 느꼈어. 그러나 나의 실용적이고 창의적인 자아는 내가 무언가를 할 수 있다는 것을 알아차렸지. (*자신감과, 회복력의 활성화*) 나는 쉽고 재미있게 케이크를 장식하는 방법을 원했고, 그 방법을 찾아야만 했어. (*즐거움과 창의적 문제 해결의 도입*)

나는 이야기하는 것을 좋아하기 때문에 (*개인적으로 의미 있는 표현적 양식; 영감*) 모래상자의 상징 기법을 여기에 적용해 보기로 했어. (*창의적인 상상력 발산, 전문적인 지식과 경험으로부터의 교합*) 케이크를 만들고 케이크 각 층에 상징을 사용해 하나하나 나의 이야기를 표현해 보았지. (*예술적인 케이크 디자인과 상징적 스토리텔링의 창의적인 결합*) 내가 내담자를 만날 때 언제나 "네가 원하는 방법으로 할 수 있어."라고 아동중심 놀이치료 기법을 적용하여 말해주는 것처럼 나 스스로에게도 그것을 허용한 셈이지.

내가 케이크의 모든 층을 완성했을 때는 결혼식 직전이었고 나는 스스로 진실을 깨달았어. (*상호 교류, 지식에 유념하기, 감각과 신체 사용을 통해 자극된 창의적인 통찰*) 그것은 매우 근본적이고 흥미로운 느낌이었고, 나는 내가 원하는 모든 것을 담았다고 생각하지는 않았지만 그것은 나의 결혼식을 위해 너무나 특별한 것이었어. (*동기부여; 실천*) 나의 결혼식에 참석한 사람들과 함께 나의 창의성에 대해 이야기를 나눌 수 있었던 것은 매우 의미 깊은 경험이었어. (*사회적 관계를 통한 창의적 자아 경험; 인식과 감탄*)

2) 도약하기: 웨딩 케이크에서 이야기를 담은 치료적 케이크로

자신의 전문적인 삶과 개인적인 삶을 창의적으로 연결할 수 있는 시각과 행동은 명백하게 통찰력 있고 전문적인 것이다. 위에 언급한 이야기에서 그녀의 행동이 창의적으로 보이거나, 그녀가 스스로를 창의적이라고 생각하는 이유는 그녀가 자신의 개인적 삶의 영역으로 전문적인 영역을 확장하고자 하는 의도가 확고했기 때문이다. 그러나 그녀가 웨딩 케이크를 만든 자신만의 경험을 확장하고 반영하기 전까지는 그녀의 개인적인 삶과 작업이 가족들과의 재결합으로 탄생되지 못하였다. 그것이 전문적인 이해를 통해 개인적인 삶의 영역에서 보다 확장되고 반영될 때 비로소 재결합으로 탄생이 되는 것이다.

이러한 창의성의 연결과 확장은 웨딩 케이크의 경험이 동료들에게도 치료적이고 창의적인 아이디어로 사용될 때 더욱더 강화되며, 이것에 대한 통찰은 그들 간의 대화를 통해서 더 깊게 활용될 수 있다. 이후 상담사들은 상담 안에서 자신감을 발전시키고, 개인적인 창의성을 그들의 새로운 상담 과정에 통합할 수 있는 기회에 더 유념하게 될 것이다.

3) 과정을 신뢰하기: 창의적 상담에서의 직관과 영감

대부분의 상담사는 아동이나 그들의 가족과 함께 작업할 때 항상 직관을 경험한다. 여기에서 직관이란 상담사가 무엇을 할지, 의식적 사고 없이 그것에 어떻게 반응할지에 대한 감각이다. 촐(Cholle, 2012)은 직관을 "의식과 무의식 사이에 그리고 본능과 이성 사이에 다리를 놓는 분석적 추론 없이 우리가 무언가를 알게 되는 능력을 가지게 되는 과정"(p. 28)이라 설명한다. 촐은 또한 직관적인 지능을 이 두 가지 부분이 "사고 과정으로 통합되는" 상태라고 논한다(p. 28).

의사 결정과 관련된 연구들에 따르면, 우리의 두뇌는 목적을 가지고 깊게 생각하는 의식의 사용에 따르는 무의식적 계산을 하느라 늘 바쁘다고 한다. 암묵적 기억과 관련된 이러한 기능은 임상적 작업에서 복잡한 정보들을 처리하는 데 특별히 중요한 역할을 한다. 여러 연구에서도 우리가 직관적 지식으로부터 오는 것들을 가지고 결정할 때 결과가 더 좋다고 밝혀진 바도 있다(Voss & Paller, 2009). 이런 분야의 연구는 전문적인 실제에 창의적 능력의 하나로 직관을 사용하고 발전시키는 것을 지지한다.

직관에 의존하는 것은 경험과 나이와 연관될 수 있다. 많은 선배 상담사는 그들의 치료 작업에서 직관의 중요성과 가치를 강조한다. 나(Eliana Gil)는 미술치료 훈련 과정을 직관을 발달시킬 수 있는 과정이라 생각한다. 나는 직관적인 반응에 대해 이해하고 훈련하기 위해서 한 내담자의 미술 작품을 보는 데 2~3시간을 보냈다. 내담자의 표현적인 미술 작업들은 종종 상담사들이 내담자와 더 깊게 소통할 수 있게 돕는다.

창의성의 발달 과정은 다른 형태의 지식 및 경험들과 함께 창의적인 사고, 기술, 마음가짐, 표현적인 과정을 통합하는 능력을 향상시킬 것이다. 이런 지속적인 과정을 통해 상담사들은 무의식이 자연스럽게 통찰하고 직관적으로 반응하는 것을 경험하게 될 것이다. 창의성을 필요로 하는 상담에서 상담적 직관이 중요한 역할을 한다고 인식하는 것은 상담사가 스스로에 대한 자신감을 증가시키고 그들의 직관적인 지식을 더욱 활용할 수 있게 도와준다.

우리는 상담적 직관을 숙고하는 것에 대해 더 많은 시간을 가져야 한다. 그것에 집중하고 숙고하는 과정은 우리의 직관적인 과정(치료적 관계를 용이하게 하고 깊게 하는 강력한 도구)을 명확하고 유용한 임상적 통찰로 이끌며, 이것을 통하여 내담자의 경험에 대한 더 깊은 이해와 공감을 얻게 되어 상담 안에서 더 큰 신뢰를 이끌 수 있을 것이다.

집중하고 숙고하는 과정의 중요성을 설명하기 위해서 다음의 상담 사례를 살펴보겠다.

나(Lynn B. Hadley)는 법원 명령하에 재결합 과정 중에 있는 한 어머니와 아들을 상담하였다. 그들은 18개월 동안 떨어져 있었고, 거주 지역 내에서 형식적인 만남은 이루어지고 있었지만, 어머니와 열세 살 아들은 아주 복잡한 관계를 가지고 있었다. 나는 십 대 청소년과 상담한다는 것도 불편했으며, 두 사람 사이의 구조적인 상호작용 안에서 그들을 상담에 참여시키는 데도 어려움을 느꼈다. 상담회기 동안에 그들은 비밀스러운 언어의 농담, 부적절한 유머, 나를 배제시키는 그들만의 비언어적 신호들을 나눴다.

1주일에 한 번씩 만남이 이루어졌고 이런 상황은 두 달 동안 계속되었다. 그 시간 동안 나는 상황에 대해 더 많이 생각했고 여러가지 창의적인 방식으로 그들과 내가 함께 할 수 있으면서 참여를 증가시킬 수 있는 시도를 해보았다. 어머니와 십 대의 아들은 무기력했으며 계속 서로를 거부하고 무시한 채로 있었다.

어느 날 우리는 사무실의 긴 복도를 따라 걸었고 그 십 대 아들은 흥미롭게 지어진 집의 사진을 보며 멈췄다(이때 어떤 생각도 개입되지 않았다). 나는 자연스럽게 소년이 'HGTV'와 〈Extreme Homes〉 쇼를 본 적이 있는지 물었고, 그는 보았다고 했다. 처음으로 그는 나의 개입을 자연스럽게 받아들였고 활기차고 의미있게 대화에 참여하였다. 우리가 상담실에 들어와 앉았을 때, 우리는 인간들이 살았던 놀랍고 신기한 집들에 관해 그리고 우리가 좋아하는 것들에 대하여 처음으로 진실된 마음으로 아주 재미있게 이야기를 했다.

그 후 나는 무얼 말할지에 대한 직관과 느낌을 가지게 되었고 그에게 연필과 종이를 주고(이전 상담에서 십 대 아들은 "나는 그리고 싶지 않아요."라고 그림 그리기를 거절했다) 그가 자신과 가족들을 위해 만들고 싶은 집을 그리거나 보여 달라고 요청하였다. 우리는 미술을 기반으로 다양한 단계의 소통을 가능하게 하는 강력한 개입으로 들어갔으며, 어머니와 십 대 아들, 두 사람 중심이었던 치료적 관계가 변화되기 시작하였다. 그 소년은 상담 과정 안에서 어머니와 상호작용하며 이름을 짓고 다시 수정을 하는 등 정성스럽게 평면도를 그렸다. 그 그림은 상담적 은유가 되었고 창의적인 강점, 흥미, 내담자의 잠재력에 바탕을 두고 중요한 문제들을 다루기 위한 가족치료에서의 도약판이 되었다. 모든 직관이 이 같은 극적인 결과나 통찰을 이끄는 것은 아니다. 그러나 상담사들은 직관이 창의적 과정의 실제적이고 현실적인 부분이라는 것을 알고, 그들의 직관의 흐름을 시험해 보는 것을 배워야 할 것이다.

4. 요 약

이 장에서 중요한 것은 상담사들이 자신들의 개인적인 삶과 전문적 삶 사이에서의 창의성과 그것들의 관계를 평가하도록 지속적으로 노력하는 것이다. 안타깝게도 많은 상담사가 창의성이 타고나야만 하고 배울 수 없으며, 성인기에는 더 이상 키워지거나 개발될 수 없는 어떤 것이라고 단정 짓고 포기하는 것을 너무나 자주 접하게 된다. 이와 같은 창의성에 대한 많은 오해와는 다르게 창의적인 기술들은 언제라도 개발하고 발전시킬 수 있으며, 특히 상담사들은 그들의 내담자들을 이 과정에 초대할 수 있다는 것을 반드시 알아야만 한다.

CHAPTER 04

골디락스의 평화로운 저항

-인형과 스토리텔링의 사용-

PLAY in
FAMILY THERAPY

이 장에서 소개되는 이 가족놀이치료 사례는 길(Gil, 2011b)의 연구에서 이미 묘사한 바 있는데, 여기서는 '은유의 재도입'이라 부르는 기술을 설명하기 위해 다른 시각으로 다룰 것이다.

1. 문제 표출

아홉 살인 미셸은 열한 살인 언니 매기와의 싸움에서 신체에 비우발적인 상처를 입었다. 이 상처 때문에 보건 교사는 가정 폭력 의심에 대한 보고서를 작성해야 했다. 아동보호서비스(child protective services: CPS)는 아이들에 대한 위급한 위험수준은 아니었지만 어머니 Mrs. R을 호출하였고, 그녀에게 지금까지와는 다른 방법으로 상담을 받는 것을 강하게 권유하였다. 첫 번째 회기에 앞서 Mrs. R은 몇 번 약속을 취소했다. 나는 상담을 용이하게 하기 위해 가정 방문을 요청하였다. 나는 이 상황이 특별히 CPS가 연관되어 있을 때는 더욱 부모에게 상담이 겁날 수 있을 거라고 생각했다. 그래서 나는 첫 상담에서 가족을 만나기 위해 집으로 방문하였고, 그들이 협력적이지만 조금 조심스러워한다는 것을 발견하였다.

세 번째 상담을 위해 가정을 방문했을 때 나는 많은 인형을 준비했다. 그리고 그때까지 만나지 못했던 양아버지 Mr. R의 참석을 요청하였다. 이 방문에서 나는 먼저 가족들에게 가족인형 이야기를 만들어 보라고 하였고, 중요한 두 가지 규칙을 전달하였다. 첫 번째 규칙은 가족의 이야기를 만들어야만 한다는 것이었고, 두 번째 규칙은 이야기를 단지 읽는 것이 아닌 그 이야기를 행동화해야만 한다는 것이었다. 나는 가족들에게 이야기를 만들 시간을 주었고 이어서 그들의 이야기를 듣는 청중이 되었다.

이 가족은 스토리텔링 과정에 쉽게 참여하였고, 나는 금세 그들의 증가된 에너지를 느낄 수 있었다. 그들은 그것을 즐기고 있었다. 이 과정을 통해 나는 치료상의 언어적 인터뷰에서 관찰했던 것보다 더 많이 규범적인 상호작용으로 간주될 수 있는 것들에 대한 조망을 할 수 있게 되었다.

나는 대개 가족들이 이야기를 만드는 작업을 수행할 때, 가족이 자유롭게 그들의 창조성을 펼칠 수 있게 상담실 밖에 나가 있는다. 내가 가족들과 함께 머물 때, 심지어 오랜 기간 동안 알아 왔던 가족들조차도 작업을 주저하는 경향이 나타나기 때문이다. 나는 이 가족에게 그들이 나에게 이야기해 줄 준비가 되었을 때 신호를 보내라고 요청하였다. 그러나 시간이 지나도 신호는 없었고, 내가 방으로 들어가 준비되었는지를 확인하자 그들은 준비가 되었다고 말했다. 나는 가족에게 인형들을 소개해 달라고 하였고, 이어서 그들의 이야기를 들을 수 있었다. Mr. R은 너구리와 재판관을 선택하였다. Mrs. R은 엘리자베스 H. 골디락스라는 이름의 소녀 인형과 순진한 방관자라고 부르는 또 다른 사람 인형을 선택하였다. 매기는 거미와 경찰을 선택하였고, 마지막으로 미셸은 아주 작은 손 인형, 호랑이 한 마리와 프랭크라는 이름의 변호사를 선택하였다.

이 이야기는 길의 저서(2011)에 더 자세히 소개되어 있다. 이야기는 골디락스와 평화로운 저항으로 원자력 유출의 결과에 투쟁하려 숲으로 들어간 순진한 방관자들로 시작되었다. 골디락스는 너구리, 호랑이, 거미에게 평화로운 시위에 동참하자고 했다. 숲의 모든 동물은 열심히 시위에 참여하였고 결과적으로 평화적 시위가 실행되지만, 이때 경찰이 그들을 막아서고 그들은 체포되었다. 시위에 참여한 동물들은 재판관에게 연행되었고, 재판관은 그들의 상황을 듣고서 판결을 언도할 수 없다며 '상급 법원'에 상정할 것이라고 말했다.

이야기를 듣고 나서, 나는 이야기의 캐릭터들을 인터뷰했고, 그들의 생각과 느낌 그리고 인식에 대해 더 자세히 말해 줄 것을 요청했다. 이러한 과정은 어윈과 말로이(Irwin & Malloy, 1975)가 개발한 가족인형 인터뷰(Family Puppet Interview)를 적용한 것으로, 이야기를 듣고 나서 가족 구성원들이 자신들과 가장 비슷한 인형이 무엇이고, 가장 덜 비슷한 인형이 무엇인지 혹은 이야기의 교훈이 무엇인지를 깊이 생각할 수 있도록 질문을 하는 것이다.

이러한 개입방법은 가족들이 관찰자나 이야기의 단순한 참여자로만 머무르려는 뇌의 움직임을 막고, 그들에게 은유나 창조를 하게 하는 우뇌를 사용할 수 있게 하려는 것이다. 이것은 비록 미묘한 변화 혹은 적용으로 보이지만, 가족들이 은유에 머무르고 그것을 확장하여 결국 은유가 그들에게 가치 있음을 깨닫고 은유의 잠재적인 의미들에 대해 숙고할 기회를 가지게 하려는 것이다.

1) 이야기 진행을 위한 가족 방문

가족과의 다음 상담 전에 나는 지난번 스토리텔링 과정을 녹화한 가족의 비디오 테이프를 몇 번 볼 수 있었다. 그리고 예정된 가족 방문일에 그 테이프의 상영을 위해 가족들을 모았고, 가족들은 그 시간을 즐기는 듯했다. 그 테이프를 함께 보기 전에 나는 가족들이 지난 회기 활동 중에 무엇을 기억하고 있는지 물었고, 가족들 각자 다른 것들을 강조하였다. 예를 들어, 미셸은 그녀의 변호사가 이야기할 기회를 갖지 못했던 것을 기억했다. 매기는 그녀가 가족을 체포했던 경찰이었던 것을 기억하였고 그것이 좋았다고 말했다. Mr. R은 자신의 일부분을 대변했던 인형들이 자신의 비겁하면서도 장난스러운 부분과 의사결정을 하고 사람들을 돕기 원하지만 반대로 도움을 필요로 하는 부분을 표현했다고 느꼈다. Mrs. R은 모든 사람이 '논쟁 없이 나를 도와준' 것이 좋았다고 주목하였다. 그녀는 가족들이 모두 함께 협력한다면 모든 것이 가능하다고 느꼈다고 말했다. 나는 이야기에 대한 나의 기억—가족들이 다소 도전적인 문제로 직면했지만 결국 평화적인 해결책을 찾아냈었던 방식, 그들이 공통된 목표를 향해 모두 함께 작업했다는 사실—을 덧붙였다. 동시에 나는 그 재판관이 문제에 대한 최고의 해결책을 찾지 못했지만, 매우 현명한 재판관들이 열정을 가지고 그들에게 무엇을 할지 함께 머리를 맞대고 고민하며 작업했다는 것에 대한 나의 관점들을 전달하였다.

이런 짧은 대화 후에 나는 비디오를 틀었고, 가족들은 즐겁게 시청하며 서로 자발적인 대화를 하며 큰 소리로 웃었다. 비디오 시청이 끝난 후, 나는 그들이 이야기에서 사용했던 인형들을 모아 보라고 요청했고, 그들에게 우리가 함께 그 이야기를 살펴볼 것이라고 말했다. 나는 엘리자베스 H. 골디락스를 포함해 숲 속에 사는 각각의 동물에 대한 질문 목록을 만들었고, 몇 개의 질문에 대해서는 놀란 듯한, 장난스러운 듯한 자세를 취해 보았다.

질문들 중 몇 가지는 다음과 같은 내용이 포함되었다. “숲 속의 동물들은 숲이 핵 폐기물로 오염되었다는 것에 대해 어떻게 느꼈을까요?” “핵 폐기물의 공포를 다루기 위해 과거에 숲 속 동물들은 어떤 것들을 했나요?” “동물들이 핵폐기물을 해결하기 전에 숲 속은 어떠했나요?” 이런 질문들은 잠재적으로 문제가 되는 가족 역동을 분명하게 하고, 내가 그들을 돕기 위해 중요한 단서가 되는 가족의 비밀을 보여 주는 반응들을 이끌어낸다.

이 회기 동안에 알게 된 것은 Mrs. R이 그녀의 어머니 리디아처럼 급성 광장공포증을 가지고 있었다는 것이다. 리디아는 Mrs. R의 뒷마당에 주차된 캠핑카에 살고 있었다. Mrs. R의 어머니 리디아는 그녀의 캠핑카 밖으로 결코 나오지 않았고 음식이나 다른 것들에 대한 요청을 할 때 가족 무전기를 사용하였다.

Mrs. R은 그녀가 어머니를 사랑하지만 “귀찮은 존재”라고 말했다. 미셸과 매기는 캠핑카 안팎으로 무언가를 날라야만 했고 그녀의 집에는 냄새가 난다고 생각했기 때문에 리디아를 싫어하고 귀찮다고 생각하는 듯했다. Mrs. R이 질병에 대해 이야기하자 아이들은 심리적 자유를 느끼는 듯 보였다. 이제까지 아이들은 다른 사람들에게 엄마와 할머니의 질병에 대해 이야기해서는 안 되었기 때문이다. 사실상 상담 끝무렵에야 매기는 미셸이 Mrs. R과 리디아처럼 ‘이상해져’ 가고 있다는 것이 얼마나 무서웠는지에 대해 이야기하는 것이 가능했다. 매기는 말했다. "나는 이 가족에서 유일한 보통 사람이 되는 것을 원치 않아요." 나는 가족들 모두의 솔직함에 감사했고 계속 지켜져 온 비밀을 나누는 것이 얼마나 어려웠는지에 대해 주목했다. Mrs. R은 눈물을 머금고 말했다. "나는 내가 그녀처럼 될 수 있을지 모른다는 것 그리고 그것을 막기 위해 다른 어떤 것들을 할 수도 없다는 것이 너무나 견딜 수 없었어요." 그녀는 다시 문 앞에서 내게 말했다. "나는 내 아이들이 이렇게 되도록 둘 수는 없어요. 아이들은 자신의 삶을 책임질 필요가 있어요." 나는 그녀에게 공감했고, 광장공포증에 대해 누구로부터 자문을 구할지를 생각했고, 그들과 다음 약속을 잡았다. 이제 나는 Mrs. R이 약속을 취소했을 때 저항하고 있었던 것이 아니라는 것을 깨달았다. 그녀는 단지 약속을 지킬 수 없었던 것이다.

나는 솔직히 이 비밀이 은유 작업의 활용 없이는 수월하게 드러날 수 없었을 것이라고 생각한다. 이러한 놀이치료의 활동들은 논리적인 사고에 무장된 언어를 통해 무엇을 내보이고 내보이지 말지를 알고 있는 대부분의 사람을 무장해제시킨다. 이 가족에게 있어 은유는 확실히 가족에 대한 평가를 신속하게 하도록 만들었다. 매기는 여동생의 가족 공포증 반응(familiar phobic responses)에 대해 걱정이 늘어나게 되면서, 가족에게 무엇인가 잘못되어 가고 있다는 신호를 보내려고 그녀의 표출 행동을 강하게 하였던 것이다.

이야기 해석은 내가 이 가족에게 일어나고 있는 것들에 대해 더 잘 이해할 수 있게 해주었고, 무엇이 가장 명백하고 깊게 자리 잡은 걱정인지를 알아보는 가족과의 작업에 임상적 시작을 할 수 있게 했다. 가장 주목할 만한 것은 핵 공포의 중요성으로 이것은 이야기 속에 천천히 스며들면서 강력한 공포로 드러날 수 있다. 또한 인형들의 선택은 흥미로운 양극성을 보여 주고 있었다. 순진한 방관자와 함께하는 골디락스의 인형은 Mrs. R의 탐색과 고요함, 즉 행동과 행동하지 않음에 대한 양가적 감정을 보여 줄 수 있었다.

Mr. R의 너구리는 흥미로웠는데, 너구리는 일반적으로 비겁하고 제멋대로 날

뛰는 비밀스러운 동물로 여겨지는데 규칙과 법의 궁극적인 집행자로 여겨지는 재판관과 함께하였기 때문이다. 아이들 둘은 아버지가 재판관을 선택하였을 때 법 집행 인형들(경찰과 변호사)을 선택하였고, 이것은 법 체계의 중요성을 강조하는 것이다. 마지막으로, 이야기의 주제는 평화로운 시위를 하기 위해 숲에 모인 거주자들에 대한 것이지만, 그들의 노력에도 불구하고 시위자들은 모두 체포되었고 처분을 위해 재판관에게 끌려갔다.

물론 재판관은 판결할 수 없었고, 그의 권력은 추락했다. 그는 더 높은 권력에게 도움을 요청하였고, 그 결과는 여전히 불확실하고 결정되지 않은 채 남아 있었다. 가족들은 어떤 극복할 수 없는 것에 직면해 있고, 불충분했지만 그들의 노력은 의지와 통합을 가리키고 있는 듯 보였다. 이후 이야기 평가는 그들의 걱정에 대한 더 많은 것을 드러냈고, 나는 이 가족과의 치료를 지속하고 싶었다. 문제가 더 많이 밝혀졌을 때(즉, Mrs. R의 세대에 걸친 공포증), 나는 그들의 은유(혹은 은유의 일부)를 강화하고 이 치료를 지속적으로 발전시킬 수 있는 창조적인 중재 방안을 고안하려 했다.

2. 은유의 재도입

가족이 창조한 은유는 임상적 신뢰감을 높이고 탐색의 깊이를 더한다. 이런 은유들은 종종 두뇌의 좌측 반구의 활동으로 인한 개인적인 그리고 집단적인 요소를 드러내기도 한다. 이야기를 함께 창조하기 위해 인형들을 사용하여 가족은 가장놀이에 참여할 수 있고, 실제 문제들로부터 충분히 안전한 거리에서 이야기를 할 수 있다. 때때로 이야기들은 실제 문제들과의 분명한 유사성을 포함한다. 그러나 가족들은 그 부분에 주목하지 못한다. 대신에 그들은 새로운 활동의 맥락 속에서 서로 긍정적인 상호작용을 하고, 웃고, 놀이하면서 공통된 목표를 향해 함께한다.

나는 이전에 그들이 사용했던 같은 인형들을 가지고 다시 가족을 방문하였다. 나는 그들에게 그들이 사용했던 인형들을 다시 찾아보게 하고 나의 계획에 대해서 이야기하였다. 내가 사용할 수 있는 방 하나를 요청하고, 나는 흰색 실험실 가운(내가 가장 좋아하는 소품)을 입었다. 나는 '조사관(Inspector)'이라 쓰인 이름표를 꺼내서 가운에 달았다. 그러고는 한 손에 클립보드를 들고 마루로 나갔다. 나는 나를 로렌스 라이브모어 실험실(Lawrence Livermore Lab; 가족들이 이야기에서 범인으로 포함시켰던 연구소)의 대표라고 소개하였다. 나는 그들에게 숲에 방문해 그들이 환경의 위험으로부터의 보호를 위해 어떤 행동을 해 왔는지 알아보고 그들이 취할 수 있는 보호 행동들을 안내하는 일을 하고 있다고 이야기하였다. 이 평가의 목적을 위해 나는 경찰, 배심원, 판사가 특별히 필요하지 않을 것이라 생각하였고, 그들에게 버릴 인형들을 대체하기 위해 동물 하나씩 골라 달라고 요청하였다. Mr. R은 개미를 선택했다(그들은 아주 집중하며 열심이었고, 팀의 일원으로서 각자의 역할을 열심히 하였다). 매기는 그녀의 거미와 함께할 벌을 선택하고는 이 벌은 쏘는 벌이 아니라고 구체화하였다. 미셸은 작은 호랑이와 함께 있는 큰 호랑이를 선택하고는 그것이 아빠 호랑이이고 엄마가 아니라고 했다(말할 때 그녀는 엄마를 응시하고 있었다). 나는 필기를 하기 위해 나의 클립보드를 집어 들며 다음과 같이 말했다.

우리 로렌스 라이브모어 실험실은 우리의 실험과 관련해 발생해 온 몇몇 시위에 더욱 잘 대응하기 위해 노력하고 있습니다. 그러므로 우리는 숲 속의 동물들이 어떻게 안전하게 살 수 있을지에 대한 현실적인 계획을 수립할 수 있도록 도울 방법을 찾기 위해서 숲의 동, 서, 남, 북을 방문하고 있습니다. 또한 우리는 폐기물과 관련된 일들을 아주 신중하게 하려는 노력에 대해 최선을 다해 여러분을 안심시키고자 합니다.

그러고 나서 나는 각각의 동물에게 그 핵 공포가 그들에게 어떻게 영향을 미쳤는지 그리고 그들이 내가 어떤 부분에 중점을 두기를 원하는지 이야기해 달라고 요청했다. 나는 숲 속 동물들에게 먼저 그들이 함께 이야기를 하고, 그다음에 내가 각각 개별적으로 인터뷰를 하는 순서로 진행하겠다고 설명했다. Mrs. R과 남편은 아이들에게 더욱 가까이 모이라고 하였고, 그들의 현재 관심과 행동들에 대해 활발하게 이야기하였다. 45분이 지나고 나서 그들은 나를 거실로 다시 불러들였고, 나는 그들이 차례로 이야기하는 것을 들었다.

Mrs. R은 호랑이에게 먼저 하라고 말했다. (이것은 최초의 인형극 이야기를 담은 비디오 테이프를 관찰한 것에 바탕을 둔 것으로, 여기에서는 작은 호랑이가 많은 목소리를 내지 않았고, 공포에 직면하고 있는 자기 딸을 돕고자 하는 욕구가 많이 드러나지 않고 있다.)

작은 호랑이: 글쎄요. 나는 그냥 작은 호랑이에요. 아마도 유치원에 다니는……. 그리고 나는 할 말이 없어요. 내가 먹을 것을 많이 가지고 있는지 그리고 거기에 미생물이나 화학 성분이 없다는 것을 알고 싶은 것만 빼고요.

조사관: 공급되는 음식에 화학 성분이 없도록 확인해 주세요. 확인!

큰 호랑이: 글쎄요. 나는 순진하거나 멍청하지는 않아요. 원자력 공장이 이웃에 지어질 때나 크고 작은 많은 동물이 살고 있는 숲에 너무 가깝게 지어질 때는 진짜 문제가 돼요. 나는 어떠한 폐기물 유출도 숲으로 들어오지 못하고 우리 중 누구도 음식이나 먹는 물 또는 우리가 수영을 하거나 놀이하는 곳에서 화학 성분을 발견하는 일이 없어야 한다는 사실에 대해 알고 싶습니다.

조사관: 숲 속 동물들에게 폐기물이 어떻게 포함되고 처리되는지 알려 주세요. 확인!

Mrs. R: (그녀의 '순진한 방관자'를 집어 들고서) 나는 더 이상 서 있기만 하지 않아요. 나는 이미 할 만큼 했어요. 당신들이 책임질 필요가 있고, 당신은 숲 속의 우리 동물들에게 엄청난 책임이 있어요. 당신들의 폐기물들이 안전하고 적절하게 처리될 것이라는 것에 대한 확신을 주어야만 해요. 우리는 누군가가 이 과정을 감독하고 있고 유출이나 다른 종류의 사고를 방지할 안전 점검이 존재한다는 것을 감시할 사람을 알고 싶어요.

조사관: 핵 폐기에 대한 우리의 정책을 알려 주세요. 확인!

다음은 벌이었다. 벌은 우웅 소리를 내며 방 주변을 날아다녔다. 마침내 벌이 큰 호랑이 머리에 착륙하여 말했다. "흠…… 이곳이 착륙하기에 편안한 곳이야. 아주 부드럽고 게다가 편안하기도 해." 큰 호랑이가 소리쳤다. "저리 가, 네가 내 머리를 망치고 있어." 벌은 다시 날아올랐고, 탁자 위에 앉았다. "여기는 편하지 않아. 하지만 좋아, 상관없어. 나는 조사관에게 내 맘을 말해야만 해."

벌: 그런데 이봐요, 조사관. 당신이 조사 업무에 준비되어 있다는 걸 우리가 어떻게 확인하죠? 어떻게 당신이 하고 있을 것들에 대해 알고 있다고 우리가 신뢰할 수 있나요?

조사관: 조사관의 자격증을 제공해 주세요. 확인!

벌: 지금 당장을 말하는 거예요. 어떻게 우리가 당신을 신뢰한다는 것을 알 수 있죠? 당신의 배지는 어디 있죠? 당신의 자격증은 어디 있어요?

조사관: 나는 벌들이 아주 똑똑하다는 것 들어왔어요. 물론 당신은 나를 믿을 수 있도록 확인하고 싶을 거예요. 내가 다음에 올 때 검증 서류들을 가지고 오게 해 주세요. 하지만 지금은 내가 주립 최고의 대학교 환경학과 중 하나에 다녔고, 환경학 분야의 박사학위를 위해 4년을 보냈고, 워싱턴에서 세계 환경 문제를 연구하면서, 특히 원자력 공장에 대한 전문적인 관심을 가지고 인턴십을 했다는 것을 알아주세요. 나는 최소 16년간의 박사학위 이후의 경력을 가지고 있어요. 나는 내 직업을 사랑해요!

벌은 만족한 듯 보였고 계속했다. "당신도 알다시피 환경은 여러 가지가 섬세하게 균형을 맞혀서 이루어진 거죠. 우리는 그 균형을 보호할 필요가 있고 우리는 각자의 집에서 안전함을 느끼고 의존할 수 있어야 해요. 물론 집은 숲을 말한 거예요."

조사관: 안전 지침과 규칙을 제공해 주세요. 확인!

벌: 좋아요. 우리는 올바른 사람들이 우리를 위해 크고 작은 좋은 결정들을 하고 있기 때문에 걱정을 멈출 수 있다는 것을 알고 싶어요.

개미: 이번에는 여기서 가장 작고 귀여운 동물이 작은 것을 말해 볼게요. 나는 이 세계의 작은 동물들을 대변해요. 나를 랜디 뉴먼(〈Short People〉이란 노래의 작곡가)이라 부르세요. 나는 우리가 크기가 미세하다고 해서 벌이 이야기하고 있는 그 균형의 한 부분으로 중요하지 않다는 것은 아니라고 말하고 싶어요.

우리가 잘 보이는 상태에서도 잊히기도 하지만, 우리는 환경에서 아주 중요한 곤충이에요. 우리는 다른 동물들이 걸을 때 주의해 주었으면 해요. 그들의 부주의로 우리의 생명을 더 이상 잃지 않을 것이라는 확인을 받고 싶어요. 또한 우리는 우리의 개미탑이 남아 있고, 우리가 저장하려고 나르고 모은 부스러기들이 항상 오염되지 않아 수많은 개미가 병이나 걱정, 죽음에 이르지 않는다는 것을 확인하고 싶어요.

조사관: 지리학적인 청사진을 만들어 동물들이 먼저 안전하고 오염되지 않은 숲의 장소들을 알려 주세요. 확인!

마지막으로 엘리자베스 H. 골디락스가 발표했고, 다음과 같은 탄원을 하였다.

엘리자베스 H. 골디락스: 나는 모험가, 탐험가 같은 사람으로 알려져 있어요. 나는 나의 집을 안전하게 떠날 수 있을지 주변을 둘러보고, 내 집 밖의 새로운 지역을 탐색할 수 있을지 알고 싶어요. 그리고 나는 진짜 위험이 있을 때 그 위험을 인식할 수 있을지 알고 싶어요. 나는 문제가 되는 것을 알려 주는 경고, 그래서 내가 위험을 피할 수 있도록 하는 것을 원해요. 나는 더 나은 신호 표시를 원해요. 나는 나의 안전과 가족의 안전에 대해 걱정해 주는 사람을 원해요.

조사관: 오염 지역으로 밝혀진 곳을 거주민들에게 알려 주는 신호와 계획을 만들어 주세요. 확인!

조사관은 숲 속 동물들이 제시한 모든 요구를 요약하였고, 다음의 선언문을 만들었다.

> 나는 엄숙하게 맹세합니다. 최선을 다해서 이 모든 좋은 제안들을 높은 지위에 있는 분들에게 보고하겠습니다. 그리고 여러분에게 우리가 신뢰를 가지고 위험 지역을 밝혀내는 일을 지속적으로 하고 있다는 사실의 증거를 보여 드리겠습니다. 여러분에게 위험한 지역에 대한 신호를 분명하게 제공하고 크고 작은 모든 생물에 대한 깊은 존중과 책임감을 가지고 행동하는 우리의 노력을 지속할 것입니다. 로렌스 라이브모어 실험실의 우리 모두는 여러분의 안전을 위해 헌신하고 있으며 여러분들이 안전과 안전에 대한 권리를 근본적으로 지니고 있다고 믿습니다. 우리는 외부로부터 안전한 환경을 확보하기 위해 최선을 다할 것입니다. 여러분이 자유롭게 탐색하고, 놀고, 재밌게 수영하고, 시끄럽게 웅웅거리며 날 수 있는, 멋진 개미언덕을 만들 수 있도록 내적 안전성을 얻을 수 있는 지속적인 노력으로 여러분을 지원할 것입니다.

나는 그들에게 방문을 허용해 준 것에 대해 감사했고 더 많은 서류(내 수료증을 포함해)를 가지고 다음에 다시 오겠다고 말하였다. 그리고 그들에게 오늘은 집 밖에서의 안전성에 대한 것만 작업했으므로, 이제는 내적 안전성을 확립하기 위해 어떻게 해야 하는지 생각해 보라고 요청했다. 나는 그들에게 작별을 고하고, 한 주 후에 다시 가정으로 방문하겠다고 약속했다.

1) 가족과의 후속 작업

이 방문 상담과정 동안에 가족들은 건설적인 계획에 대해서 열정적으로 말하고 싶어 하는 듯 보였다. 한 주 후 상담일자에 나는 조사관 유니폼을 입고 서류들로 가득 찬 서류가방을 가지고 갔다. (나는 가짜 대학으로부터 가짜 수료증들을 만드는 데 시간을 들였다. 당시에 나는 훈련 중에 있었고, 내담자들이 거의 없었기 때문에 가능한 일이었다.)

그들은 내게 뒷마당에 주차되어 있는 트레일러의 창을 살펴보러 와 달라고 하였다. 아이들과 Mr. R, Mrs. R은 어떻게 환경을 보다 안전하게 만들지 토론하는 데 시간을 보냈다고 했다. 그들은 흥미로운 계획을 가지고 나타났다. 매기가 엄마에게 말했다. "엄마, 이리로 오세요. 이 생각은 엄마가 먼저 생각한 것이니 엄마가 설명해 주세요." "좋아." Mrs. R이 말했다. "합의한 건 이거예요. 우리는 안팎의 안전에 대해 생각하기 시작했고, 아이들은 어머니가 밖에서 살고 있는 것이 얼마나 이상한지에 대해 불평했어요. 아이들이 할머니에게 물건들을 가져다주고 있기 때문에 더 느낄 수 있었던 거죠. 그래서 우리는 가려지는 통로를 갖는 것에 대해 이야기했어요." 정원 가꾸기와 목공 일을 좋아하는 Mr. R이 할머니의 집에서 그들의 집으로 오갈 수 있는 통로가 될 구조물을 만들기로 제안했다. 그녀와 그녀의 어머니는 보호된 길로 오갈 수 있게 된 것이다. Mrs. R은 이런 생각에 대해 흥분하였고 Mr. R은 오갈 수 있는 모양의 아치를 덮는 디자인을 고안하였다. "내가 해야 하는 것은 덩굴 줄기를 심는 거고, 그것은 아치형으로 자랄 수 있고 그 길을 가릴 수 있을 거예요. 그게 통로를 덮게 될 거예요." 그가 말했다. 그 통로는 Mrs. R을 편안하게 만들 것이었다. 미셸은 말했다. "포도덩굴에서 벌레가 떨어지면 어떡해요?" "어머, 미셸, 왜 그렇게 말하니? 그건 아니야." 미셸은 웃음을 터뜨렸으며 엄마를 놀렸다. 그러나 이미 분위기가 바뀌었고 가족들은 창조적이고 활동적인 무언가에 참여하고 자유로워 보였다. 나는 밖으로 나가자고 했고 Mr. R이 아치를 어떻게 세울지 설명하는 것을 들었다. 나는 이번

작업이 그의 목공 재능을 가족에게 더 주목시킬 수 있는 기회가 되어 좋다고 생각했다. 사실 Mr. R은 자기가 만든 아름다운 나무 작품들을 가져오기 시작했는데 작품들이 아주 인상적이었다. Mr. R은 내게 뒷마당을 보여 주었고, 그곳은 먼지 한 점 없이 깨끗했다. 각기 다른 종류의 꽃들로 잘 정리되어 있었고 아주 깨끗했다. 사실 그의 창조성은 놀라웠고, 이것을 보고 나는 그가 목공 일을 정식으로 해 보고 싶어 하지 않았는지 물었다. 그는 때때로 현재의 피자 배달일을 그만두고, 나무와 유리로 하는 작업을 하고 싶었다고 말했다. 하지만 지금은 그것으로 생계를 꾸릴 수는 없기 때문에 미래에나 가능할 것이라고 말했다. Mrs. R은 마당으로 나오지 않았지만 창에서 행복하게 바라보며, 남편에게 이것저것을 이야기하였다.

마지막으로 우리는 탁자로 다시 돌아갔고 나는 그들에게 내 자격증들을 보여 주었다. 또한 나는 그 선언문을 인쇄했고, 가족들이 그 선언문을 꾸밀 수 있게 하였다. 우리는 이 회기의 나머지 시간을 선언문을 꾸미는 것에 보냈고 내가 떠날 때 그 선언문을 벽에 붙였다.

이 상담의 모든 회기에서는 약간의 놀이 활동을 포함하였다. 그것은 가족 난화(Family Scribble) 그리기, 말하기, 느끼기, 행동하기 게임(Talking, Feeling, Doing Game) 혹은 함께 저녁 만들기(아이들이 하고 싶어 하는 활동) 등이었다. 나는 또한 그녀의 요청으로 아이들이 학교에 있을 때 Mrs. R과 더 많은 만남을 갖기 시작하였는데, 이 만남들은 놀랍고 생산적이었다.

천천히 그러나 확실하게 그녀는 성장했고, 이제는 약하고 힘없는 부모를 보살피는 것에 대해 이야기할 수 있게 되었다. 그녀는 자신의 딸들이 자기를 자랑스럽게 느끼고, 두려움 없이 생각할 수 있게 되기를 얼마나 원했는지 이야기하였다. 우리는 점진적 노출 프로그램(인지행동치료 상담사의 안내에 따른)을 조금씩 시작했고 결국 Mrs. R과 나는 현관 앞에 앉아서 이야기하거나, 트레일러에 거주하는 그녀의 어머니를 방문하여 함께 드라이브를 하면서 시간을 보냈다.

Mrs. R은 아주 구체적인 목표들에서는 크게 변화를 보였다. 우리가 함께한 마지막 목표는 엘리베이터 안으로 들어가는 공포를 극복하는 것이었는데 몇 번의 실패 후에 그녀는 근처 호텔의 로비에 앉아 있다가 나와 함께 엘리베이터 안으로 들어갔고, 우리는 한 층을 올라갔다. 심각한 장애를 극복하려는 그녀의 엄청난 의지 그리고 제대로 된 성인, 아내, 부모가 되고자 하는 의지를 깨닫게 되자, 그녀가 흘린 기쁨의 눈물이 나를 압도하였다. 나는 그녀가 공포에 대해 지속적으로 노력하고 훨씬 자유로움을 느끼고 있고 제대로 된 행복한 할머니가 되어가고 있는 과정을 지켜보면서 기쁨을 느꼈다.

CHAPTER 05

세상의 왕이 되기를 원했던 늑대

–인형을 이용한 스토리텔링–

PLAY in
FAMILY THERAPY

1. 사 례

닉과 섀런은 학교 선생님과 교장선생님으로부터 아들의 학교 생활에 대해 들은 이야기를 나에게 전달하며 편안해 보이지 않았다. 학교 측은 닉과 섀런에게 아이를 치료에 데려가야 한다는 것과 아동은 학교에서 보호관찰 상태에 있기 때문에 만약에 아동의 행동이 변화하지 않으면 학교에서 퇴학 조치될 수 있다는 것을 분명하게 전달했다.

나는 닉과 섀런에게 학교에서 전해 준 내용에 대해 어떻게 생각하는지 물었고, 그들은 동시에 강하게 반응하며 말했다. 닉은 "이건 아내의 잘못이에요. 그녀는 아들에게 너무 유하고 너그럽기만 할 뿐, 절대 훈육하지 않아요. 그녀는 아들이 마마 보이가 되도록 그냥 뒀어요. 항상 아들을 달래기만 했어요." 섀런은 "그 아이는 불안하지만 근본은 착한 아이예요. 그런데 조금 쉽게 좌절하고 행동으로 표출해 버리는 경향은 있어요. 하지만 절대로 다른 누구를 해치지 않아요. 그냥 정말 쉽게 흥분하는 것뿐이라고요."라고 말했다. 나는 그들의 이야기를 모두 들으며 그들이 말하는 것의 요점을 파악하려고 노력했다. 나는 아동의 이런 문제가 학교에서 얼마나 오래 지속되어 왔는지 물었다. 부모는 동시에 대답하려 했다.

섀런이 먼저 나서서 닉에게 조용히 하라고 하며 말했다. "당신은 내게 무엇을 하라고 말하지 마!" 섀런은 계속해서 그녀의 남편은 분노 조절 문제가 있다고 말하며 놀런이 선천적으로 그 문제에 영향을 받았다고 말했다. 닉은 만약 지금 진행되는 방식으로 면접이 계속 진행된다면 자신은 차라리 여기에 있지 않고 차에서 기다리겠다고 말했다. 나는 닉에게 아들을 돕기 위해 필요한 중요한 정보를 그가 가지고 있으므로 좀 더 기다려 주기를 바란다고 말했고, 닉은 "그 애는 이미 도움을 받는 정도를 넘어섰어요."라고 했다. 섀런은 눈물을 흘리며 "그냥 제가 나서야 할 것 같네요. 놀런을 이해하는 사람이 아무도 없어요. 모든 사람이 그 애를 '나쁜 아이'로 봐요. 그 애는 그렇지 않아요."라고 했다. 나는 "나쁜 아이는 없어요. 그냥 행동상의 문제를 가진 아이들이에요. 나는 아이들의 문제는 아이들이 우리에게 무언가를 말하는 방식이라고 생각해요. 우리는 그냥 그 애들이 말하는 것을 이해할 필요가 있어요."라고 말했다. 닉은 내가 이렇게 말할 때 이해할 수 없다는 표정을 지었지만 나는 그를 무시하기로 했다.

섀런은 오해받고 있는 자신의 아이에 대한 옹호를 계속했고 그녀가 아이에 대해 아주 많이 걱정하고 있다는 것이 분명해졌다. "그 애는 항상 생각하지 않고 행동을 먼저 해요. 그리고 너무나 쉽게 포기하고, 만약 뭔가를 완벽하게 할 수 없다고 생각되면 해 보려고 하지도 않아요." 나는 닉에게 아들의 성격에 대해 말해 달라고 했고, 그는 놀런이 '약하고 마마 보이이며 쉽게 운다'고 설명했다. 나는 닉에게 아들의 장점은 무엇인지 물었고 그는 모르겠다고 답했다. "분명히 당신은 아들의 장점에 대해 무엇이든 알고 있을 거예요."

마침내 닉은 말했다. "음, 그 애는 학교에서 다른 아이들이 그냥 자기를 밀치게 내버려 두지는 않아요." 섀런은 아이에 대해 "사랑스럽고 예술적이며 친절하고 민감한 아이예요."라고 설명했다. 나는 부부에게 현재 당면한 어려운 문제에도 불구하고, 분명히 부모로서 각자가 아들의 긍정적인 면을 발견하게 되고, 그 부분을 더욱 확장해 갈 수 있을 것이라고 대답하였다.

닉은 말할 때 상당히 저항적이었다. "나는 아이를 애지중지하며 끌려다니듯 버릇없이 키우는 사람과는 더 이상 함께하고 싶지 않아요. 만약 우리가 앞으로 2주 동안 치료에 참여했음에도 불구하고 어떤 진전도 보이지 않는다면 그것으로 끝을 낼 겁니다. 아이는 학교에서 쫓겨날 수도 있겠죠. 그러면 우리는 그 애를 군사학교에 보낼 수도 있어요!" 닉은 밖에서 기다리겠다고 하고 나가 버렸고, 섀런은 나에게 애원했다. "선생님이 보신 그대로예요. 남편은 놀런에 대해서 항상 저런 식이에요. 그래서 놀런은 반항하고 동생에게도 못되게 굴어요."

이것이 내가 형제에 대해 처음 부모로부터 들은 정보들이었다. 동생 세스는 6세이고 1학년이라고 하였다. 섀런은 남편이 세스에게는 너그럽고 유독 놀런에게만 분노의 초점을 맞추고 있는 것 같다고 했다. 나는 섀런에게 그 분노에 대해 조금 더 자세히 얘기해 달라고 했고, 그녀는 남편이 분노 조절에 문제가 있음을 다시 말했다.

그때 닉이 들어와서 회사에 늦을 것 같다며 서두르라고 하면서 그 회기를 끝내려고 했고, 우리는 가족 모두가 함께 오도록 약속을 정하였다. 다음 상담 회기에 나는 그 두 소년들을 만날 수 있게 되었다. 닉은 문 밖을 나서면서 "나는 놀런이 좋아지는 것을 보기 전까지는 여기에 다시는 발도 들이지 않을 거야!"라고 투덜거렸다.

2. 가족과의 만남

학교로부터 긴급한 연락을 받고, 나는 부모와 약속했던 기간 이전에 놀런과의 만남을 가졌다. 나는 가족 모두가 이번 상담에 함께 참여할 것을 요청했고 (닉은 지난번 위협을 했듯이 거절했다) 나를 가족놀이치료사라고 소개하였다. 나는 20개의 인형을 꺼냈고, 그들에게 다음과 같이 요청했다. "여러분이 보는 것처럼 약 20개쯤 되는 인형이 여기 있어요. 내가 여러분이 한 가족으로서 했으면 하는 것은 이야기를 하나 만드는 거예요. 이야기는 시작과 중간, 끝이 있어야 해요. 단 두 가지 규칙이 있어요. 하나는 '창작 이야기'여야 한다는 거예요. 〈니모를 찾아서(Finding Nemo)〉와 같이 들어본 이야기, 이미 알려진 이야기는 안 돼요. 또 다른 규칙은 여러분 모두가 연기해야 한다는 거예요. 글을 읽는 것처럼 그냥 이야기를 읽는 게 아니에요."

놀런은 벌떡 일어나서 인형들을 찾기 시작했다. 나는 그들에게 비디오 녹화를 허락해 줄 것을 요청했고 테이프를 넣어 작동시켰다. 가족들에게 이야기 꾸미기와 창작된 이야기의 연습이 끝났을 때 노크를 하면 내가 들어와서 그들이 이야기의 청중이 될 것이라고 말했다. 내가 그 방을 걸어 나갈 때, 놀런은 엄마에게 어떤 종류의 이야기를 만들지 묻고 있었다.

후에 녹화된 테이프를 보았을 때, 나는 분명하게 자기의 역할을 하고 있는 한 소년을 관찰하였다. 그 아이는 이야기를 만들었고 그들이 어떤 인형을 사용할지 그리고 이야기의 결론이 무엇인지 엄마에게 말하였다. 그들의 작업이 끝났다고 했을 때, 나는 돌아가서 가족의 이야기를 들었다. 놀런은 작업하는 내내 가장 활동적이었다. 세스는 뒤로 물러나 있었고 섀런처럼 놀런을 따랐다. 그들의 이야기는 다음과 같았다.

놀런은 크기가 크고 상당히 공격적으로 보이는 늑대를 잡았다. "이 늑대는 광견병에 걸렸고 숲에서 저녁 식사를 위한 먹잇감에 가까이 접근하고 있어요." 놀런은 다른 동물들에게 걸어갔고, 웃으면서 얼굴을 찡긋하면서 살금살금 걸어갔다. "그르렁! 어떤 맛있는 음식이 여기에 있는지 좀 볼까?" 그는 일 초의 생각도 없이 다른 사람들과 인형들에게로 뛰어올랐고, 엄마를 거의 넘어트릴 뻔했다. "그르렁! 내가 바로 너를 잡아먹겠다." 그는 나비를 깨물기 시작했다. 크게 소리 내면서 "이 날개들은 너무 맛이 없어, 이건 분필 같아(그는 뱉어 버렸다). 나는 따뜻한 것, 치킨 같은 맛이 나는 게 좋아. 먹을 수 있는 다른 먹잇감이 없을까?" 소년은 무당벌레에게 관심을 돌렸다. "너는 먹기에 아주 맛있어 보이는군. 냠냠!"

그는 동생의 손에서 무당벌레를 빼앗아 우걱우걱 먹었다. 마지막으로 놀런은 몸을 돌려 어머니 손에 있는 두 개의 양에게 말했다. "음…… 마지막으로 내 위를 채울 수 있는 아주 훌륭한 고기 같은 동물들이군." 그는 거칠게 양들에게 뛰어들고는 어머니의 손에서 그걸 빼앗아 과장되게 먹는 시늉을 했다. 섀런은 뒤로 물러서서 앞쪽으로 손을 모으고 마치 기도하는 것처럼, 아주 걱정스럽게 지켜보았다. 그녀의 눈에는 공포와 걱정이 담겨 있었고 눈물이 고였다.

그때 놀런이 이야기가 끝이 났다고 말하고 그가 했던 것들을 슬쩍 내비치면서 모든 인형을 구석으로 던졌다. 나는 "잠깐, 잠깐, 그렇게 빨리 말고. 늑대랑, 양들, 나비, 무당벌레에게 이야기를 하고 싶어."라고 말했다. 놀런은 "우린 다 끝냈어요. 이것들은 웃겨요."라고 했다. 나는 모든 숲 속 동물들과 얘기하고 싶다고 다시 반복해서 말했고, 섀런과 세스에게 그들의 인형들을 다시 잡아 달라고 얘기했다.

나는 나비와 무당벌레에게 이 배고픈 늑대와 있을 때 기분이 어떤지 물었다. 세스는 나비 인형을 사용하면서 말했다. "나는 날개를 펄럭거리며 멀리 날아가요. 나를 잡는 사람만 없다면 아주 높이 날 수 있어요." 놀런이 말했다. "너는 날지 못했어. 바보야. 내가 너를 죽였잖아. 내가 너의 멍청한 날개를 먹었고 그래서 이제 너는 죽은 거야." 나는 놀런을 보고 말했다. "이건 모든 사람의 이야기란다. 늑대야, 그러니 모든 사람이 그들이 말하고 싶은 걸 말하고 원하는 걸 하는 거야." 그는 내게 인형을 던지고 크게 소리쳤다. "이건 바보 같애. 나는 지금 갈 거야. 아빠는 오지 않았어요. 나도 오고 싶지 않아요." 나는 양에게로 향했고 양이 숲 속에서 들려오는 모든 소리를 들었을 때 기분이 어땠는지 물었다. 섀런은 양 인형들을 들고서 말했다. "음매! 나는 그런 소리들이 싫어요. 모든 게 속상해요. 나는 내 친구들과 함께 영양가 많은 풀을 뜯어 먹는 게 더 좋아요." 놀런은 다시 큰 소리로 끼어들며 멍청한 양들을 먹고는 뱉어 버렸고 양들은 다시 살아날 수 없었으며 이야기는 끝났다고 소리쳤다. 나는 다시 한 번 놀런에게 그 이야기는 가족 모두에게 포함되는 것이고, 가족들은 그들의 마음속에 있는 것을 무엇이든 말할 수 있다고 했다. 나는 놀런에게 말했다. "놀런, 네가 원하는 것들이 무엇이건 너의 언어로 말하는 건 괜찮아. 하지만 너는 내게 물건을 던질 수 없어. 그건 안전하지 않아. 그리고 여기서는 그렇게 해서는 안 돼." 그는 앉아서 팔짱을 꼈다.

섀런은 놀런에 대해 사과했고, 나는 그녀에게 내가 시작 단계에서 놀런에게 규칙을 분명하게 하지 못했기 때문이라고 설명하며 괜찮다고 말했다. 섀런은 조금씩 편안해 보였다. 그리고 나는 놀런에게 늑대에 대해 물었다. "너의 늑대에 대해 말해 줘." "늑대는 왜 그렇게 배가 고팠던 거야?" 놀런은"아무도 그 애에게 먹이를 주지 않았어요. 늑대는 굶주리고 있었고 수년간 먹지 못했어요."라고 대답했다. 나는 대답했다. "와, 수년간 음식을 먹지 못했다고? 그렇게 오랫동안 먹지 않고 지내 오다니 정말 대단하다." "네, 그 애는 정말 강해요. 그 애는 숲 속의 왕이에요. 모든 사람이 그가 말하는 대로 움직여요." 놀런의 말에 나는 "오, 늑대가 정말 강하고 다른 사람들에게 무엇을 해야 할지 말하는구나." 하고 말했다. "네, 그리고 만약 늑대가 하라고 한 것을 안 하면 그들을 죽이고, 먹어 버리고, 뱉어 버려요." "알겠어." 나는 주목했다. "늑대는 리더십이 있고 사람들에게 무엇을 할지 명령하는구나. 그럼 그에게는 누가 어떻게 해? 누가 늑대에게 명령을 하지?" "아무도 없어요."

놀런은 대답했다. "그는 모든 세상을 혼자 차지해요." "늑대가 어렸을 때는 어땠어? 그때는 누가 그 애를 차지했어?" "아무도 없어요." 놀런이 반복했다. "누구도 그 아이에게 좋지 않다거나 멍청하다거나 느리다고 말할 수 없어요." 나는 그의 말을 반복했다. "오, 어느 누구도 그가 좋지 않다거나, 멍청하다거나, 느리다고 말할 수 없다." 놀런은 고개를 끄덕였다. "그건 어린 늑대들에게 아주 중요해요. 사람들은 어린 늑대들에게 똑똑하고, 사랑스럽고, 착하다는 말을 해야만 해요." 놀런은 가지고 있던 늑대를 놓고 앉았다. 나는 "그래, 나는 이제 숲 속에 사는 동물들에 대해서 그리고 어떤 때는 잡아먹히는 동물들에 대해서도, 그리고 늑대는 먹이를 먹지 못해서 배가 고프고 늑대는 자신에 대해서 좋은 기분을 느낄 필요가 있다는 것에 대해서 조금은 알게 되었어."라고 정리했다. 섀런은 충격에 빠진 듯했고, 나는 그녀에게 어땠는지 물었다. 그녀는"믿을 수가 없어요, 어떻게 지금까지 괜찮았는지……."라며 다음 가족상담 이전에 나와 이야기할 수 있을지를 물었다.

1) 어머니와의 이야기 과정

나는 평상시와 같이 섀런에게 닉을 초대할 것에 대해 권유하며, 그래야 그가 배제되는 느낌을 받지 않을 것이라고 전달했다. 그녀는 그가 참여하지 않을 것이란 걸 알았지만 나와의 다음 약속을 정한 후 바로 닉에게 전했다. 그리고 나서 그녀는 휴지가 든 작은 지갑을 꺼내 앞에 두면서 "그 인형 이야기를 믿을 수가 없었어요."라고 말했다. "그걸 보면서 너무 슬프고 분명하게 알 수 있었거든요." 나는 그녀가 그동안 남편의 폭력이 멈추게 될 것이라고 믿으며 별거 가정이 되는 것은 아이들에게 좋지 않은 것이라고 스스로에게 합리화하면서 수년간 가정폭력의 피해자로 살아온 것에 대해 이야기하는 것을 주의 깊게 들었다.

그녀의 이야기를 들으면서, 나는 그녀가 가지고 있는 인식에 충격을 받았다. 그녀처럼 가정폭력을 경험하는 많은 여성은 무엇이 아이들에게 최선인가에 대해 많은 고민을 한다. 이것은 그들 자신에게 무슨 일이 일어나도 개의치 않는다고 생각하는 것 같이 여겨진다. 그러나 그들은 아이들에게 해를 입히게 되는 상황이 되면 이권과 다른 반응을 하곤 한다. 섀런은 닉이 결코 아이들을 때린 적이 없다고 강하게 말했다. 그러나 그녀가 나에게 말한 것들을 내 관점에서 보면 그는 아이들에게도 똑같은 폭력을 휘두르고 해를 끼치고 있었다.

섀런은 닉과의 결혼 동기와 과정에 대해서도 이야기했다. 그녀는 결혼 전 임신을 했고, 닉은 낙태할 것을 원했지만 그녀는 거절했다고 한다. 이야기를 들어보니 닉의 부모님이 아이가 태어나면 결혼을 해야 한다고 압박했고, 섀런은 그녀가 임신한 것 때문에 결혼하게끔 '함정에 빠뜨린' 것을 (그가 말한 대로) 닉이 용서하지 않고 있는 것 같다고 생각했다.

놀런이 태어난 이후로, 닉은 섀런과 거리를 두었고 침울해 했다. 섀런은 데이트를 하던 시절 한번은 그녀가 사업상 준비된 파티에 늦게 도착했을 때 그가 화를 냈던 것들을 떠올렸다. 그녀는 남편이 놀런이 태어나고 한동안은 그녀를 때리지 않았다고 하면서, 남편의 폭력이 아이가 울거나 그녀가 남편에게 아이 돌보는 것을 도와달라고 할 때 있었다고 말했다. 남편은 그녀를 때리고 나서 그녀에게 아이와 관련된 것에 대해서 다시는 도움을 요청하지 말라고 했다는 것이다.

그 후로 섀런은 남편이 아빠가 되는 것에 대해 행복해하지 않는다는 것을 확실하게 알게 되었고 자신이 그와 결코 하나가 될 수 없다고 생각했다. 그들 부부의 성생활은 불규칙하고 일방적이었으며, 남편은 술에 취해 있을 때만 아내의 손을 의지하여 자신의 성적 욕구를 해소하였다. 섀런은 그녀에게 선택권이 없음을 느꼈지만 그럼에도 불구하고 그녀는 이런 경험을 '강간'이라고 표현하기를 꺼렸다. 그녀는 그것이 아내로서의 의무라고 느꼈기 때문이다. 나는 그녀에게 그들이 결혼을 했건 안했건 강제적이라고 느끼는 순간에 성관계가 이루어지면 강간이라고 할 수 있다는 것을 강조했다. 그리고 나는 일상적으로 강간을 당하는 아내들과 여러 번 상담을 해 왔다고 말했다. "아, 네……. 그런 정의에 따르면 나는 데이트를 하는 동안 그리고 결혼 생활 내내 강간을 당해 왔던 거네요." 그녀는 말했다.

그녀는 마음속에 있는 것들을 표현하면서 현실을 점검하는 통찰력을 보여 주었다. "놀런은 아빠와 함께 있을 때는 그 어떤 것도 할 수 있는 기회가 없었어요. 그 애는 부정적인 피드백만 받았으니까요. 전 그 애를 보호하기 위해서 혹은 상처를 위로해 주기 위해서 무엇이든 해야만 했어요. 그렇게 했어도 충분하지 않았어요." 그리고 그녀는 조용하면서도 확고하게 말했다. "나는 오랫동안 그를 떠날 생각을 하고 있었어요. 그리고 지난 밤 친정 부모님께 전화해서 친정에 얼마간 머물 수 있는지 물어봤어요. 곧 학교 봄방학이 다가오기 때문에 떠나 있기에 아주 좋은 시기예요." 나는 섀런에게 그녀의 엄청난 자기탐색과 통찰에 감동받았다고 이야기했다.

"그 인형극 이야기가 저에게 그랬어요. 폭력적이고 무례한 내 아들을 지켜보면서 나는 그가 느끼는 파멸, 분노의 수준을 볼 수 있었고 그가 우리—그의 아버지—에게 사랑받지 못했다는 것을 깨닫게 되었어요. 그게 견딜 수 없을 만큼 끔찍했어요!" (나는 그녀가 그 이야기와 관련해 선택한 언어들이 흥미롭다고 생각했다.)

나는 그녀의 이야기가 공격성에 초점을 맞추고 있다는 것에 주목했고 그녀의 말처럼 놀런이 믿을 수 없을 만큼 분노하고 충동적이었다는 것에 동의했다.

"그것이 그 애가 지금까지 봐 왔던 전부예요." 그녀가 말했다. "그 애는 아버지와 무엇을 할 기회가 없었어요." 나는 그녀가 아들에 대해 이야기 하는 것을 들으면서 스스로 얼마나 많은 것을 통찰했는지 느꼈고 그녀의 말에 감명받았다. "그리고 또 다른 것이 있어요. 세스와 나는 그 아이 옆에서 한마디도 할 수 없었어요. 놀런은 그 상황을 모두 장악하고 우리는 그 아이가 말하는 대로 해야만 했어요. 그런 그 애의 모습에서 아이의 아버지를 발견했어요. 아버지와 똑같은 아들의 모습을요. 내 눈앞에서 그 애가 자신의 아버지처럼 변해 가는 것을 보는 것은 정말 두려워요."

나는 섀런에게 내가 어떻게 도움을 줄 수 있을지 물었고, 그녀의 결정에 대해 이야기하기 위해 닉과 만날 것을 제안하였다. "그는 전혀 상관하지 않을 거예요." 섀런이 말했다. "어떻게 생각하면 그건 아주 쉬운 일이에요. 그의 아내가 아이들을 데리고 떠났다고 해서 그 누구도 그를 비난하지 않을 거예요. 난 진심으로 그가 우리 모두가 떠나는 걸 보고 위안을 얻을 거라고 생각해요." 그녀는 그에게 말하지 않고 편지를 남길 것이라고 했다. 닉은 업무와 관련한 단기 출장이 계획되어 있었고, 그녀는 그에게 간단하게 메모를 남겼다. 섀런은 친정 가족들이 당분간 그녀를 재정적으로 도와줄 것이고 아버지의 사업에서 그녀가 결혼 전에 가지고 있던 직업을 가질 좋은 기회가 생겼다고 했다. 나는 또한 그녀와 아이들과 함께 만나서 그녀가 하려는 것에 대해 아이들에게 이야기할 것을 제안했다. 그녀는 내 제안을 받아들였고, 그 후 우리는 한 달도 채 못 미쳐 만났다. 그때는 닉이 출장을 떠난 후였고 그들도 떠나기 며칠 전이었다.

2) 가족들과의 이야기 과정

다음 만남에서 가족 모두는 내가 준비한 지난번 가족상담 과정을 녹화한 비디오 테이프의 복사본을 함께 보았다. 나는 가족들에게 그들의 이야기에 대해 어떻게 생각하는지 물었다. 세스가 말했다. "그건 놀런의 이야기지 내 이야기가 아니에요. 나는 내 나비랑 무당벌레가 좋아요. 그 친구들은 죽지 않았어요." 놀런은 동생을 쳐다보며 마지못해 동의했다. "좋아, 귀염둥이, 걔네들은 죽지 않았고, 그냥 심하게 다쳐서 병원에 있어." "아니야." 세스가 말했고 그의 벌레 인형을 들고 다시 자리로 가서 앉았다. 나는 아이들에게 말할 기회를 주면서 섀런을 바라보았다. (그녀와 나는 이 만남 전에 그녀가 이 상황에 익숙해지도록 하기 위해 미리 만났다.)

"얘들아, 너희들에게 빅 뉴스가 있어. 나는 너희들이 주목해 줬으면 좋겠어." 두 아이들이 그녀를 보았고 놀런이 말했다. "뭐요?" 섀런은 숨을 깊이 쉬고 말했다. "나는 우리가 지금까지 살아온 방식에 대해서 진심으로 걱정하고 있어. 우리가 살아온 삶은 우리의 이야기와 같아. 그건 안전하지 않고 너무 많은 폭력이 있었어." 두 소년은 그녀의 말을 듣고 있었고, 그녀는 말을 계속했다. "우리는 며칠 후, 아빠가 출장을 가 있을 때 이사를 갈 거야. 그리고 엄마가 우리가 살 아파트를 구할 때까지 할머니(루)와 할아버지(해리)와 함께 지낼 거야." 세스가 말했다 "우리 로스코(그의 햄스터)도 데려갈 수 있어?" "물론이야, 너희가 원하는 것은 다 가지고 갈 수 있어." 세스가 말했다 "와, 나는 할머니 집 좋아해. 내 친구 루비가 옆집에 살아!"

섀런은 또 한 번 숨을 쉬었다. "너희 아빠는 우리와 함께 가지 않을 거야. 얘들아. 엄마는 이혼할 거야. 너희들에게 정말 미안해. 이렇게 하기까지 너무 오랜 시간이 걸렸어. 내가 너희 아빠와 함께 살면서 너희를 무섭게 하고 걱정스럽게 했어. 그 이야기는 놀런, 너의 이야기야. 분노한 배고픈 늑대는 항상 주변을 어슬렁거렸고 공격하고, 잡아먹고, 음식을 뱉어 버리려 서성거렸어. 이런 행동들은 정말 좋지 않아. 엄마가 지금까지 아빠가 너희에게 상처 주면서 말할 때 제대로 막지 못했어. 특히 놀런에게 너무 미안해. 너희를 너무 실망시킨 것 같아."

놀런은 "아빠는 엄마에게 나빠요. 아빠는 우리를 좋아하지 않아요."라고 그의 깊은 곳에서부터 반짝반짝 빛나는 진정한 진심을 말로 표현했다. 섀런은 손을 뻗어서 아들을 안았다. 놀런은 엄마에게서 금세 긴장을 푸는 듯 보였다. 그러고는 빠져나오면서 말했다. "만약 아빠가 와서 우리에게 아빠와 다른 곳으로 가기를 원한다고 하면 어떡해요?" 섀런은 조용히 말했다. "엄마가 변호사와 이야기했어. 놀런, 이혼하게 되면 너희 아빠는 우리에게 그 어떤 것도 할 수 없어." 세스가 말하기 시작했다. "우리는 아빠를 다시 볼 필요가 없어?" "그건 확실치 않아. 세스, 아빠를 가끔 보는 것에 대해 어떻게 생각해?" "나는 싫어요, 엄마. 아빠는 내게도 나빴어요." 놀런이 말했다. "네, 하지만 아빠는 우리를 때리는 것처럼 엄마를 때리지는 않아요." 섀런은 그를 보며 말했다. "무슨 말을 하는 거야? 그는 너를 결코 때리지 않았어. 그렇지?" "네, 엄마. 엄마가 집에 있을 때는 그러지 않았지만……." 섀런은 고통스러웠다. "왜 내게 말하지 않았어?" "아빠가 엄마에게 말하면 영원히 나를 가둬 버릴 거라고 말했어요. 아빠는 항상 내 배나 등을 때렸기 때문에 엄마가 잘 알 수 없었어요." 섀런은 눈물을 흘리면서 입을 막았다. "내게 말해 줘서 기쁘구나. 그래, 이런 것들이 우리가 왜 아빠를 떠나야만 하는지 그리고 안전한 다른 곳에 있어야 하는지의 이유인 거야." 세스가 말했다. "아마 아빠는 할머니, 할아버지가 사는 곳을 모를 거예요. 아마도 우리가 있는 곳을 찾지 못할 거예요."

섀런은 두 소년을 팔로 안으며 말했다. "지금부터 엄마가 너희에게 약속할게. 우리는 지금부터 다른 삶을 살 거야. 그리고 너희는 이제부터 매일 매일이 얼마나 특별하고 멋진지 알게 될 거야. 더 이상의 폭력도 없고, 소리치는 것도 없고, 잠자러 가는 게 두렵지도 않을 거야. 우리는 자유로워질 거야." 놀런이 말했다. "그런데 만약 아빠가 변호사를 고용해서……." 섀런이 말했다. "아빠는 아빠가 원하는 것을 무엇이든 할 수 있어. 하지만 엄마는 더 이상 너희가 상처받게 하지는 않을 거야. 두고 봐. 너희는 달라진 새로운 엄마를 보게 될 거야." 그녀는 주변을 둘러보고 엄마 고릴라를 찾아냈다. "이게 새로운 엄마의 모습이 될 거야. 나는 강해질 거고 내 아기들을 보호할 거야. 쉽지 않겠지만 두고 보렴. 우리는 다

잘 될 거야. 그리고 가장 중요한 건, 우리는 서로 사랑하고 존중하며 안전한 곳에서 살게 될 거라는 거야."

나는 놀런과 가족들에게 그들 때문에 행복했고 안전한 곳에서 살아가는 그들을 생각하게 되니 기쁘다고 말했다. 나는 그들이 폭력과 협박이 있는 환경에서 아주 힘든 시간들을 지내 왔다고 전했다. 나는 그들이 다른 삶의 방식을 선택할 수 있는 가능성을 가졌고, 엄마 고릴라가 아이들을 잘 보호하고 보살필 수 있을 것으로 확신한다고 말했다. 나는 섀런에게 새로운 지역에서 만날 수 있는 치료사를 소개했고 나와 계속해서 연락을 하며 지내자고 권유했다. 그리고 6개월 후에 나는 다음의 편지를 받았다.

믿기 힘들지만 이제 겨우 6개월이 지났네요. 너무 많은 일이 있었어요. 지금 아이들과 나는 우리의 집에서, 부모님과는 걸어서 갈 수 있는 거리에서 가까이 살고 있어요. 내가 자란 곳, 그리고 사람들이 서로에게 어떻게 하는지 기억나게 하는 곳에 온 것이 내게는 아주 도움이 되었어요. 나의 부모님은 아이들에게 인내심 있고 일관되며 너무나 훌륭하게 대해 주세요. 놀런에게 몇 번의 위기가 있었지만 우리 모두가 그의 곁에서 위안을 주었어요.

놀런은 180점을 받았어요. 그의 선생님이 그를 사랑하시고 성적도 올랐어요. 매일 밤 할아버지와 함께 숙제를 해요. 그 애는 방과 후에 할아버지 집에 가고 할아버지께 질문하면서 숙제하는 걸 좋아해요. 놀런은 훨씬 평화롭고 조용해졌어요. 신께 감사해요. 가끔 동생에게 화를 내기도 하지만 동생이 나쁘다고 말을 할 뿐, 때리거나 위협하지는 않아요.

아이들은 아빠를 만나야만 할 것을 걱정해요. 그럼에도 잘 지내 왔어요. 내 생각에는 그는 우리가 떠나서 오히려 기쁜 것 같아요. 그는 우리가 살던 집을 임대를 놓고 작은 아파트로 옮기면서 우리에게 재정적인 도움을 줍니다. 이혼은 그의 변호사와 나의 변호사가 진행 중이고 곧 합의될 것 같고, 그가 아무때나 우리를 찾아 쳐들어 올 것 같지는 않아요.

그리고 조금 더 개인적인 소식 하나는 아주 오래전에 만나던 한 남자와 데이트를 시작했다는 거예요. 그도 이혼을 했고, 아이는 없어요. 어떻게 될지는 모르겠어요. 하지만 좋은 소식이 생긴다면 선생님께 알려드릴게요.

선생님이 소개해 준 그레이디 박사님과 함께 치료를 지속하고 있어요. 그녀는 하늘이 준 선물이에요. 그녀는 나 스스로를 정리하고 목표를 세울 수 있게 도움을 주고 있어요. 그녀는 저에게 정말 많은 도움이 됩니다. 내 생각에 선생님은 놀런이 보이스카우트 활동을 하고 있다는 소식을 들으면 기뻐할 것 같네요. 그 애는 자연과 야외활동을 좋아해요.

마지막으로, 저는 인형들과의 이야기를 결코 잊지 못할 거예요. 그 작업에서 내게 무슨 일이 일어나고 있는지 볼 수 있게 되었기 때문이에요. 그래서 그 녹화 테이프의 복사본을 제게 보내 줄 수 있을지 궁금해요. 나는 그걸 간직하고 있다가 내가 다시 생각해 봐야 할 일이 생기면 그것을 돌아볼 수 있을 것 같아요.

솔직히 말해서, 나는 오랫동안 남편을 떠나는 것을 생각했지만 더 절실하게 생각하지 못했어요. '함께 머무는 것이 아이들에게 좋다는 생각'이 잘못된 것이라는 것을 깨달은 것이 나를 움직이게 했어요. 현실을 깨달은 것에 대해 정말 감사합니다.

섀런은 아들이 만든 스토리 속에 담긴 의미를 심각하고 긴급하게 숙고한 후에 큰 진전을 이뤘다. 그녀는 무의식에 있는 정보를 알았지만 수년간 부정해 왔고, 그 결과 그녀가 그녀 스스로 행동하고 정확하게 사물을 인지할 수 없게 만들었다. 사실 섀런은 아빠가 소리 지를 때면 아이들에게 방으로 돌아가 문을 잠그게 했기 때문에 아이들이 가정폭력을 인지하지 못했음을 확신했다고 이야기했다. 아이들이 실제 때리는 것을 보았건 그렇지 않았건 항상 폭력적인 분위기에 영향받기 때문에, 가정폭력에 아이들이 노출되었다는 사실을 부정할 수 없다는 것을 곧 이해하게 되었다.

나는 놀런의 신체적 학대 혐의를 CPS에 보고하였고, 인터뷰 과정에서 놀런은 신체적 폭력에 대해 명백하게 이야기하였다. 닉은 아들이 '통제 불능'이었고 훈육이 필요했다고 말하며, 구타에 대해서 부정하지는 않았다. 아동 학대 혐의는 과도한 훈육으로 판단되어 기각되었지만 닉은 가정폭력에 대한 경고를 받았다. 그가 섀런이 이미 아이들과 함께 멀리 도망가 버린 상황이며 앞으로도 결코 다시 아내와 아이들을 만나지 않을 것이라고 맹세하는 것으로 이 케이스는 종결되었다.

CHAPTER 06

“

황금 심장을 가진 상어

-가족 수족관-

”

PLAY in
FAMILY THERAPY

1. 사 례

보니타가 자신의 삶을 이야기할 때 그녀는 지쳐 보였다. 그녀는 남편이 7년 전에 비행기 사고로 사망한 아주 젊은 미망인이었다. 남편이 죽은 뒤에 그녀는 자신이 칼리토스를 임신한 걸 알았고 '스트레스와 변화로 가득 찬' 힘든 임신 기간을 보냈다. 나는 그녀의 남편 프랜시스코에 대한 애도를 표했고 그녀는 감사하다고 답했다. 그녀는 남편의 사망 이후로 좋지 않은 일들이 겹쳐 일어났고 죽은 남편이 남겨놓은 사업과 관련된 채무를 갚기 위해 일터로 돌아가야 했다고 말했다.

"나는 그를 진심으로 사랑했어요." 그녀가 털어놓았다. "하지만 그는 몽상가였고, 항상 무언가를 크게 벌일 기회를 찾고 있었어요." 나는 보니타가 그녀의 고향인 남미로 돌아갈 계획이 있었는지 물었다. 남편 프랜시스코와 그녀는 미국이 그들에게 더 많은 걸 제공할 것이라 생각했고 아이들 교육에 대한 목표도 있었지만 "언젠가는 돌아갈 거예요."라고 말했다. 하지만 세 아이가 미국에서 태어났고, 아이들이 미국 시민권을 가지게 된 것이 기뻤다고 했다. 보니타와 프랜시스코는 그들이 비즈니스를 공부했던 조지타운 대학교에서 만났으며 슬하에 세 아이들, 12세 프랜시스, 10세 새뮤얼 그리고 6세 칼리토스를 두었다. 보니타는 첫째 딸 프랜시스를 "사랑스럽고 이성적이며 그녀에게 큰 도움을 주는 아이"라고 설명했다. "그 애는 나에게 최고의 조력자예요. 때때로 나는 그 애가 스스로 너무 빨리 커 버려서 걱정스러워요. 너무 성숙해서 그 애가 단지 열두 살일 뿐이라는 걸 잊을 때가 있어요." 그녀는 둘째 샘을 "학구적이고 조용하다."고 설명했다. 이 두 애들은 그녀를 아주 좋아하고 있으며 항상 그녀의 편이라고 했다. 칼리토스에 대해 이야기를 시작하려 할 때 그녀는 호흡이 바뀌며 강한 어조로 말했다. "그 애는 매일 내게 도전적이에요. 그 아이는 결코 가만히 있지 않고 수그러들 줄 모르며 결코 움직임을 멈추지 않아요." 그녀는 유치원에서부터 선생님들이 이 아이에 대해 걱정을 해 왔고, 유치원 교사는 그녀에게 칼리토스가 주의력결핍 과잉행동장애(ADHD) 성향이 있는 것 같다며 치료를 받는 것을 권유했다고 하였다. 교사는 보니타에게 칼리토스의 과잉행동에 대해 소아과 의사와 상담하게 했고, 그 의사는 "여러 복합적인 원인으로 야기된 증상"이라며 약 처방을 내렸다. 그녀는 약을 복용한 이후 아이가 집에서 조용해지는 건 좋았지만, 때때로 그 애가 멍해 보이는 듯하고 반응이 없어지는 것처럼 보여 걱정된다고 말하였다.

나는 그녀가 약을 처방해 준 의사를 얼마나 자주 방문하여 체크했는지 물었고, 그녀는 의사를 만나기 위해 시간을 내는 것이 힘들었다고 말했다. 보니타는 약 복용의 필요성에 대해 확신이 없다고 말하면서 그녀의 양육 방식에 개선이 필요한지 여부가 궁금하다고 했다. 그녀는 자신이 아이들과 조용히 얘기하고, 설명해 주고, 착한 행동에 대한 보상 등의 양육 방식을 가지고 있지만 칼리토스에게는 이 방법이 통하지 않는다고 말하였다. 그녀는 이 아이가 다른 아이들과는 다르고, 그녀의 일상적인 훈육 기술을 좌절하게 만들며 양육방법에 대한 방향을 잃고 벼랑 끝에 서게 되는 상황을 만든다고 말하였다. 나는 벼랑 끝에 있는 상황에서는 그녀가 어떤 행동을 하는지 물었다. 그녀는 그 상황에서 자신의 침실에 문을 잠그고 오랜 시간 동안 밖으로 나가지 않는다고 했다.

그녀는 프랜시스가 자신보다 더 칼리토스를 잘 다루며 칼리토스가 흥분할 때도 잘 진정시킨다고 하였다. 보니타는 "나는 나머지 두 아이와는 다르게 칼리토스에게는 다른 부모가 돼요. 그 아이는 날 정말 화나게 만들어요. 그 아이를 긍정적인 시각으로 보는 건 내게 너무 어려워요. 그 아이는 나를 매일 피곤하게 만들죠. 그 애가 집에 없을 때 나는 엄청나게 편안하고 좋아요."라고 마지막으로 털어놓았다.

나는 보니타에게 그녀가 할 수 있는 최선을 다하였고 다정한 어머니이며 우여곡절 많은 인생임에도 불구하고 적절하고 분명한 양육 방식을 유지하여 아이들에게 좋은 영향을 주었다고 피드백을 주었다. 또한 칼리토스는 형제들과는 다른 기질을 가지고 있다고 말하고, 그 애가 다른 두 아이들과는 다른 가정환경에서 태어났다는 사실을 주목하였으면 좋겠다고 말하였다. 나는 그녀가 칼리토스를 임신했을 때 스트레스로 가득했던 것을 언급하고 어머니의 스트레스는 자궁 속의 아이에게도 영향을 줄 수 있다고 말해 주었다. 그녀는 내 말 중간에 끼어들며 말하였다. "네, 맞아요. 나는 수년간 정말 안 좋았어요."

나는 그녀에게 어려운 시기에 그녀가 할 수 있는 최선을 다했다고 말하며, 그녀 자신이 그 시절을 되돌아볼 때 스스로에게 너그러울 필요가 있다고 말해 주었다. 그리고 아이들은 각각의 개성이 있으며 심지어 형제들 간에도 서로 아주 다를 수 있고, 칼리토스를 임신할 당시에 스트레스가 없었다고 해도 그 애는 여전히 같은 기질과 성격을 가지고 태어났을 수도 있다며 그녀를 안심시켰다.

보니타는 "칼리토스는 아기 때도 아주 까다로웠고 그 애를 달랠 방법을 찾을 수 없었어요. 그리고 그 애는 자주 토했고요. 모유 수유하는 것도 너무 고통스러웠어요."라고 말했다. 나는 중추신경계 문제가 있는 아이들에게 그런 일들은 종종 일어날 수 있지만 의사들은 그러한 사항을 거의 말해 주지 않기 때문에 이런 이해 없이 아이가 수유에 문제가 있거나 그치지 않고 울어댈 때에 부모는 많이 당황하고 어찌 할 바를 몰라 한다며 그녀를 위로했다. 그녀는 "그때는 정말 너무 힘든 시간이었어요. 나는 할 일이 너무 많았고, 예기치 않게 벌어지는 일들이 너무 많았어요."라고 답하였다. 나는 다시 한 번, 그녀가 참혹한 상황에서도 그녀가 할 수 있는 최선을 다했다는 것을 확신시켜 주었다.

나는 보니타에게 몇 가지 제안을 하였다. 우선 내가 그녀와 그녀의 가족을 진심으로 생각하고 있다고 말하며 칼리토스가 ADHD인지 전문적인 평가를 통해 확인하는 것이 그 아이에게 도움이 될 수 있다고 조언했다. 나는 이것에 관한 전문적인 자원을 가지고 있으므로 소아과 의사가 할 수 없었던 포괄적인 평가를 통해서 ADHD에 대해 평가할 수 있을 거라고 말했다. 또한 그녀가 이전에 처방을 해 준 의사에게 가서 지금까지 약에 대한 칼리토스의 증상에 대하여 보고할 것을 권했다.

나는 치료 시작 전에 칼리토스를 개별적으로 만나기 위하여 개별상담 시간을 잡았다. 이것은 가족치료 회기 이전에 칼리토스에 대해 좀 더 알고 그 아이와 좋은 치료 관계를 맺기 위함이었다. 보니타는 예정된 방과 후 활동들 때문에 아이들과 같이하는 가족치료를 망설였다. 하지만 나는 가족치료사로서, 칼리토스와 그의 형제들 그리고 어머니가 서로 상호작용하는 것은 아주 중요할 것이라고 강조했다.

그녀는 알겠다면서 아이들을 데려올 수 있는 방법을 찾겠다고 했고 나는 칼리토스와의 만남을 기대한다고 말했다. 그녀는 "오, 선생님이 보면 놀라실 거예요. 그 아이는 믿을 수 없을 만큼 커요. 열 살인 형과 키가 거의 같아요. 아무튼 모든 면에서 좀 달라요."라고 말했고, 나는 "네, 그 아이만의 독특한 특징들이 많군요."라고 응답했다.

2. 칼리토스와의 개별치료 회기

보니타가 나에게 칼리토스의 넘치는 에너지에 대하여 말해 주었기에 나는 그와의 약속 전에 아주 조용한 시간을 가졌다. 칼리토스의 에너지는 끝이 없었다. 그는 커다란 천방지축 강아지와 같이 분주하고 에너지가 넘쳤다. 50분 되는 우리의 상담이 끝나 칼리토스가 치료 회기로부터 뛰쳐나갈 때 쯤이면 나는 기진맥진한 상태가 되어 있었다. 나는 칼리토스를 상담 회기에 데리고 왔다 갔다 하는 것을 힘들어하는 보니타가 진실로 공감이 되었다.

나는 칼리토스의 패턴 몇 가지를 주목하기 시작했다. 상담 안에서 칼리토스가 말하고 생각하고 느끼는 것을 반영해 주었을 때(아동중심 놀이치료의 기법), 그 아이는 자신이 집중받고 관심받는 것에 대해 기쁨을 느끼는 듯 보였다. 처음에 내가 그 아이가 하고 있는 행동을 반영했을 때 그 아이는 놀라는 듯했으나, 후에 그 아이는 편안함을 느끼며 긍정적으로 대응했다. 또한 칼리토스는 내가 정한 규칙들을 아주 잘 따랐다(처음에는 규칙을 정하지 않았다). 칼리토스는 회기 안에서 자유롭게 탐색하였지만 그 아이의 집중 시간은 그림을 그릴 때를 제외하고는 아주 제한적이었다. 칼리토스는 그림 그리기를 아주 좋아했고 나는 그림을 그리기 위한 재료들을 준비하였다. 그는 재료들을 아주 매력적으로 잘 사용하였다. 역설적이게도 그는 자신의 확장된 에너지를 그림에서 구조화된 방식으로 그려 나갔다. 칼리토스는 페이지에 색칠을 하기 전에 그가 새로운 색이 어떤지 보기 위하여 실험적으로 색을 섞어 보는 것을 제외하고는 색을 섞지 않았다. 그는 붓을 조심스럽게 아주 잘 다루었는데, 조금 더 통제가 필요한 작은 붓들을 선택하곤 했다. 그는 항상 큰 붓을 가지고만 있고, 그림은 대부분 가는 붓들로 작업하였다. 그 아이의 그림들은 정돈되고 차분해 보였고 항상 여러 색깔의 꽃이 있는 작은 정원들이 있었다. 그는 이 그림들을 집으로 가져가 엄마에게 보여 드리길 원했지만, 막상 나갈 때면 문 앞에 서서는 가져가지 않겠다고 하면서 내게 그림들이 마르게 보관해 달라고 말했다. 나는 보니타에게 칼리토스가 집이나 학교에서 그림을 그리거나 색칠을 했던 적이 있는지 물었고 그녀는 아니라고 대답했다. 그녀는 새뮤얼이 예술적이고 창조적이라고 했다.

칼리토스와 나는 아주 빠르게 좋은 관계를 확립하였다. 그 아이는 가끔 놀잇감이 만들어진 걸 다 부수기도 하고 새로운 어떤 것을 만들기 위해 작업을 시작하기도 하였다. 칼리토스는 조용하게 지시를 하면 아주 잘 따랐다. 우리가 놀이치료 사무실에서 만났을 때 그 아이는 문 앞 대기실에서 기다리는 엄마가 이야기하는 소리를 들을 수 있는지 귀를 기울이기도 하였고 때론 그녀가 거기 있는지를 확인했다. "너는 엄마가 밖에 계시는지 정말 확인하고 싶어 하는구나." "네, 가끔씩 엄마가 방에 들어가시거든요. 하지만 엄마는 내가 뭘 하는지는 꼭 확인하세요.” “그렇구나, 너의 엄마는 방으로 들어가시지만, 너를 확인하시는구나. 엄마가 너를 계속 마음속에 담고 계시는구나.” “네.”

그 아이의 놀이 중에서 몇 가지 흥미로운 것이 있었는데 그중 하나는 인형의 집을 좋아한다는 것이었다. 칼리토스는 인형 집 안에 있는 모든 것을 꺼내 집에 아무것도 없는 상태로 만들었다. 그런 다음 인형들을 각각의 방에 두고 방에 혼자 있는 인형을 엄마라고 하였고, 다른 방에 있는 인형에 형과 자기 자신의 이름을, 또 다른 방의 인형에 누나의 이름을 붙였다. 그는 누나의 방에는 성모마리아상을 두었다. 그는 왜 그런지는 잘 모르겠다고 말했다(“아마도 천사가 그녀를 지켜보는 것일 수도 있었다.”). 그는 형과 함께 사용하는 축구공과 스케이트 보드를 그들의 방에 두었다. 마지막에 그는 엄마 방에 아기를 안고 있는 납으로 된 천사 모형을 두었다.

모래놀이 중에 그는 모래상자 중앙에 손가락을 두고 계속해서 상자를 그냥 돌리기만 했다. 그는 손가락을 이용해 모래에 소용돌이를 만들고 있었다. 소용돌이의 중앙에 액세서리 십자가를 묻었다. 그는 항상 하나 혹은 두 개의 손가락을 이용해 다양한 모양을 만들거나 상자를 왼쪽이나 오른쪽으로 돌리면서 20분간 이러한 행동을 반복했다.

그는 또한 ‘말하기, 느끼기, 행동하기 게임(Talking, Feeling, Doing Game)’을 좋아했다. 칼리토스는 그 게임을 가져다 내 앞에 두고, 그 놀이를 하고 싶다는 신호를 보냈다. 그는 나보다 많은 칩을 모았을 때 그가 이겼다고 선언하고 게임을 끝냈다. 게임에서 언어로 이야기하는 것에는 대부분 한 단어로 답하는 등 표현이 풍부하지 않았다. 그의 표현은 미술을 통해 이루어졌고, 미술은 그를 정적이게 만들었으며, 그의 창조성을 드러내게 하여, 소통할 기회를 주었다(Malchiodi, 1998).

3개월 정도 시간이 지나 칼리토스와 상호적인 치료적 관계가 성립되었을 때, 나는 보니타와 상담에서 함께 만날 준비가 되었다고 느꼈고, 그녀와 아들을 고려하며 계획을 세웠다. 나는 보니타에게 칼리토스와 함께 한 경험이 아주 긍정적이었고, 그들과 함께 작업하는 것에 대해 낙관적으로 느꼈다고 했다. 칼리토스가 다른 사람들과 상호작용하는 데 있어서 어떤 차이를 만들어 낼 수 있을 것이라고 설명했다. 나는 칼리토스가 엄마를 아주 많이 신경 쓰고 있기 때문에 보니타의 도움이 필요하다고 말했다. 보니타는 칼리토스가 '자신을 좋아하지 않아서' 반항적 행동을 한다고 생각하였기에 이러한 내 설명에 놀라워하였다. 나는 그녀에게 그녀가 생각하는 것과 반대인 상황이 사실이라고 말해 주었다. 나는 칼리토스가 아동중심 놀이치료를 좋아하며 잘 반응했다고 알려 주고, 그녀에게 1950년대에 루이즈와 버나드 거니(Louise & Bernard Guerney)가 개발한 부모-자녀 놀이치료(VanFleet, 2014)에 참여해 주길 요청했다. 그녀는 가족을 더 행복하게 만드는 일이라면 무엇이든 기꺼이 하겠다고 동의하였다.

3. 부모-자녀 놀이치료

부모-자녀 놀이치료에서는 상담사들이 부모들에게 아이들과 함께 하는 특별한 비지시적인 놀이 회기를 실행하도록 가르친다. 상담 회기 안에서 상담사들이 부모들을 지도하고, 후에 가정에서 이 기법을 그들이 실행할 수 있도록 돕는다. 처음 과정은 상담실에서 약 15~20번의 회기가 진행되며 각 회기는 1시간 정도 소요된다. 상담사들은 부모들에게 상담사와 아동 간 놀이를 보여 주어 그들이 아동과 상담사 간의 상호작용을 관찰하도록 한다. 그 후에 부모들에게 비지시적인 놀이치료의 기본 원칙들을 가르치고, 그들이 상담사 앞에서 놀이 회기를 진행하도록 한다. 이 과정에서 상담사는 감독하고 슈퍼비전을 주게 된다. 이 과정이 끝난 후에 회기는 가정으로 옮겨져 실행된다.

이 상담 기법은 놀랍도록 그들에게 도움이 되었다. 보니타는 나와 칼리토스의 놀이 상호작용을 관찰하였다. 그녀는 내가 놀이에 집중하고 반영할 때 칼리토스가 좋아하는 것을 보고 처음에 믿기 힘들어 했다. 왜냐하면 그녀는 칼리토스가 상담 안에서 보이는 행동(인내심과 존중으로 대응하는 것)을 결코 본 적이 없기 때문이었다. 나는 그녀에게 들어와서 나와 자리를 바꿔 아이와 놀아 보라고 하고 그녀와 아들의 놀이 상호작용을 관찰하였다. 나는 그녀가 주저하면서 말하던 것을 기억한다. "보세요, 저는 어떻게 이렇게 금방 망쳐 버릴 수가 있을까요. 내가 당신에게 말했잖아요. 저랑 이 아이가 함께 있으면 무언가 잘 안 맞고 일이 일어난다니까요." 나는 그녀에게 지지의 말과 더불어 그녀의 노력을 응원하고 칭찬했다. 이러한 노력은 곧 성과를 보였다. 칼리토스는 마치 어머니가 자신에게 집중하는 능력을 시험하려는 것처럼 그냥 단순하게 행동했다. 보니타는 양육기술들을 빠르게 학습했고 아들을 효과적으로 양육하고 아이를 즐겁게 만드는 방법들을 즐기며 사용하기 시작했다.

4. 가족미술치료

부모와 아동에 중점을 두는 부모-자녀 놀이치료 회기 후, 나는 칼리토스와 함께 그의 형제들과 어머니를 놀이치료실에 오도록 했다. 처음에 칼리토스는 자신과 내가 함께한(그리고 그의 어머니와 자신이 함께한) 이 놀이실 공간을 보여 주는 것을 자랑스러워하였다. 조금 후에 그는 같이 이곳에서 시간을 보내는 것에 대해 조바심을 내는 듯 보였다. 그러나 가족 회기는 보니타에게 더 많은 자신감을 주고 있었다.

그녀는 점차적으로 칼리토스의 흥분 행동에 제한을 둘 수 있게 되었다. 보니타는 칼리토스의 손을 잡으며 간결한 말로 진정시켰고, 가족 활동을 같이 할 수 있게 이끌었다. 보니타는 점점 더 긍정적인 시각을 가지게 되었으며 칼리토스와 같이 있을 때 그녀의 행동도 변화되었다. 가장 분명한 변화는 그녀가 자신의 아들을 진정시키고 지시할 수 있는 능력에 자신감을 가지게 되었다는 것이었다. 이것은 이전에는 그녀가 경험해 보지 못한 것이었다.

나는 장소를 옮겨 가족들을 더 큰 미술치료실로 안내했다. 그리고 그들에게 몇 가지 미술 활동을 하도록 제안하였다. 그들은 몇 가지의 자유로운 그림 그리기, 합동 가족 난화 그리기와 가족 수족관 그리기 등의 활동을 즐겼다. 나는 가족 전체가 함께 할 수 있으면서 칼리토스가 주목받고 가족들이 긍정적인 분위기 속에서 그 아이를 경험할 수 있는 기회를 줄 수 있는 특별한 미술 활동을 찾으려 오랫동안 고심하였다. 이 작업이 중요한 이유는 이제까지 칼리토스는 가족들에게 주로 부정적인 관심만을 받아 왔고, 침착해질 필요가 있는 하나의 문제아로 비춰졌으며, 그 애의 강점과 긍정적인 특징들은 간과되어 왔기 때문이었다.

또한 나는 보니타가 남편의 사망 후 남편의 사업을 인수하면서 알게 된 사실들 속에서 복합적인 감정들을 경험하였고 임신에 대해서 양가적이었을 거라고 가정하였다. 상담이 진행된 지 한참 뒤에 그녀는 사실 남편이 죽기 전에 오랫동안 이혼을 고려했지만 그녀가 싱글맘으로서 어떻게 두 아이를 키울 수 있을지 자신이 없어 망설였다고 털어놓았다. 이러한 이유로 나는 보니타가 그녀의 아들 칼리토스를 자신의 삶 속에 받아들이고 마음으로 받아들이는 데 도움이 필요했다고 여겼다. ADHD에 대한 진단평가에서 칼리토스는 몇 가지 학습상의 문제를 가지고 있지만 ADHD는 아니라고 진단되었다. 이것으로 칼리토스는 그동안 엄마가 불규칙적으로 제공하던 약을 복용할 필요가 없게 되었다.

나는 가족을 위해 가족 벽화, 낙서하기, 추상적인 가족 그림 등 많은 미술 활동을 제공하였다. 이 중에서 나는 가족 수족관 그리기 활동을 기대하였고 의미 깊게 지켜보았다.

5. 가족 수족관 그리기 활동

나는 가족 수족관 그리기 활동을 좋아하고 치료 과정에 대부분의 가족을 이 활동에 참여하도록 이끌곤 한다. 이것은 2~3차례의 상담 회기 과정을 요구한다.

첫 번째 회기는 다음과 같다.

① 물고기 그리기

가족 구성원들은 보통 크기의 흰색 종이 위에 어떤 물고기든 물고기 그림을 그리게 된다. 모든 사람에게 연필과 펜들이 주어지고, 각 사람이 물고기를 그리고 나면 그것을 자를 수 있게 가위가 제공된다. (이 활동 동안에 가족 역동이 보이고 우리는 아이들이 어떻게 독립적으로 기능하는지, 그들이 요구하는 활동을 어떻게 조직화하는지, 부모들이 아이들을 돕거나 어떻게 방해하는지 그리고 모든 참여자가 가까이에서 작업을 완수할 수 있는지를 살펴볼 수 있다.) 한 회기 전체가 물고기 그리기 작업으로 소요될 수 있다.

② 물고기 꾸미기

두 번째 회기에서(혹은 가족들이 얼마나 빠르게 활동을 마치는지에 따라 첫 번째 회기의 마지막 부분에) 몇 가지 미술 도구나 공예 재료를 제공하여 그들이 그린 물고기를 꾸미게 한다. 재료에는 반짝이 풀, 구슬, 깃털, 폼폼, 플라스틱 눈알, 입, 마커, 단추, 작은 타일들 그리고 가능한 다양한 재료를 제공한다. 가족 구성원들은 물고기를 꾸미고 그것들을 잘 말린다.

③ 수족관 만들기

세 번째 회기에서는 큰 파란색 포스터 보드를 준비한다. 그리고 "여러분이 보시는 대로, 이 파란색 보드는 여러분이 만든 물고기들이 함께 지내게 될 수족관이 될 것입니다. 여러분이 해야 할 일은 여러분의 물고기들에게 어떤 환경을 만들어 줄지 결정하는 것입니다. 여러분은 수족관 속에 무엇을 둘지 결정하고, 자신의 물고기를 다른 물고기들의 위치를 보면서 어디로 가게 할지를 결정합니다. 즉, 물고기들을 어디에 붙일지 결정하는 겁니다. 여러분이 가장 좋아하는 장소를 찾으세요."라고 지시한다.

보니타는 미술 활동이 즐거운 듯 보였다. 나는 아이들이 어머니에게서 예술적 재능을 받았다는 것을 발견할 수 있었다. 그녀는 자신의 창조성을 즐기는 듯 보였다. "나는 오랫동안 이런 걸 해 본 적이 없어요." 그녀가 얼굴에 미소를 지으며 말했다. 칼리토스가 "엄마, 엄마, 물고기 귀여워요."라고 말하자 그녀는 손으로 아이의 턱을 잡아 자신에게 돌리게 한 뒤 눈을 마주치며 "그리고 너의 물고기도 귀여워 보여!"라고 이야기했다. 그러고는 "천천히 하렴."이라고 말하고 나서 자신의 물고기 모형 작업에 다시 몰두하였다. 그들은 모두 자신들의 물고기를 완성했다. 남은 시간이 조금밖에 없었기 때문에 나는 그들에게 물고기에 대해 간단하게 말하고 싶은 것을 말해 보라고 요청하였다. 보니타가 먼저 말했다. "내 물고기는 숙녀예요. 그녀는 브로드웨이 연극을 보러 갈 거예요. 그래서 옷을 차려입었고 파티에 갈 준비가 된 것처럼 보여요." 프랜시스가 작은 소리로 웃으며 말했다. "엄마, 그랬으면 좋겠어요. 엄마 물고기는 데이트 가는 것처럼 보이네요." 보니타가 웃으며 "꼭 데이트에 갈 필요는 없는 것 같은데? 그녀의 친구들과 함께 가는 건 안 될까?"라고 말하며 함께 웃었다. 프랜시스는 "음, 내 물고기는 그렇게 눈에 띄는 아이는 아니에요. 하지만 그녀는 햇빛 가리개를 가졌고, 친구들과 바비큐를 하러 해변가로 가려고 해요." 마지막으로 새뮤얼은 그의 물고기는 제로니모라는 이름의 유명한 축구 선수라고 말했다. 칼리토스는 자신의 그림을 뒤집어 보이며 말했다. "이게 내 물고기예요. 이 놈은 상어예요." 보니타가 바로 반응했다. "오, 칼리토스! 왜 상어야?" 칼리토스는 "나는 상어가 좋아요, 엄마."라고 말했고 그녀는 다시 "알겠어, 알겠어. 근데 수족관 속에 상어라고?"라고 물었다. 여기에서 나는 "모두들 자기가 원하는 물고기는 무엇이든 그릴 수 있어요."라고 말해 주며 보니타에게 상기시켰다. 그리고 "그게 어떤 수족관인지를 보여 주는 거예요."라고 다시 말하며 그들이 얼마나 독창적이었는지를 주목시켰다. "많은 독특한 물고기가 함께 살아갈 방법들을 찾고 있네요. 우리는 각각의 다른 사람들의 독특함을 인정해야 하지요."라고 말하며 그들에게 다음 시간에는 그들이 만든 물고기를 꾸미게 될 것이라고 말했다. 나는 칼리토스가 공격적인 물고기를 선택한 것에 대해 보니타가 실망한 것을 알 수 있었다. 나는 그녀에게 칼리토스가 이전 상태처럼 돌아갈지 몰라 걱정하는 마음을 이해한다고 말해 주었다.

다음 회기에서 가족들은 다양한 색깔의 마커와 재료들로 물고기를 꾸미며 즐거워하였다. 각각의 물고기는 점점 더 그 성격과 특징을 보여 주었다. 가끔 나는 아이들과 보니타가 물고기 꾸미기를 멈출 수도 있을 것 같아 걱정이 되기도 하였다. 보니타는 아이들에게 물고기를 어떻게 장식해야 하는지 보여 주었고 나는 그녀의 행동을 주목하여 관찰하였다. 그녀는 효과적으로 진행 속도를 늦추며 조용하고 친근한 방식으로 작업을 해 나가고 있었다. 그녀는 실망하거나 조바심 내지 않고 아이들, 특히 막내 아들을 이끌어 주고 그들이 할 수 있게 아주 열심히 도와주었다. 물고기 꾸미기를 끝낸 후에 우리는 다시 탁자 주변에 둘러앉았고(나는 모든 미술 도구와 공예 재료를 치웠다), 나는 "여러분 모두가 만든 것을 함께 볼까요? 모두가 만든 것을 보고, 여러분의 물고기에 대해 여러분이 원하는 것을 나누는 것은 중요한 시간이에요. 여러분이 원하는 만큼 간단하게 이야기해 주세요."라고 했다. 모두가 그들이 만든 것들에 흥미를 보였다. 프랜시스가 "와우, 우리는 하나의 화려한 물고기 세트예요."라고 말하였고 보니타는 "정말, 그러네." 라고 응답하였다.

칼리토스는 새뮤얼에게 자기는 제로니모가 좋다고 말했고, 이 이름을 가진 축구 선수가 실제로 있는지 물었다. 새뮤얼은 모르겠지만 있을 것 같다고 말했다. 그들은 "제로니모오오오오!"라고 외치고 하이파이브를 하면서 함께 웃었다.

보니타는 그녀는 자신의 물고기가 정말 마음에 들며 반짝이는 것들로 물고기를 꾸미는 것이 즐거웠다고 말하며 이 물고기는 영업 사원이기 때문에 서류가방도 가지고 있다고 했다. 프랜시스가 조용히 "질문 하나 해도 돼요? 엄마는 아빠를 그리워한 적 있어요?"라고 물었다. 보니타는 "물론 그렇단다. 얘야."라고 답해 주었다. 그러자 프랜시스는 "그런데 어떻게 엄마는 아빠에 대해 절대 말하지 않아요?"라고 물었다. "내가 그랬구나. 몰랐어……. 나는 그냥 너희가 슬퍼하는 것이 싫었던 거 같아. 나는 너희가 아마도 아빠에 대해 잊어버렸다고 생각했지." 라고 엄마가 말하자 프랜시스는 결코 아빠를 잊지 않을 거라고 그리고 아빠를 매일 생각했다고 말했다. 보니타는 눈에 띄게 흔들리는 듯 보였다. 프랜시스는 계속해서 말했다. "저는 칼리토스가 아빠에 대해 더 많이 알아야 한다고 생각해요. 우리는 아빠에 대한 이야기를 그 아이에게 해 줘야만 해요. 칼리토스는 아빠에 대해 알 기회가 없었어요." 보니타는 다가가서 그녀의 딸을 안았다. "물론이지, 얘야. 우리 그렇게 하자. 너는 정말 생각이 깊구나." 새뮤얼도 슬퍼 보였고 칼리토스는 머리를 아래로 숙이고 있다가 고개를 들며 큰 소리로 말했다. "우리 아빠를 위한 물고기를 만들어요. 그러면 아빠는 우리의 수족관에서 함께 살 수 있어요!" 새뮤얼과 프랜시스는 웃었다. 그리고 그것은 너무 멋진 생각이라며 모두 같이 집에서 물고기를 만들어 다음 시간에 그것을 가져오자고 했다. 나는 그들에게 필요한 장식 소품과 재료들을 비닐 봉투에 담아 집에 가져가서 만들라고 하였다.

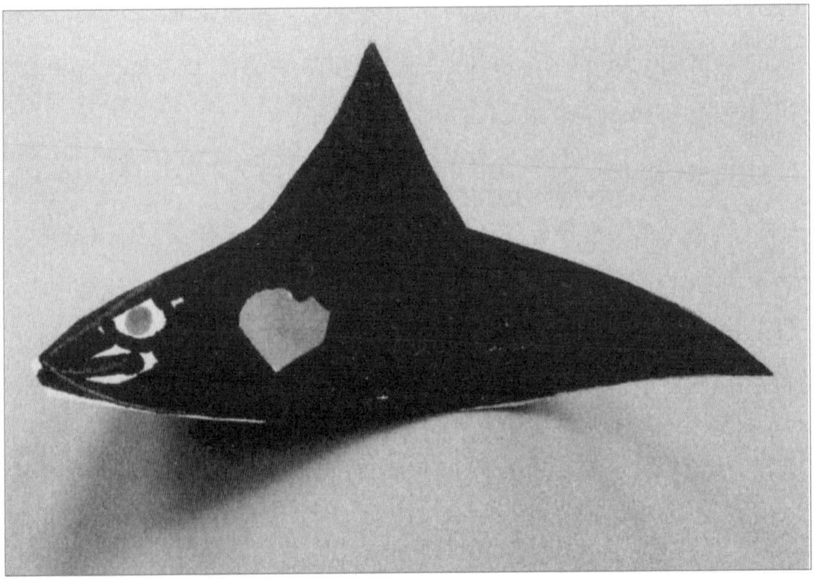

[그림 6-1] 황금 심장을 가진 상어

시간이 단 몇 분밖에 남아 있지 않아서 나는 그들이 말하고 싶은 것이 또 있는지 물었다. 칼리토스는 엄마를 그의 상어 쪽으로 당기고는 말했다. "내가 만든 걸 보세요. 엄마, 내가 만든 걸 좀 보세요." "그래." 보니타가 말했다. "너는 상어를 만들었구나." "네, 하지만 가까이서 좀 보세요. 엄마, 얘는 상어지만 황금 심장을 가지고 있어요." 보니타는 좀 더 주의 깊게 그 상어를 보고는 상어의 몸 중앙을 보았다. 칼리토스는 상어의 몸 중앙에 작은 하트 모형을 붙였는데 황금색을 칠하고 반짝이 풀로 꾸며 황금색을 더 강조하였다. 그래서 그것이 정말 두드러져 보였다([그림 6-1] 참조). 보니타는 "황금으로 된 심장이구나. 상어가 정말 멋진 것을 가지고 있네." 그녀는 칼리토스를 가까이 자신에게 당겨 안았다. 가족 모두에게 의미 깊은 회기였다.

6. 마지막 수족관 회기

마지막으로 남아 있는 활동은 가족들이 자신의 물고기들을 위한 환경과 장소를 그들이 원하는 대로 꾸미는 것이었다. 그들은 기대를 가지고 상담실에 들어왔고 그들이 만들 수족관을 집으로 가져갈 수 있다는 것에 행복해했다. 또한 그들은 아빠를 위해 만든 물고기를 나에게 보여 주는 것에 행복해했다. 보니타가 "아이들이 아빠는 불가사리라고 하자고 결론을 내렸어요. 불가사리는 없는 듯 보이지만 항상 있는 존재라고요."라고 말하자 새뮤얼이 "불가사리는 때론 모래 속에 숨어요. 그리고 불가사리가 죽으면 사람들은 그걸 집으로 가져가 장식해요."라고 덧붙였다. 나는 이 설명을 듣고 그들의 뜻을 이해했다. 그들은 정성스럽고 깔끔하게 불가사리를 훌륭히 꾸몄다.

나는 두 가지 색깔의 포스터 판을 보여 주어 그들에게 선택하게 하였다. 하나는 밝은 파란색이고 다른 하나는 코발트 블루였다. 그들은 밝은 파란색을 선택했다. 보니타가 아이들에게 수족관에 무엇이 있어야 하는지 생각해 보자고 하였다. 그들은 한 사람씩 이동수단, 온도계, 숨기 위한 동굴, 침대, 음식, 불가사리를 위한 좋은 땅 등 여러 의견을 제시했다. 그리고 그들은 모래상자에서 모래를 좀 사용할 수 있을지 물었고, 나는 그들이 사용할 수 있는 여분의 모래가 있으며 그걸 사용할 수 있다고 했다.

아이들이 바닥에 붓으로 풀을 바르고, 보니타가 모래를 밖으로 새어 나가지 않게 뿌렸다. 그녀는 세 가지의 밝은 색의 모래를 흩뿌렸고, 소년들이 몇 가지 수초처럼 보이는 초록색의 구부러진 종이를 붙였다. 그들은 함께 아주 가깝게 모여서 작업했고 수족관은 예쁜 것들로 가득 찼다. 나는 그들에게 물고기가 있을 수 있는 공간들이 있어야 한다는 것을 상기시켰다. 수족관에 만들어진 물고기를 두는 것은 아주 중요하고 의미 있는 작업이기 때문이다. 물고기 위치를 정할 때에 아이들은 엄마에게 더 바짝 다가가 작업을 하였기에 보니타는 자신의 물고기와 아이들의 물고기들 사이에 공간을 만들기 위해 자신의 것을 약간 움직

[그림 6-2] 혼자만의 시간이 필요해.

여야만 했다. 그녀는 한 방향으로만 이동하였기에 마치 아이들의 물고기가 그녀를 쫓아가고 있는 듯 보였다. 나는 이것에 대한 그녀의 생각을 물었고 그녀는 대답했다. "네, 이것은 내가 저녁에 혼자만의 시간이 필요하다는 것과 관련 있는 것 같네요. 나는 잡기놀이 하듯이 여전히 가족을 위해 시간을 낼 수 없는 사람처럼 피하고 있는 듯하군요." ([그림 6-2] 참조)

나는 가족들에게 그들이 해야 할 일은 적절한 친밀함과 거리감을 찾는 것이라고 말했다. 이것이 가능할 때 가족들은 서로 연결되어 있으면서도 자신의 개인적인 것을 지키고 자신을 찾을 수 있는 것이라고 했다. 나이가 제일 위인 프랜시스는 성숙하게 그 뜻을 잘 이해했고 새뮤얼은 어렴풋이 이 말의 의미를 조금 이해하는 듯하였다. 제일 어린 칼리토스는 이 말에 대해 잘 이해하지 못하는 듯해 보였다. 나는 "프랜시스 누나는 나이가 제일 많기 때문에 방과 후 활동과 우등반 숙제 등 해야 할 것들이 많아. 형 새뮤얼은 어린이 축구 팀에 소속되어 있어서 축

[그림 6-3] 좋은 곳

구 연습을 많이 해야 해. 칼리토스는 아직 어리기 때문에 해야 할 일이 많지가 않아."라고 설명해 주었다. 여기서 새뮤얼이 말했다. "나는 내 방을 원해요. 엄마, 나는 프랜시스처럼 내 방을 가지고 싶어요." 보니타는 그를 보며 "칼리토스도 자기 방을 원하게 될 거야. 나중에 이 문제를 해결해 보기로 하자. 하지만 지금은 모든 물고기를 수족관 어디에 놓는 게 좋은지 함께 결정해 보자."고 말했다. 흥미롭게도 보니타는 그녀의 물고기의 방향을 바꾸고 안쪽으로 향하게 했다. 반대 방향으로 돌자 프랜시스와 마주보게 되었고 새뮤얼과 칼리토스는 그들 물고기를 그 위와 아래에 놓았다. 모든 물고기가 서로를 향하는 원형 모양으로 놓였고 중앙과 그들 주변에 공간이 생겼다([그림 6-3] 참조).

칼리토스가 "여기에는 많은 공간이 있네요. 좋은 곳 같아요, 엄마도 좋아요?"라고 묻자 보니타는 "그렇게 물어봐 줘서 고마워, 칼리토스. 그래! 내 생각에도 여기가 딱 좋아."라고 대답하였다. 물고기를 붙이는 과정에서 칼리토스는 그의 황금 심장을 가진 상어를 엄마의 물고기에 더 가깝게 기울였다. 그러나 어느 누구도 제지하지 않았다. 가족은 모든 사람이 충분한 거리를 가지면서도 서로 가까이에 있을 수 있는 안전하고 보호된 공간을 만드는 작업을 함께 하였다. 마지막으로 가족들은 불가사리를 둘 공간을 선택해야 했고 그들은 모래 속에 불가사리를 놓아두었다.

보니타의 제안으로 모래에 어울리는 색을 찾아 칠해 나갔다. 그러고 나서 그들은 한 곳에 더 많은 모래를 뿌려 달라고 요청했고, 그들의 수족관에 마지막 마무리 작업을 하였다. 나는 보니타에게 이 수족관을 집에 걸어 두어 보관하기 위한 액자를 하나 사는 것이 어떠냐고 제안하였다. 그들은 액자를 걸어 둘 장소에 대해 이야기하였고 칼리토스가 "내 방에 걸 수 있는 거죠?"라며 웃으면서 내 사무실을 떠났다.

다음 달쯤에 나는 그 가족과 종결상담을 했고, 그 후 보니타와 칼리토스의 가정에서의 놀이 회기가 어떻게 되어 가고 있는지 확인하기 위해 매달 체크를 하였다. 그녀는 상담 전과 후의 차이점에 대해 말하면서 이런 시간이 어떻게 가능하게 되었는지 또 이런 변화가 어떻게 찾아왔는지 모르겠다고 했다. 때때로 아이들이 문제가 있을 때 관심이 필요하다는 표현을 그녀에게 한다고 했다. 보니타는 "그 아이는 정말로 엄마의 도움을 더 필요로 했었던 거예요. 맞아요…… 조금 다른 엄마를요."라고 말하였고, 나는 그녀에게 "내 생각에 당신의 황금 심장이 다시 밝게 빛나고 있는 것 같아요."라고 마지막 말을 남겼다.

CHAPTER 07

바다뱀이 바다에서 올라오다
-청소년의 커밍아웃을 촉진하는 가족 난화-

PLAY in
FAMILY THERAPY

1. 사 례

15세인 게이브는 안절부절못하며 불편해 보였지만 아직은 순응적이고 예의 바른 모습이었다. 나는 여기에 오는 것에 대해 부모로부터 어떻게 말을 듣고 왔는지 그에게 물었다. 그는 “그냥 당신이 정신과 의사이고 내가 누군가에게 가 볼 필요가 있다고 생각한다는 말 외에는 아무 말도 하지 않으셨어요.”라고 대답했다. 나는 내가 정신과 의사가 아니라고 정정해 주고, 게이브에게 지난주에 이미 그의 부모님을 만났으며 그들이 걱정하고 있는 듯하다고 말했다. 나는 그에게 부모님이 무엇을 걱정하고 있는 것 같냐고 물었다.

“글쎄요. 잘 모르겠어요……. 부모님은 모든 것을 걱정하시고 나는 그냥 그 걱정거리 중 하나예요.” 나는 부모님이 왜 항상 모든 것을 걱정하신다고 느끼는지 물었고, 그 질문에 그는 “그분들이 에너지 낭비를 하시는 거예요. 누구라도 통제할 수 없는 어떤 게 있는 거예요.”라고 말했다. 나는 그의 견해에 동의했고, 심지어 그가 자신의 불편한 이야기를 하는 중에도 그가 나이에 비해 더 성숙한 것처럼 보인다고 생각했다. 나는 부모님이 왜 그에 대해 특별히 걱정하시는지 물었고 그는 자신을 ‘혼자 있는 사람, 실제로 사회성이 부족한 사람’으로 설명했다.

나는 학교와 집에서 모두 그런지 물었고 그는 그렇다고 대답했다. 친구들이 있는지 물은 나의 질문에 그는 “딱 한 명 있어요.” “어떤 사람들은 아주 많은 친구가 있지만, 그들은 진실로 좋은 진정한 친구들은 아니에요. 선생님도 아시겠지만요…….”라며 덧붙여 말했다. “나는 딱 한 명의 친구가 있고 그 애와 나는 굉장히 친해요, 정말 가까워요." 그가 덧붙였다. 나는 그것이 인생의 진리인 것 같다고 했다. 어떤 사람들은 많은 지인을 알고 있지만 깊은 우정을 나누는 경우는 드물다. 나는 아주 오래전에 십 대를 보냈지만 지금까지도 30년 넘게 좋은 관계를 맺고 있는 세 명의 친구가 있다는 사실을 그와 함께 나눴고, 그는 그것에 감동을 받은 듯했다.

"당신과 친구들은 같은 동네에서 계속 살아오셨나요?" 그가 진실되게 물었다. "아니, 우리는 여러 지역에 흩어져서 살고 있지만 거의 매년 서로 만날 계획을 세우고, 그리고 요즘은 인터넷 때문에 어느 누구와도 그리 멀리 있지 않아." 내가 그의 친구 스콧에 대해서 물었을 때, 그는 그들이 처음 만났을 때의 이야기, 그들이 함께 즐기는 것들, 그리고 그들이 어떻게 서로의 안부를 확인하는지에 대해 생생하게 표현하였다. 그 우정이 그를 행복하게 만든 것은 분명했고, 그는 깊고 신의 있는 우정처럼 보이는 무엇인가를 설명했다. 나는 그에게 그의 삶의 일부분을 함께 나눌 수 있게 해 준 것에 대해 감사의 마음을 전하며 스콧과의 우정이 그에게 매우 중요한 것 같다고 말했다. "선생님은 제 부모님께 이런 것에 대해 말하지는 않겠죠, 그렇죠?" 그의 질문은 이제부터 그와 함께 비밀을 유지하며 협력적인 작업을 할 수 있을 거라는 확신을 주었다.

나는 치료 계획에 대해서 그에게 전달했다. "앞으로 네가 나를 찾아와서 하는 모든 말은 비밀이 유지될 거야. 하지만 몇 가지 예외는 있어." 게이브는 잠시 걱정하는 듯 보였다. 나는 계속해서 말했다. "만약 누군가가 너에게 해를 입히고 있다고 판단될 때, 만약 네가 누군가에 해를 입히고 있다고 생각될 때, 만약 어떤 식으로든 너 자신을 해롭게 할 위험에 있다고 판단될 때. 이런 예외의 경우가 발생할 경우 나는 너에게 직접 그 부분에 대해 말해 줄 거야. 우리는 함께 그것들에 대해 이야기할 거고, 내가 해야 할 일들이 어떤 것인지 네게 알려 줄 거야." 그리고 나는 게이브에게 아동 학대(그 혹은 다른 사람들에 대한 폭력)는 CPS나 경찰에 도움을 청할 필요가 있다고도 전달했다.

그가 스스로에게 상처를 주는 것이 걱정될 경우, 우리는 무엇을 해야 할지, 어떻게 부모님께 전달할 수 있을지, 그가 어디에서 도움을 요청할 수 있을지 함께 생각해 볼 수 있을 것이다. 게이브는 이런 대답에 만족하는 듯했다. 그리고 나는 그가 왜 가족이 그의 친구 스콧에 대해 알게 되는 것을 걱정하고 있는지 물었다. "음…… 부모님은 그 친구가 있다는 건 알아요. 하지만 그들은 그가 내게 얼마나 중요한지 진심으로 이해하지 못해요. 가족들은 그를 좋아하기도 하지만, 항상 나에게 다른 친구를 사귀라며 귀찮게 하죠. 어떤 때는 그들이 그를 질투하는 거 같아요. 가족들은 항상 내가 그와 시간을 보내는 것을 놀려요."

상담을 마칠 시간이 다 되었고, 나는 게이브에게 나를 보러 온 것이 그가 예상했던 것보다 더 좋았는지 혹은 더 나빴는지 물었다. "좋았어요." 그는 말했다. "다행이구나. 너에게 좋은 시간이었다니 나도 아주 기쁘다. 나는 너에 대해 더 많이 알게 되길 기대하고 나중에 너의 가족들과의 만남도 기대가 된단다. "언제요?" 그가 다급한 목소리로 물었다. 나는 말했다. "걱정 마. 나는 너와 함께 그 시간을 결정할 거야."

1) 부모와의 회기

게이브가 떠난 뒤에 내 마음은 그의 부모님과의 만남으로 옮겨 가고 있었다. 빌과 린다 부부는 넉 달 전에 처음 나를 만나러 왔다. 그들은 지난주에 전화를 했고 나를 빨리 찾아오지 못하는 것에 대해 사과를 표현하며, 꽤 긴 시간 게이브가 나를 방문하는 것에 대해 이야기하였다.

나는 빌과 린다의 개입 회기를 다시 계획하였다. 빌은 해군 장교였고 지금은 은퇴하였다. 그는 정중하고 약간 냉담한 듯 보였다. 현재 그는 자문을 맡고 있고, 직업상 자주 출장을 다닌다고 했다. 린다는 조금 덜 격식을 차리는 사람이었고, 매우 수다스럽고 다소 시끄럽기까지 했다. 나는 그들에게 아들에 대해 어떤 걱정을 하고 있는지 질문했고, 그들은 내가 사회적으로 문제가 있는 청소년들과 상담을 해 왔다는 말을 듣고 오게 되었다고 말했다.

그들은 내가 공인 미술치료사이기 때문에 특히 나에게 관심이 있었고, 게이브가 예술적이기 때문에 그것을 내가 분별해 낼 것이라 생각했다고 말했다. 부모들은 게이브가 심각한 문제를 가진 청소년 같지는 않다고 이야기했고, 나는 아들과 관련된 그들의 걱정에 대해 구체적으로 접근할 수 있도록 노력했다. 빌은 게이브가 높은 IQ를 가졌으며 얼마나 똑똑한지에 대해 말했다. 또한 그가 사진처럼 정확한 기억력을 가졌고, 우수 학습반 수업을 거의 완벽하게 해내고 있다고 했다.

린다는 그녀의 아들이 얼마나 사랑스럽고 다정한지, 그가 낯선 이들에게 얼마나 친절한지, 그가 여동생인 에스더에게 얼마나 도움을 잘 주고 있는지를 말했다. 에스더는 '계획에 없던' 임신으로 고민 끝에 낳은 아이로 지금 세 살이다. 린다는 큰 아이를 다 키우고 중년의 삶을 어떻게 살아갈지 고민하고 있었던 중에 또 한 명의 아이가 생겼고 그 아이를 키우는 데 익숙해지는 것은 아주 힘든 일이었다고 했다. 하지만 린다는 에스더의 탄생이 축복이라는 것 외의 다른 생각들은 빨리 떨쳐내 버렸고, 그들이 그녀를 정말 사랑하고 있으며, 에스더가 많은 일거리도 만들고 있지만 주변에 기쁨을 주고 있다고 확신에 차서 나에게 말하였다.

나는 부모들이 게이브에게서 약간 단절된 것 같은 느낌을 받고 있다는 것을 이해하는 데 시간이 좀 걸렸다. 그들은 아들의 성격에 큰 변화가 있었고 지금 그는 그의 방에서 공부를 하고 컴퓨터로 연구를 하면서 많은 시간을 보내고 있다며 어떤 면에서는 그를 잃어버린 것 같다고 말했다. 부모들은 아들이 그들은 알 수 없는 '일반적인 청소년기의 불안'을 가진 것은 아닌지 궁금해했다.

빌은 아이들이 예방 차원에서 정기적으로 소아과 진료를 받는 것과 비슷하게 생각하고 상담을 신청했다고 했다. 빌은 또한 그의 아들이 말을 하지 않고 대답하지 않는 것에 대한 좌절을 표현하였다. 나는 나의 부모님도 그런 단계를 거치셨고, 그렇게 특별하지 않다고 덧붙였다.

내가 했던 일반적인 개입에서처럼 부모는 아들에 대해 조금 민감하지 않은 것 같았고 아들의 관심이 무엇인지, 그의 친구가 누구인지, 그의 취미가 무엇인지, 아들이 좋아하는 선생님은 누구인지 말하지 못했다. 나는 부부가 이런 질문들에 대답하지 못하는 것은 아들에 대한 이해와 관심의 부족 때문이고, 이런 이유로 그들은 게이브가 상담받기를 원했던 것이라고 말했다. 나의 말에 두 사람은 더욱 걱정스러워했다.

부모가 아들과 의사소통하기 위해 그리고 아들의 흥미에 대해 더 관심을 가지기 위해 어떤 노력을 했는지 물었을 때, 그들은 스스로 노력하는 데는 이제 지쳐 버렸고 현재는 그들이 아들을 위해 기도하면서 그가 화내는 것을 피하려면 혼자 내버려 두어야 한다는 생각을 하고 있다고 말했다. 그들은 내가 중재인, 통역자, 협력자가 되어 그들이 아들을 다시 알아 가는 데 도움을 주기를 원하는 것처럼 보였다. 그들은 친근하고 헌신적인 부모 같았다.

2) 게이브와의 개별치료 회기

두 번째 상담시간에 게이브는 훨씬 덜 불안해했고, 나는 그가 과제를 했는지 물었다. 부모님이 왜 그에 대해서 걱정하는가를 함께 확인하기 위한 과제였다. 게이브는 부모님이 자신을 걱정한다는 것을 부인했다. 그들은 그냥 그가 많은 시간을 혼자 보낸다고만 느끼고 있으며 그가 괜찮은지, 그가 문제가 있을 때 이야기할 누군가가 있는지를 확인하고 싶어 한다고 했다. 나는 게이브에게 부모님의 걱정에 대해 어떻게 생각하는지 물었고 그는 "괜찮아요. 이해해요."라고 답했다. 그러고는 자발적으로 "나는 부모님에게 정말 말하기 싫어요. 나는 부모님이 나에게 항상 무언가를 원하고 있다고 느껴요."

부모가 그에게 원하는 것이 무엇이라고 생각하는지 묻자, 그가 말했다. "음, 내 생각에 아빠는 내가 아빠와 같은 사람이길 원해요." 그의 아빠가 어떤 사람인지 물었을 때 그는 "음, 아빠는 나와는 달라요. 그는 모든 사물을 흰색 아니면 검은색으로 보는 사람이에요."라고 말했다. 나는 게이브가 그의 아버지에 대해

[그림 7-1] 아빠에 대한 나의 생각과 감정들

존경스러운 마음은 있지만 애정을 가지고 말하고 있지는 않다는 것을 알았다. 나는 게이브에게 간단한 활동을 하자고 제안했고, 아버지에 대한 그의 생각과 느낌을 표현할 수 있는 미니어처를 5개 고르도록 하였다. 그는 구명보트, 비행기, 코끼리, 군인 그리고 막대기를 가지고 있는 한 남자를 골랐다([그림 7-1] 참조).

나는 그와 함께 그가 고른 미니어처들을 보면서 무엇이든 이야기해 줄 것을 요청했다. "내 생각에 아빠는 보호자예요. 예를 들어, 만약 내가 물에 빠진다면 내게 구명 보트를 던져 줄 거고, 심지어 아빠가 필요할 때도 내게 사용하게 할 거예요." 나는 잠시 멈추고, 구명 보트가 그가 선택한 첫 번째 미니어처라는 것을 주목하면서 그의 말을 반영하였다. "굉장히 간단해요. 아빠는 꼭 내가 아니더라도 도움이 필요한 사람은 누구든 도와주려고 해요." 그리고 그는 말했다. "그는 해군이고(당신은 주변에 해군이 없잖아요) 항상 여행을 하고, 열성적인 공화당원이에요. 이런 분들의 특성을 아시겠죠? 나는 가끔 아버지가 어린 아기를 갖기에는 좀 나이가 들었고, 그건 그에게 부담을 주고 있다고 생각해요. 나는 그가 에스더가 열 살이나 열다섯 살이면 자기는 몇 살이 되는 거냐고 얘기하는 것을 자주 들어요." 나는 게이브에게 (상징적 언어로 말하기를) 아주 잘 했다고 말하며 지금부터는 그가 어렸을 때(열 살 정도까지)와 열한 살부터 지금까지 두 시기로 나누어 아버지와의 관계를 보여 줄 수 있는 미니어처들을 골라 봤으면 좋겠다고 말했다. 그는 이 부분의 활동은 정말 불가능하다고 했고, 나는 집에서 이것에 대해 생각해 보라고 요청했다. 나는 "너는 예술가이기 때문에…… 아마도 그림을 좀 그려 볼 수도 있을 거야. 아니면 잡지에서 그림들을 오려서 가져올 수도 있어."라고 말했다.

다음 회기에 그는 귀신이 출몰하는 것 같은 그림을 가져왔다. 종이에 두 명의 인물이 있었다. 그러나 그들은 두 마리의 큰 누에고치처럼 보이는 것들로 싸여져 있었다. 그들은 크기가 거의 같아 보였고 같은 세계에서 그러나 각기 다른 영역에서 떠다니고 있는 듯했다. "이건 우리가 함께 있는 방식이에요. 우리는 서로 그렇게 가까웠던 적이 없어요. 나를 안거나 만지거나 미소 짓거나 했던 기억은 결코 없어요." 게이브의 표현은 아주 외롭고 슬펐다. "네가 아빠와 친밀한 감정을 많이 그리워했구나." "네, 하지만 괜찮아요. 그냥 그게 그의 방식인 걸요. 아빠에게는 열심히 일하는 게 중요한 거예요. 그는 엄마에게 다른 모든 걸 맡겨요." 나는 그것에 애정과 양육도 포함되어 있는지 물었고 그는 "네, 하지만 제가 크면서 에스더가 태어나고 엄마는 관심이 온통 그 애에게로 향했어요. 그 애는 아기이고 보호받는 게 필요하니까요."라고 답했다. "그렇지. 아기들, 유아들은 보호를 필요로 해. 하지만 십 대나 대학생들도 그렇단다." "저는 불평하는 게 아니에요." 게이브가 말했다. "저는 지금 엄마와의 애정 표현에 좀 어색한 느낌이 들어요." "내 생각에는 그건 습관의 문제야." 내가 말했다. "어떤 가족들은 아이들이 자라면서 서로 만지고 스킨십을 하는 것을 멈춘단다. 특히 자녀들이 남자일 때 말야." 나는 게이브와 부모님 사이의 거리감을 보았고, 그것이 내가 그들 모두를 슬프게 느끼도록 만들었다. 그러나 한편으로 나는 그들이 도움을 찾고 있다는 사실에 안도했다. 그들은 어느 정도 그 거리감을 느끼고 있었고 린다는 아들에 대해 걱정하고 있었기 때문이다. 빌 또한 걱정하고 있었지만 그것이 문제라는 것에는 확신이 덜했다. 어떤 면에서 그는 린다가 그에게 해 주길 원하는 것을 하고 있는 것이고, 그는 진짜 문제가 존재하는지에 대해서는 양가적이었다. 그러나 아들에 대한 그의 헌신은 분명했다.

나는 3개월 동안 게이브를 만났고, 그는 항상 자기성찰적이고 현명한 청춘임을 증명했다. 내가 출장 때문에 상담 회기를 취소해야 했을 때 그는 인터넷 화상통화 스카이프(Skype)를 이용해 상담을 할 수 있는지 물었고, 우리는 상담을 취소하지 않고 진행할 수 있었다. 이러한 예외적인 상담 진행방법은 보통 십 대 내담자들이 요청하는 것이고, 나는 이런 방법에 동의했다. 게이브는 자신의 마음을 구체화할 수 있는 어떤 것도 찾지 못한 채 그냥 계속해서 연락하길 원했다. 부모와 자녀가 '분리와 단절'에 대한 문제가 있는 경우, 청소년기 또래들과 인간적인 교류를 하는 것은 아주 유용하다. 게이브는 상담 회기에 책임감이 있었고, 생물학자가 되어 희귀 질병들의 치료법을 찾고자 하는 열망에 대해 자주 이야기했다. "나는 진짜 많은 사람을 도울 수 있는 무언가를 하고 싶어요. 나는 백신을 개발하거나 치료법 같은 것을 개발하고 싶어요." 그가 컴퓨터로 했던 연구는 생명윤리, 생물학 전쟁, 암 치료에 대한 시도들이었다. 그는 내게 '삶 자체 이상의 것'을 배우고 싶다고 말했다. 동시에 그의 대화는 대부분이 스콧과의 일화와 스콧이 그의 흥미에 대해 어떻게 반응했는지를 포함하고 있었다. "스콧이 그 모든 것을 진실로 이해하는 건 아니에요. 하지만 내가 무언가에 관심이 있다면 오랜 시간 동안 나의 이야기를 경청해 줘요. 그는 수의사가 되길 원해요. 나는 그가 할 수 있다고 확신해요! 우리는 함께 토론할 공통 화제들을 가지고 있어요. 그리고 나는 지역 농장의 동물학대방지협회(The Society for the Prevention of Cruelty to Animals: SPCA)에서 그가 하는 봉사활동에 대해 이야기 듣는 것을 좋아해요. 스콧은 큰 동물들과 일하는 것과 작은 동물들과 일하는 것 중에 어떤 종류의 수의사가 될지 결정하려고 노력 중이에요. 그는 지금까지 했던 모든 것을 좋아해요. 만약 할 수 있다면 그는 동물들과 많은 시간을 보낼 거예요. 그는 가까운 마구간에 자기 말도 가지고 있어요." 그리고 게이브는 조금 심각한 목소리로 말했다. "어떻게 보면, 우리는 둘 다 많은 사람에게 도움은 되지 않아요." 나는 늘 그랬던 것처럼 그와 스콧과의 관계를 지지했고 그들의 관계는 아주 깊고 중요하며 '특별하고 가치 있는' 우정 같다고 강조하였다. "정말 멋진 말이에요." 게이브가 말했다. "우리는 서로에게 도움을 준다고 생각해요."

2. 가족 회기

가족상담을 안내할 시간이 다가왔다. 그래서 나는 게이브와 함께 가족상담에서 어떤 주제를 다룰지 함께 이야기했다. "게이브, 부모님을 상담에 초대하고 부모님이 우리와 함께 그 회기에 참여할 때 네가 조금이라도 편하게 진행할 수 있는 가능성이 있는지 궁금해." 게이브는 처음에는 우리의 주중 상담을 포기하고 싶지 않다고 말하면서 가족상담에 대해 거부했다. 나는 우리가 주중에 개별적으로 또 다른 상담 회기를 잡을 수 있다고 했고, 이 시간은 단지 부모님과의 관계에서 서로 가까워질 수 있는 방법이 있는지 확인하는 시간이 될 거라고 말했다. 게이브는 "왜요? 주제는 뭐가 될 건데요?"라고 물었고 그는 부모님과 함께 상담을 받는 것은 무조건 지는 싸움을 하는 것과 같다고 생각했다.

게이브는 나의 말에 집중했다. "나는 너와 부모님이 왜 그리고 어떻게 서로 분리되고 단절되었다고 느끼는지 확신할 수 없어. 나는 습관들을 바꾸려고 도전하지 않고 그대로 두면 오랜 시간을 거쳐 규범이 된다고 생각해. 하지만 이것이 새로운 습관이 형성될 수 없다는 것을 의미하는 것은 아니야." 내가 덧붙여 말했다. "게이브, 가끔은 네가 부모님을 그리워하며 슬픔을 느끼는거 같았어. 하지만 그 마음이 너희 가족들 모두가 나아지는 새로운 변화의 가능성이 될 수도 있어." "아빠는 절대 가족상담 시간에 오지 않을 거예요." "만약 오신다면?" "오신다고 해도 그는 참여하지 않을 거고, 그냥 시간 내내 자기 시계만 쳐다보실 거예요."

"나는 네 아버지가 상담에 들어오기 전까지만 휴대전화와 시계를 확인하도록 허락할 거야." 내가 재치 있게 말하자 게이브가 웃었고 속삭이듯 말했다. "그러길 바라요." 그는 만약 아버지가 휴대전화를 보신다면 그건 가족 전체의 문제가 될 것이고, 서로가 함께할 시간을 찾는 것이 불가능하다는 하나의 은유가 될 거라고 하며 나는 그를 살짝 밀면서 말했다. "나는 그 만남에서 네가 두 배의 성과를 올리길 바란다. 왜냐하면 너는 두 배로 열심히 해 왔으니까." "아시게 될 거예요. 아빠는 참여하지 않을 거예요. 아빠에게 선생님은 이미 약간은 이상한 사람이에요." "그게 무슨 뜻이야?" 내가 흥미를 가지고 물었다. "음…… 아빠는 선생님이 치료실에 가지고 있는 재료들—아시잖아요, 미니어처들이요.—이 이상한 것들이라고 생각해요." (나는 몇 가지 종류의 해군 장교와 항해사들 미니어처도 가지고 있었다.) "좋아, 게이브. 너는 네가 할 수 있는 만큼 했고, 이젠 됐어. 나머지 어려운 일들은 내게 맡겨!"

게이브의 예견은 정확했다. 그의 아버지는 어머니와 함께 했던(한 번은 에스더도 함께 참여한) 6번의 가족상담 내내 완벽하게 대화가 불가능했다. 하지만 린다와 게이브의 관계는 많이 향상되어 갔다. 처음 두 회기에서 나는 린다에게 게이브의 어렸을 때 사진이 담긴 앨범을 가져오게 하고 게이브에게 그가 태어났던 당시의 사진들을 보여 주게 했다. 린다는 더 나아가서 그녀의 임신 기록과 탄생과 관련된 것들을 보여 주는 몇 가지 책도 가져왔다. 게이브는 내가 개별치료 회기에서 볼 때보다 더 많이 어려 보였다. 그는 어머니 옆에 가까이 앉아서 그녀가 그에 대한 이야기를 할 때 주의 깊게 들었다. "어디에 이것들을 보관하고 계셨어요?" "위층에 큰 삼나무 장롱에, 담요 아래 있었어." 그가 말했다. "와우, 빨리 스콧에게 보여 주고 싶어요."

나는 게이브가 아주 빨리 활기를 띠게 되었다고 느꼈고, 그는 어머니의 친밀감에 아주 수용적인 듯 보였다. 나는 그들에게 오랫동안 서로에게 말하지 않았던 것을 서로 함께 나눠 보도록 하는 과제를 주었다. 린다는 그녀가 대학 시절에 화가가 되기를 원했다고 했다. 게이브는 오래된 TV 프로그램 〈래시(Lassie)〉 재방송 보기를 좋아하며 그리고 그와 스콧은 동물들을 많이 좋아한다고 하였다. 그녀의 걱정은 부모-자녀 놀이치료 과정을 하면서 감소되었다. 그들은 매일 각자의 방으로 가기 전에 15분씩 시간을 함께 보냈는데 이 15분의 시간은 한 시간 혹은 한 시간 반까지 연장되며 훌륭하게 진행되었다. 빌이 3개월 후 돌아오고 나서 린다는 저녁시간을 다시 남편과 시간을 보내기 시작하였다.

나는 빌에게 전화하여 개별적으로 만날 필요가 있다고 말했다. 그는 나의 긴급한 호출로 상담에 오게 되었고, 그에게 무슨 말을 할지 흥미로워했다. 나는 빌이 게이브에게 가장 중요한 남성으로서의 역할 모델이기 되기 때문에 아들을 도울 수 있는 특별한 위치에 있다고 생각한다고 말했다. 빌은 한숨을 쉬며 놀라워했다. "음, 지금까지 그 아이의 행동을 볼 때 그렇게 생각되진 않는군요. 게이브가 나와 닮고 싶어 노력했다면 그 아이와 내가 그렇게 다를 수는 없어요. 나는 대학에서 축구를 했고 국가대표 토론 팀에도 있었죠. 나는 어릴 때부터 다양한 활동을 했지요. 게이브는 경쟁을 싫어하고 스포츠와 관련된 것은 다 싫어하고 내가 가치를 두는 것을 다 싫어하는 것 같아요." 나는 빌에게 그것이 정상적인 것이라고 말했다. 때론 부모와 아이들 사이에는 차이점들이 있고, 그리고 그런 경험을 할 때 부모들은 자연스럽게 분리되게 된다고, 모두가 똑같은 것에 가치를 가지고 관심을 둘 수 없기 때문이라고 말했다. 빌은 말했다. "앞으로 어떻게 될지 알 수 없지요. 그는 이미 생물과 수학 분야에서는 나를 넘어섰어요." "빌, 미래에 어떻게 될 거라는 것은 잘 모르겠네요. 하지만 확실한 것은 당신이 그 애에게 아주 중요한 사람이고 그 애는 당신과 더 나은 관계를 원하는 거 같아요. 이제 그 시간이 되었네요. 나중에 그가 대학에 갈 때쯤에는 당신이 지금 가질 수 있는 이런 기회들을 가질 수 없을 거예요." "그런가요?" 빌이 말했다. "내가 대학에 갔을 때, 나는 부모님에 대한 큰 감사를 느끼기 시작했어요. 그들이 내게 해 준 모든 것에 대해서요." "빌, 나는 지금 따뜻함과 애정에 대해서 말하고 있습니다. 존경이나 존중에 대한 것이 아니에요." 그는 대답이 없었다. 나는 빌에게서 미지의 영역에 대한 대화에 당황해 하는 표정을 볼 수 있었다. "나는 당신이 아들과 함께 가족상담 회기에 왔으면 해요. 그리고 당신 자신에 대해 그가 이야기하도록 이끌어 주기를 바라요. 게이브에게 부담을 주지 말고 당신이 책임을 가져 봐요. 나는 당신이 큰 도전과 문제에 직면할 수 있다는 걸 알고 있어요. 어렵겠지만, 보람을 느낄 수 있는 아주 중요한 활동이에요."

빌은 잠시 동안 앉아 있다가 말했다. "내가 그에게 무엇에 대해서 말할 수 있죠?" 나는 말했다. "음…… 스스로 생각해 보세요. 당신의 삶에 대해, 그 애 나이 때에, 당신이 무엇을 했고, 무엇에 관심이 있었고, 어떤 친구들이 있었는지요." "내 친구들이요? 이건 너무 오래전 이야기예요. 나는 그때의 친구들을 잘 기억할 수 없어요." "좋아요. 빌, 생각해 보세요. 그리고 당신이 무엇을 기억하는지 보자고요."

다음 회기에 빌은 준비를 잘해 왔고, 진심을 다해 참여했다. 그는 자신이 가끔 들여다보곤 했던 편지와 사진이 들어 있는 노란색 봉투를 가지고 왔다. 나는 빌이 먼저 말하고 게이브가 듣도록 하는 기본 규칙을 세웠다. 그들에게 이러한 활동이 익숙하지 않다는 것을 알고 있다고 말했고 둘 다 약간 긴장할 수 있을 거라 생각했다. 빌은 크고 깊게 숨을 쉬고 시작했다. "아들아, 나는 이것을 하면서 네가 나에 대해 알고 있는 게 많지 않다는 것을 깨달았다." 게이브가 주목하기 시작했고 아버지를 쳐다보았다. "나는 지금까지 네 나이의 아이들에 대해 생각해 보지 않았다. 그런데 여기 첫 번째 것…… 네 나이 정도로 보이는 내 사진이 있어." 게이브는 오랜 시간 동안 사진을 응시하였다. 게이브는 나중에 나에게 그날 그 사진을 보고 그의 아빠가 얼마나 '정상적으로' 보였는지 충격을 받았다고 했다. 캐주얼하고, 흐트러진 머리, 그가 몇 번 보았던 기억이 희미한 미소. 빌은 게이브에게 그 사진에 대해 어떻게 생각하냐고 물었고, 게이브는 어깨를 들썩였다. 빌은 말했다. "좋아, 내가 얘기하고 너는 듣는 거야, 괜찮아." 그는 계속했다. "좋아. 여기 나와 내 옆집 이웃 던컨이 있어." 게이브는 다시 놀란 듯했고 빌이 던컨을 설명할 때 그 사진을 계속 들고 있었다. "초등학교에서 고등학교까지 그는 나의 최고의 친구였어. 내가 그를 안 건 정말 행운이었다. 나는 그의 가족들과 지내는 걸 좋아했고, 그의 아빠는 해군 장교였어. 그래서 나는 해군에 가고 싶어 했단다. 던컨의 가족은 우리와는 많이 달랐어. 극과 극이었지." (그가 말할 때, 게이브가 그의 아버지와 자신을 그려 보고 있다는 생각이 들었다.) "극과 극이었군요." 내가 반복했다. "당신 둘 사이에 건널 수 없는 다리가 있었다는 것처럼 들려요." "그래, 그랬어. 나는 보통 가정에서 보았던 것들을 하고 싶었어. 어떤 방법을 사용해서라도…… 네가 이걸 이해할 수 있다고 생각하지 않아, 게이브. 나의 아빠는 희망 없는 알코올중독자였고, 엄마는 많이 불행했고 우울했고 전혀 즐겁지 않은 환경이었어. 그러나 길 건너의 내 친구의 삶은 달랐어. 부인과 아이들의 존경을 받는 훌륭한 아빠가 있었고 엄마는 집에 계시는 분이셨지. 우리 엄마는 아빠가 일을 계속할 수 없었기 때문에 두 가지 일을 하셔야만 했어. 만약 던컨과 그의 가족이 나를 도와주지 않았다면, 나는 다른 사람이 되었을 거라고 생각해."

게이브의 입이 크게 벌어졌고 그대로 한동안 있었다. 아빠가 던컨에 대해 하는 이야기를 들을 때 그는 의자 가장자리에 긴장한 채 앉아 있었다. 게이브와 나는 유사한 반응을 보였다. 그것은 마치 그가 게이브와 스콧의 관계에 대해 이야기하는 것 같았다. 이것은 그들 사이의 친밀감을 향한 엄청난 첫걸음이었다. 하지만 나는 이것이 빌에게 중요한 것이 될지, 그가 계속 상담에 참석하게 될지는 확신할 수 없었다. 하지만 나는 이것이 게이브에게 엄청난 충격을 주게 될 것이라는 건 알았다.

그로 인해 게이브가 다음 상담에 왔을 때 기쁨을 표현하기보다는 오히려 조용하고 사려 깊게 그가 아빠에게서 알게 된 것들에 대해 생각하고 있다고 느꼈다. 내 관점에서 보면 몇 가지 중요한 사실이 있었다. 빌은 그의 아버지로부터 긍정적인 남성 역할 모델을 갖지 못했다. 그는 친구의 아버지에게서 아버지의 역할 모델을 발견하였고 남성적 경력을 추구하는 것을 포함하면서 그를 모방해 왔다. 보통의 정상적인 가족의 삶을 던컨 가족에게서 배운 것이다. 빌이 통합한 양육 모델에서 아버지는 따뜻함과 애정에 대한 책임은 아내에게 맡기고, 자신은 생계를 부양하는 사람, 규칙을 정하는 사람 그리고 교사의 역할을 하는 사람이었다. 뜻밖에도 이것은 현재 게이브의 가족에서도 분명하게 눈에 띄는 모델이다.

나는 게이브가 그렇게 슬퍼 보이고 눈물을 글썽이는 것을 지금까지 본 적이 없다. 그리고 그는 그에게 무엇이 일어나고 있는지 어떤 징후도 보여 주지 않았다. 그는 특별함이 없는 듯 얼버무렸고, 그의 에너지는 억제되었다. 나는 게이브와 스콧의 관계를 떠올리게 하듯, 그의 아버지 얼굴이 던컨에 대해 이야기할 때 얼마나 생기 있었는지와 아버지와의 회기에서 내가 주목했던 것을 언급하였다. 게이브는 울먹이면서, 고통스럽게 그리고 부드럽게 말했다. "한 가지 큰 차이가 있어요. 나는 스콧과 사랑에 빠졌어요!" 나는 게이브의 말에 놀라지 않았다. 그것은 내가 가능성으로 열어 두었던 초기 가설이었기 때문이다. 시간이 가면서 나는 그 주제의 표면을 건드리려 노력했지만 게이브는 준비가 되어 있지 않았거나 그의 감정을 완전히 의식하지 못했다. 사랑에 빠지는 것은 중요한 인간의 경험으로, 그 경험이 생긴다면 아주 운이 좋은 것이다. 나는 의자를 끌어 그에게로 가까이 다가갔고 그는 내 메시지를 알아채듯이 나에게 안겨 거의 20분간을 계속 흐느꼈다. 나는 그를 안고 그대로 있었다.

게이브는 내 눈을 보고 곧 피했다. 나는 그가 나의 대답을 두려워하고 있는지에 대해 걱정이 되었다. "네가 감추어 왔던 비밀을 말하고 나서 지금은 기분이 어때?" "내가 말해 버렸다는 걸 믿을 수 없어요. 그럴 계획은 없었어요. 그냥 나와 버렸어요." 나는 대답했다. "비밀은 그래. 압력밥솥과 같은 거야. 때때로 그걸 그냥 밀어낸단다. 끓는 물이 냄비의 뚜껑을 압력으로 밀어서 여는 것처럼 오랫동안 힘을 모아서 그냥 밀고 나가는 거야." 그는 내게 속삭이면서 미소 지었다. "선생님과 선생님의 은유들." 나는 미소로 화답했다.

"스콧도 네가 어떻게 느끼는지 알고 있니?" "네, 우리 둘 다 같은 감정이에요." "그에 대한 사랑이 확인되었다니 정말 멋지다." "음, 그렇지는 않아요." 게이브가 말했다. "부모님께서 아신다면 우릴 죽일 거예요." "너도 그걸 알지, 게이브? 내가 부모에게 커밍아웃을 하게 되는 아이들과 상담한 경험에서 보면 대부분 비슷한 공포와 걱정을 하고 있단다." 나는 게이브가 부모에게 커밍아웃을 한 아이에 대해 들어보길 원했기에 덧붙여 말했다. "많은 경우에 부모들은 충격을 받고 걱정하고 그 아이를 두려워하지. 또 어떤 경우에는 부모들이 아이에게 그들이 알고 있었다고 말하기도 해. 때로는 어떤 부모들은 시간과 상황에 적응하기 위한 안내가 필요한 경우도 있어. 물론 가끔은 아이들을 거부하거나 때리거나 혹은 아이들이 하는 이야기를 이해하지 못하겠다고 말하는 부모들도 있긴 하지." 게이브는 말하기 시작했다. "스콧과 나는 일곱 살 정도부터 알아 왔어요." "그래." 내가 말했다. "그 말이 맞는 것 같다. 많은 아이가 아주 어렸을 때 자신의 성적 선호를 알게 된단다."

3. 부모님에 대한 게이브의 커밍아웃

이제 우리의 상담은 게이브가 부모에게 게이라는 사실을 말할 방법을 찾을 수 있도록 돕는 쪽으로 옮겨 갔다. 그의 목표는 고등학교 졸업 전에 부모에게 그 사실을 말하는 것이었다. 이런 에너지가 연결되어 나타난 결과는 게이브가 부모님과 그의 관계에 더 많은 노력을 하게 되었다는 것이다. 그는 이제 부모님을 거부하기보다는 결함이 있는 자신과 같은 보통 사람으로 받아들이고 있었다. 우리는 몇 번의 가족상담 회기를 더 진행하였고, 게이브, 빌, 린다에게 변화가 보였다.

그들은 서로를 위해 더 많은 시간을 만들고 있었고, 서두르거나 재촉하지 않고 서로 개인적인 일들을 함께 나누고 있었다. 게이브는 방에 혼자 있는 시간을 줄이고 가족과 더 많은 시간을 보내고 있었다. 또한 그는 스콧을 집으로 데려가기 시작했다(그 전에는 스콧만 게이브를 집으로 초대했다). 빌과 린다는 스콧에 대해 긍정적인 관심을 가지게 되었고, 그를 크게 환영하였다. 또한 그들은 조금 편안해졌고, 게이브가 덜 고립되고 더 사회적이 되었다는 것을 확신하였다. 스콧이 스포츠를 좋아했기 때문에 스콧, 게이브, 빌은 일요일에 축구 경기를 함께 보았고, 빌과 스콧은 게이브에게 축구를 가르치기 시작하였다.

우리의 가족치료 회기 중에 가장 중요한 사건이 발생하였다. 나는 가족들을 가족 난화(Family Scribble)라 불리는 미술 활동에 참여하게 하였다. 이 미술 활동(눈을 감고 손에 파스텔을 가지고 크게 움직이는 활동에 참여하여 완성하는)에서 각 가족 구성원은 커다란 종이 위에 낙서를 한다. 그리고 가족들은 색칠을 하고, 선을 그리고, 모양을 잡는 것 등의 활동을 통해 그림으로 완성될 수 있을 만한 낙서를 하게 된다. 그림으로 완성하게 될 낙서를 고르기 위해서 빌, 린다, 게이브는 그들이 완성할 수 있는 낙서에서 '무언가를 발견하고 보아야만' 했다. 그들은 그 작업을 신중하게 했고 각각의 낙서를 자세히 살펴보고, 종이를 수평으로 그리고 수직으로도 돌려 보았다.

마지막으로 게이브는 무언가를 보았고, 가족들에게 그가 고른 낙서를 그림으로 완성해 보자고 하였다. 가족들은 그의 의견에 동의했고, 게이브는 깊은 바다로부터 머리를 들어 올리고 있는 바다뱀을 보았다고 말했다. 빌이 주도하면서 파도가 출렁이는 바다를 만들기 시작했다. 린다는 푸른 수평선을 그렸고 오른편 모서리에 짙은 노랑-오렌지색 태양에 많은 시간을 집중하였다. 게이브는 활동적이고 독특한 남근의 형태를 만들었고 초록색 파스텔로 바다뱀을 색칠하였다. 그리고 그는 나의 금속용 물감을 사용할 수 있을지 물었고, 나는 "물론이야."라고 말했다. 그는 긴 목에 금속용 물감으로 각기 다른 음영을 만들었다. 이렇게 할 때 아버지 빌은 뱀의 머리에 몇 개의 웨이브를 더하고, 어머니는 뱀의 머리를 꽃한 송이가 달린 작은 모자로 꾸몄다([그림 7-2] 참조).

이 사나운 바다뱀은 점점 더 기발한 장식과 밝은 색으로 치장이 되었고 어떤 모습이 될지 점점 더 흥미로웠다. 마지막으로 가족들은 작업을 마무리했고 뒤로 물러서서 감탄하며 그들의 작품을 감상하였다. 빌은 아들의 어깨에 팔을 두르며 말했다. "어렸을 때 내가 그림을 좋아했다는 것을 잊고 있었어." 그리고 린다는 게이브에게 말했다 "너의 예술적인 재능은 선천적인 거였네."

[그림 7-2] 바다에서 튀어 올라가는 바다뱀

우리는 이 상담의 종결을 위해서 회기 끝 무렵에 함께 모여 앉았다. 게이브는 그의 부모님을 보고 말했다 "부모님께 말하고 싶은 중요한 것이 있는데 지금 말하고 싶어요." 부모님은 호기심을 가지고, 그러나 수용적으로 몸을 돌려 그를 바라보았다. 게이브가 조용하게 하지만 확고한 목소리로 말했다. "엄마, 아빠, 당신의 아들은 게이예요." 빌은 게이브를 쳐다보며 말했다. "무슨 말을 한 거니?" 그리고 게이브는 그가 했던 말을 반복했다.

빌은 린다를 쳐다보았고, 그들은 잠시 동안 아무 말도 없었다. 그리고 빌이 물었다. "확실하니?" 그리고 게이브가 끄덕였다. 몇 분이 지나갔다. 빌이 나섰다. "아들아, 너는 우리의 아들이고 우리는 무슨 일이 있더라도 너를 사랑해. 네 앞에 있는 길은 쉽지 않아. 하지만 만약 네가 확실하다면 더 이상 할 것은 없구나." 린다가 덧붙였다. "나는 이 소식에 좀 충격을 받았어. 하지만 그리 크게 놀란 것은 아니야. 나도 이것에 대해서 걱정을 했단다. 나는 단지 우리가 어떻게 너를 돕고 지지할 수 있을지 잘 알 수 있기를 바라고 있어. 나도 아빠와 같은 생각이야. 그건 쉬운 길이 아니야. 너무나 많고 많은 사람이 동성애를 받아들이지 않는

단다."

나는 "지금이 커밍아웃에 가장 좋은 시간인 것 같군요. 많은 자원과 지지 집단이 있고, 게이브를 위해 도울 수 있는 방법이 많아 보입니다. 빌과 린다, 여러분이 아들을 위해 할 수 있는 최고의 지지를 보여 줄 수 있어요."라고 말하며 자리에 움츠리고 앉아 있는 가족들에게 그들이 완성한 바다에서 튀어 올라가는 바다뱀의 그림을 보여 주었다. 나는 그 가족 그림이 게이브가 비밀을 외현화하게 하였고 이 이미지에서 강한 지지를 얻을 수 있게 했다는 것을 이해할 수밖에 없었다. 나는 그들이 떠난 후에 두뇌 우반구 활동이 얼마나 자주 앞에 서서 많은 작용을 하며, 이어서 좌반구가 평가할 수 있도록 더 깊은 커뮤니케이션을 가능하게 하는지를 떠올렸다. 이 사례에서 게이브의 그림은 그의 부모님께 그의 동성애에 대해 말하는 결정(이미 결심한)을 용이하게 했고 게이브가 보이고 들리고 지지받을 수 있는(아직 결정되지 않았던) 시기를 결정짓게 하였다.

집에 가는 길에 린다는 스콧도 게이인지 물었고, 게이브는 그도 그렇다고 했다. 그리고 그들이 어렸을 때부터 서로 사랑했다고 이야기했다.

나는 게이브의 부모님에게 아동과 십 대 게이 자녀를 둔 부모를 위한 몇 가지 좋은 도서를 소개했고 이런 책들을 읽음으로써 그들이 아들과 스콧을 도울 수 있는 많은 방법을 배울 수 있을 거라 했다. 스콧은 게이브의 이야기를 듣고 자극을 받아 그의 부모님께도 이야기하기로 하였다. 하지만 그의 부모님의 지지 반응은 적극적이지 않았다. 하지만 게이브와 스콧은 자신들의 커밍아웃이 그들의 가족들과 친구들에게 그리고 그들 자신에게도 더 깊이 연결될 수 있게 하는 기회였다고 느꼈다.

CHAPTER 08

"

부엉이가 날개를 펼치다
-가족놀이 가계도가 생생해지다-

"

PLAY in
FAMILY THERAPY

1. 가족놀이 가계도

상담의 일차적인 작업은 각 개인이 그들에게 고통, 걱정, 근심을 안겨 주는 생각과 느낌을 표현할 수 있게 돕는 것이고, 그들이 치료의 목표를 찾을 수 있도록 도와주는 것이다. 그러나 내담자들은 언어적으로 능숙하게 자신을 표현하기 힘들어 하는 경우가 많으며 자발적으로 상담받기를 원하는 경우에도 그들이 진실로 무엇을 원하고 있는지 설명하는 데 어려움을 겪을 수 있다. 상담실에서 그들은 무언가가 잘못되어 있고 행복하지 않으며 어려움을 겪고 있다고 생각하거나 혹은 타인들과 거리감이 느껴지며 관계를 맺기 어렵고 분리되어 있는 것처럼 느껴진다고도 할 수 있다. 그들은 그들의 걱정과 그것에 영향을 줄 수 있는 감춰진 문제들의 원인을 명백하게 이해할 수 없거나 관련된 문제들 또는 무엇이 중요한 문제인지 정확하게 찾아낼 수 없다고 호소한다. 더구나 아이들은 인지적이거나 언어적인 것에 더 많이 취약하기 때문에 그들이 사물을 정확하게 인지하고 그 결과를 가늠하여 의미를 교정하며 언어적으로 의사소통하는 것은 상당한 제반이 따른다. 따라서 우리가 아이들과 작업할 때, 이런 일차적인 작업은 중요하다. 정신건강전문가로서 수년간 상담을 하면서 아이들을 상담에 참여하게 하고 그들을 이끌어 다른 사람들과(나와 혹은 중요한 가족 구성원들과의) 의사소통을 하게 돕기 위한 나의 상담 기술들은 기하급수적으로 증가해 왔다. 그중에 내적 자기성찰과 사회적 · 정서적 혹은 행동적 문제들을 탐색하기 위해 성인과 아동 내담자들을 초대하고 참여시키는 가장 흥미롭고 생산적인 방법 중의 하나는 가계도다(McGoldrick & Gerson, 1986; McGoldrick & Shellenberger, 1999). 가계도는 가족 패턴과 그것의 구조 그리고 생활 주기를 자세히 들여다볼 수 있는 기능을 가지면서 또한 가족 역동에 대한 포괄적인 평가를 가능하게 한다.

나는 뉴저지에 있는 모니카 맥골드릭(Monica McGoldrick)의 다문화 가족상담 연구소(Multicultural Family Institute)에서 강의할 기회가 있었다. 모니카 맥골드릭은 그녀의 학생들에게 놀이치료를 소개하기 위해서 나를 초대했다. 이것은 학생들이 놀이치료에 가계도를 융합하여 만든 세대 간 가계도를 사용하여 상담한 사례들을 발표하고 내가 그것에 대해 컨설팅을 해 주는 자리였다. 발표 중에 학생들 중 한 명이 가계도 하나를 보여 주었다. 나는 그녀가 그 가계도를 가족상담 회기에 적용해야 하며 더불어 가족 구성원들에게 '그들을 포함한 가족들 모두에 대한 감정과 생각을 보여 줄 미니어처를 고르는 방법'을 시도해 보는 것이 좋을 것 같다고 제안하였다.

이 생각은 실제로 효과가 있었다. 그 자리에 있었던 우리 모두는 가족치료에서 이 자연스러운 가족놀이 가계도를 사용하는 것은 믿을 수 없을 만큼 도움이 되고 강력하다는 것을 깨달았다. 사실 이것에 대해 내가 더 완벽하게 이해하게 되었을 때 나는 이 가족놀이 가계도는 내담자의 좌반구 활동을 줄이고, 방어가 덜하고 더 깊은 의사소통을 가능하게 하는 우반구 활동을 더 왕성하게 할 수 있게 만든다는 것을 알게 되었다. 지난 20년간, 개인들 혹은 참여한 많은 가족 구성원들이 완성한 놀이 가계도는 중요한 타인에 대한 개인의 인식을 알기 위해서 또는 상담사가 내담자를 더 깊은 수준으로 이해하기 위해서 일관되면서도 예측 가능한 방법으로 사용되어 왔다. 놀이 가계도는 내담자, 십 대들, 성인들에 대한 대표적인 평가 진행 과정에 사용되고 있으며, 수년간 여러 접근방법으로 사용되고 수정되면서 그 유용성을 확장해 왔다. 예를 들어, 나는 다른 나라와 다른 문화에서 이주해 온 내담자들에게 '가족 구성원들로부터 배운 그들의 문화와 문화적인 정체성에 대해 중요한 의미를 가지는 것들'이라 여겨지는 미니어처들을 선택하게 하여 문화적 차이와 영향력을 다룰 수 있게 한다. 이런 문화적인 가계도는 그들이 가치를 두고—그들의 현재의 삶에 통합하고자 하거나 또는 버리길 원할 수도 있는—그들의 문화적 측면들을 탐색해 보는 흥미로운 방법을 내담자들에게 제공한다.

내가 더욱 자세하게 설명하게 될 또 다른 접근방법은 드라마치료에서 가져온 몇 가지 기본 원칙을 통해 가족놀이 가계도에 생기를 불어넣는 것이다(Gil & Dias, 2014).

2. 사 례

크리스와 로다는 그들의 십 대 딸의 문제로 나를 만나러 왔다. 그들은 40대 중반의 부부로 16세 된 그들의 딸 킴이 점점 더 반항적이고 전투적이 되고 있는 것에 대해 걱정하고 있었다. 그들은 킴을 "성급하고, 불량하고, 무례하다."고 설명하였다. 로다는 매일 딸과 싸운다고 말하였고 킴은 '통제 불능'인 아이이며 진저리가 난다고 말했다. 그녀는 큰 소리로 만약 그녀의 딸이 '빨리 개선되지 않으면' 집에서 멀리 떨어진 기숙학교로 보낼 것이라고 말하였다. 내가 킴의 장점에 대해 묻자, 그들은 킴은 어렸을 때 똑똑하고 아주 무난한 아이였다고 말했다. 로다는 "어릴 때는 그랬어요. 그 아이는 내게 와서, 내 무릎에 몸을 동그랗게 하면서 그녀의 하루에 대해 말했어요."라고 말하였다. 나는 로다가 그녀의 딸로부터 거리감을 느끼고 있는 것 같다고 지적했다.

상담에 들어와서 크리스는 거의 말을 하지 않았다. 내가 그에게 직접적으로 질문하려고 하면 로다가 그 대답을 낚아채듯 말하여서 그의 대답을 들을 수 없었다. 내가 로다를 제지하면서 크리스에게 말할 기회를 주려고 하자, 그녀는 짜증난 듯 "그러세요. 그러세요. 행운을 빌어요."라고 말했다. 크리스는 그들의 딸이 점점 나빠지고 있는 듯하다는 것에 동의했고 그녀에 대해 걱정하였다. 나는 크리스, 로다, 킴과 킴의 남동생 마이크와 함께 초기 상담을 진행하였다. 남동생은 그의 아버지 곁에 아주 가까이 앉아서 아버지가 그에게 말하라고 권유하면 아주 많이 주저하면서 말을 했다. 그는 자기 나이인 여덟 살보다 훨씬 더 어려 보였다.

다른 편에 앉아 있는 킴은 딱 그녀의 나이처럼 보였다. 그녀는 팔짱을 끼고 앉아서 방 안을 둘러보고, 눈을 굴리면서 말하기를 거부하였다. 내가 그녀의 부모님에게 밖에서 기다려 달라고 말하고 킴과 상담실에 둘이 있게 되자 킴은 자신을 약간 개방하였다. 그녀의 눈은 금세 울 것만 같았다. 나는 "휴~ 너희 엄마는 할 말이 아주 많으셨나 보네! 엄마가 항상 이렇게 대화를 주도하시니?"라고 물었다. 킴은 나를 보고 눈을 굴리면서 말했다. "대단하죠. 엄마는 늘 이래요." 나는 엄마가 항상 화내면서 자신의 화를 분명하게 나머지 가족에게 표현하고 보여주는 것은 다른 가족들에게도 분명 받아들이기 힘든 부분일 것 같다고 말했다. 나는 킴이 아주 화가 나 있고 엄마의 강력한 분노와 좌절의 표현들에 대응하는 방법으로 단절을 선택하여 왔다는 걸 알 수 있었다. 나는 상담에서 최소한 몇 분 전에까지 본 것을 미루어 볼 때 다른 가족들 모두 서로 좋은 경험들을 가지지 못하고 있었던 것 같다고 하며 돕고 싶다고 말했다. 킴은 "행운을 빌어요."라고 말했다. 나는 그녀의 엄마가 아빠에게 말할 때 같은 말을 했던 것을 기억했다. "불쌍한 아빠." 그녀가 말했다. "엄마는 아빠에게도 똑같이 대해요." 나는 킴에게 엄마가 그녀를 가족 중에서 가장 많이 주목하는 것 같다고 말했다. 그녀는 주로 그렇지만 자신 다음으로는 '불쌍한 아빠'가 표적이라고 말했다. "넌 두 번이나 아빠를 그렇게 표현하는구나." 킴은 대답했다. "네. 아빠는 회사에 오래 있으면서 많은 일을 해요. 아빠는 집에 있을 때는 그냥 혼자 있길 원해요." 나는 가족들이 서로 함께 지내는 것이 즐거워 보이지 않는다고 말하면서 가족 모두가 조금 더 즐거웠던 때가 있었는지 물었다. 그녀는 너무 오래 전이라 그때를 기억할 수 없다고 말했다. 나는 조금 더 깊이 그녀에게 질문했다. "좋아, 그런 시간이 있었다는 거네……." 킴은 어깨를 으쓱하면서 말했다. "모르겠어요."

킴은 우리가 서로를 더 잘 알아갈 수 있기 위해 얼마 동안은 혼자 나를 보러 오는 것에 동의했다. 나는 그녀에게 나중에 그녀의 가족을 상담에 초대하고 싶다고 말했다. 크리스와 로다는 내가 킴과의 만남을 시작하게 됐다는 것을 듣고 좋아했다. 그리고 그들은 바로, 누가 그녀를 매주 상담에 데리고 올지에 대해 이야기하였다. 킴을 데리고 오는 것에 대하여 간단한 대화를 하는 와중에도 그들은 서로 '책임을 떠넘기고' 있다고 비난하며 가족과 관련된 일을 처리해야 하는 사람이 누구인가에 대해 논쟁하면서 서로를 향한 적대감을 드러냈다.

결국 로다가 눈을 굴리면서 어떻게 크리스의 일은 항상 모든 일보다 우선이 되는지 투덜거리면서 마지못해 동의했다. 그들이 갈등을 표현하는 방식은 강렬했고 직설적이었다. 나는 이 부부가 무엇을 함께 하는 것에 즐거움이 있을지, 만약 내가 이들의 결혼이 끝날 위기라는 것을 확인하게 되지는 않을지 걱정스러웠다.

우리는 가족상담 회기 전에 킴과의 개인상담을 통하여 관계를 형성하기로 하였다. 또한 나는 몇 가지 커플 작업이 아이들과 함께 하는 가족치료보다 선행되어야만 할 것이라는 계획도 세웠다.

1) 적합한 미니어처 창조하기: 깜짝상자

킴과의 치료는 원활히 진행되었다. 그녀는 선뜻 다가오지도 않았고 그렇다고 물러나지도 않았다. 그녀는 한 미술 작품에 약간 일시적인 관심을 보였다. 중앙의 거대한 눈물과 같이 보이는 모양으로 시작해서 그 모양이 꽃으로 변하여 피어나고 있지만 여전히 닫혀 있는 포괄적인 그림이었다. 그녀는 상담이 그녀에게 의미있는지 살펴보기 위해 '치료적인 것'들을 시험해 보려는 듯이 가끔씩 그녀 자신에 대해 표현하기도 하지만 스스로 속도를 조절하는 듯 보였다.

그녀는 내가 그녀의 부모에게 자신을 위해 대신 말해 줄 것을 몇 번 요청하였지만 나는 역할놀이를 통하여 그녀가 직접 부모님께 얘기할 수 있도록 조력하였다. 킴은 엄마 역할을 하는 것을 좋아했고 그녀는 엄마의 행동이나 말투를 마음껏 모방하였다.

네 번째 회기였던 것 같다. 나는 큰 이젤 종이를 가져와서 킴에게 그녀의 가족 가계도를 그려 보자고 했다. 내가 그녀에게 친척들, 친구들 혹은 그녀가 이 가계도에 추가하고 싶은 다른 중요한 사람들이 있는지 물었고 그녀는 없다고 했다. 내가 엄마와 아빠의 부모님, 즉 그녀의 조부모님들에 대해 물었고 그녀는 그들이 멀리 살고 있고 자주 보지 않는다고 했다. 얼마나 자주 그들을 보는지 물었을 때, 그녀는 "엄마는 할머니와 사이가 좋지 않아요. 엄마는 할머니를 더 이상 보고 싶어 하지 않아요. 아빠는 혼자서 아빠의 부모님들을 만나러 가는 걸 좋아해요. 아빠가 나를 마지막으로 데려간 건 열한 살 때쯤이었어요." 그래서인지 그녀의 가계도의 크기는 작았고, 내가 만났던 가족 구성원들만 이 가계도에 포함시켰다.

나는 킴에게 그녀 자신을 포함한 가족들에 대한 생각과 감정들을 보여 줄 미니어처를 선택하도록 하였다. 그녀는 주저함 없이 금세 그녀의 가족들에 대한 미니어처를 2개 선택했다. 부엉이와 사슴이었다. 그녀가 고른 사슴은 작았고 누워 있거나 앉아 있었고, 부엉이는 유리로 만들어졌고 아주 작고 화려했다. 그리고 그녀는 또 다시 두 개의 미니어처를 골랐다. 그리고 이것들은 그녀 자신을 상징하는 것이라고 말하였다. 그것들은 벽돌로 둘러싸인 벽과 권투선수였다.

남동생을 위해서 그녀는 책 한 무더기와 축구 선수를 골랐다([그림 8-1] 참조). 그녀는 어머니를 표현하는 것을 찾는 데에 상당한 시간을 보냈지만 적당한 것을 찾지 못했다. 몇 가지 미니어처를 골랐지만 다시 돌려놓았다(불, 6개의 머리를 가진 용, 소화전).

나는 그녀가 어머니를 위한 미니어처에 대해 계속 생각해 보도록 했고, 그녀에게 그것들은 집 주변에서도 찾아볼 수 있으니 무언가 적합한 것이 있는지 찾아 가지고 오라고 말했다. 덧붙여 그녀가 찾아낸 것은 다시 되돌려놓을 수 있으니 걱정하지 말라고 말했다. 내가 다음 주에 그녀를 만났을 때 그녀는 빈손이었고, "찾을 수가 없었어요."라고 들어오면서 말했다. 나는 이 작업이 얼마나 그녀를 어렵게 했는지 물었다.

[그림 8-1] 나는 그들을 작게 만들고 싶어요.
그것들은 항상 나의 머릿속에 너무 크게 자리 잡고 있기 때문이에요.

"우리 엄마는 어느 누구와도 그리고 어떤 것과도 비슷하지 않아요." 그녀는 말을 계속 했다. "나는 화산이나 태풍에 대해 생각했지만 그것들이 엄마를 표현하기엔 너무 부족하다고 생각했어요." 그녀는 어머니에 대한 완벽한 미니어처를 찾기 위한 노력을 계속 했다. 킴에게 이 과정이 얼마나 중요하고 복잡하고 어려운지가 점점 명백해졌고, 그녀가 어머니를 설명하려는 노력이 얼마나 도전적인 것인지 확실해지고 있었다. 마침내 그녀는 점토를 발견하곤 무언가를 만들어도 되는지 물었고, 나는 그렇게 해도 된다고 말했다.

그녀는 필요한 소품들을 찾아서 무언가를 만들 준비를 하였다. 그녀는 이 소품들을 사무실의 한쪽 구석에 두었다. 그녀는 두 가지 색의 점토를 함께 섞어 용기 속에 두었다. 그러고는 방 주변을 살피면서 볼펜을 달라고 요청하였다. 나는 그녀에게 볼펜을 주었고 그녀는 볼펜 뚜껑을 열어도 되는지 물었다. 나는 허락했고 그녀는 펜 속에 있는 용수철 코일을 꺼냈다. 그러고 나서 두 가지 색의 점토로 된 상자를 집중하여 만들었다. 킴에게는 그 상자가 자신의 손 안에 들고 있을 수 있는 크기인지와 튼튼한지가 중요한 듯 보였다.

그녀는 자신의 손바닥에 그 상자를 두고, 크기를 조절하고 매끈하게 다듬는 작업을 하였다. 그러고는 코일을 들어서 상자의 중앙에 아래로 눌러서 안정되게 했다. 나는 그녀가 무엇을 만들고 있는지 전혀 이해하지 못했다. 다음 단계에 그녀는 어떤 여자의 얼굴을 만들었다. 그녀는 얼굴의 입 부분에 웃는 입 모양 대신 검은색 원을 그렸고, 그 얼굴은 놀란 것처럼 보였다. 그러고는 이 여자의 얼굴을 코일 위에 붙이고 나서 그 점토를 손에 올려놓고 말했다. "이게 그녀예요." 나는 웃음을 참아야 했다. 하지만 그녀가 "이것은 '상자 속에 잭'이에요. 이것은 정말 긴장되어 있어요. 가끔씩 뚜껑을 날려 버리죠. 그리고는 아래위로 그리고 좌우로 흔들리면서 나와서 모든 사람에게 소리치고 고함을 질러요."라고 말했을 때 나는 그녀와 함께 미소를 지었다([그림 8-2] 참조).

킴은 어머니에 대한 자신의 인식을 설명할 완전한 방법을 찾아냈다. 다음 단계는 다른 가족들을 상징하는 미니어처들이 상자 속 잭에 대해 어떻게 반응하는지 이야기 하는 것이고, 나는 그녀에게 가계도 속 어머니 자리에다 이 점토를 두

[그림 8-2] 그녀는 항상 긴장되어 있고, 그녀의 뚜껑을 날려 버려요.

게 하였다.

세 번의 회기 동안 우리는 그녀가 자신과 가족들을 위해 선택한 미니어처들을 찾고 정하는 작업을 하였다. 이 과정이 분명히 효과가 있었음에도 불구하고 킴은 아직도 상담 과정 중 대화하는 부분에 있어서 아직 많이 제한적이었다. 나는 킴에게 부엉이와 사슴에 대해서 물었다. 그녀는 "아빠는 정말 현명하지만 대화하는 것을 힘들어 해요. 그래서 아빠에게는 대화를 끌어내야만 해요."라고 말했다. 나는 사슴에 대해서는 다음과 같은 질문들을 했다.

> 사슴이 앉아 있거나 누워 있다는 것은 어떤 거야?
>
> 얼마나 오랫동안 사슴이 앉거나 누워 있던 거야?
>
> 그 자세에서 사슴이 가장 좋아하는 것은 뭐야?
>
> 그런 자세에서 사슴이 가장 덜 좋아하는 것은 뭐지?
>
> 사슴이 앞을 볼 때, 무엇을 보고 생각하고 느끼는 걸까?
>
> 사슴이 ____________을 볼 때, 무엇을 보고 생각하고 느끼지?
>
> 사슴은 가까이에 있는 상자 속에 잭을 볼 때 무엇 같다고 생각할까?
>
> 사슴이 부엉이에게 할 말이 있다면 무슨 말일까?
>
> 사슴이 말할 수 있다면 그가 상자 속의 잭에게 무슨 말을 하고 싶을까?

킴은 상담에 잘 참여하였다. 그 아이는 자기성찰적이고 상당한 통찰을 가지고 있었다. 내가 사슴이 상자 속의 잭에게 무엇을 말할지 묻자, 킴은 "그녀가 우리를 참견하지 못하게 해요. 불쌍한 아빠는 기회가 없어요. 그는 너무 친절해요. 너무…… 불빛 앞에 얼어있는 사슴 같아요."라고 말하였다. 킴은 아빠에 대해 말할 때 눈물을 흘렸으며 아빠에게 마음이 쓰인다고 했다. 그녀는 아빠가 이 가족에 있기에는 "너무나 착하다."라고 말했다. 그녀의 아버지에 대한 애정과 어머니에 대한 인식은 양극화되어 명백하게 구분되었다. 킴의 눈에는 아빠는 피해자였고 엄마는 가해자였다.

2) 드라마치료 활동

우리의 다음 회기에서 드라마치료 기법을 이용하여 보았다. 이 기법들 중 나는 거울훈련이라는 기법을 실행하였는데, 이것은 킴이 내가 하는 행동을 단순하게 모방하거나 내가 요청하는 감정을 표현하도록 하는 활동이었다. 킴은 온몸을 사용해 내가 요청하는 구체적인 감정들을 보여 주었고, 감정의 강도를 확장하거나 감소시키면서(정서적인 변화와 조절) 감정의 볼륨을 키웠다.

그러고 나서 나는 놀이 가계도에 있는 미니어처들을 보며 미니어처가 가진 감정들을 차례로 몸으로 보여 주고 그것에 대해 설명해 줄 것을 순서대로 요청하였다. 부엉이는 자신감이 있었지만 사슴은 두려워하고 뒤로 물러나 있었다. 그녀에게 좀 더 표현해서 보여 달라고 요청하자, 그녀는 바닥으로 가더니 처음에는 앉아 있었고 잠시 후에는 그녀의 팔로 머리를 감싸 태아형 자세로 바닥에 누웠다. 킴은 그녀의 아버지가 그녀와 가족들로부터 얼마나 떨어져 있으며 그 자신을 방어하고 있는지 보여 주고 있었다.

그리고 킴은 몸으로 '벽돌로 된 벽'과 '권투 선수'를 표현해 주었다. 그녀가 표현한 권투 선수는 앉아 있는 모습이었다. 그것은 무의식적이지만 그녀의 아버지를 표현한 미니어처들(선택, 진정한 독립, 자기효용감이 다소 제한적이었던)의 자세와 닮아 있었고 이것은 나를 무척 흥미롭게 했다.

그녀는 책의 역할을 할 때 이렇게 말했다. "너는 나를 다른 형제들과 나눠야 해. 너는 그것을 너무 많이 가지고 있구나." 이것은 그녀의 동생이 학교와 학업적 성취에서 주목받고 있으며 그가 책들에 빠져 있다는 사실에 대한 희미한 언급을 하는 것이었다. 하지만 이것은 어떤 연결감도 주지 못하고 동떨어진 채로 끝이 났다.

그녀는 남동생의 축구 미니어처에 대한 것을 표현할 때, 즐겁고 흥미 있게 이야기했다. 킴은 이 아이가 "엄마가 항상 코치들과 다른 부모들에게 고함을 쳤기" 때문에 1학년에 축구를 그만두어야 했다고 말하면서 "불쌍한 아이"라고 덧붙였다. “엄마는 그 애도 역시 망쳐 버렸어요. 그 아이는 지금 거의 멍청이가 되었어요.”

내가 킴에게 상자 속의 잭에 대한 설명을 요청했을 때, 그녀는 설명할 수 있는 충분한 시간이 없다고 말하면서 지쳐 버렸다고 했다. 다음 시간에 이 미니어처에 대해 더 알아보자고 이야기하고 회기를 마쳤다. 그다음 상담시간에 킴은 내가 한번 검토해 주었으면 하는 그녀의 학교 숙제를 가지고 왔다. 나는 그녀가 지난 시간에 했던 활동을 계속 하는 것에 대해 주저하고 있다는 것을 알 수 있었다. 내가 그녀에게 오늘 우리는 상자 속의 잭에 대하여 알아볼 것이라는 것이라고 말하자 그녀는 “알아요.”라고 말하며 손을 다리 밑에 깔아 넣으며 앉았다. 우리는 긴장을 풀기 위해 몇 가지 신체 거울훈련을 하였다. 상자 속의 잭 미니어처를 표현하는 것은 킴에게 너무나 어려운 것이었지만 결국 그녀는 어머니에 대한 몇 가지 중요한 사실을 보여 주었다.

그녀가 꽉 죄인 긴장의 개념을 설명할 때, 그녀는 그녀의 모든 근육을 수축하였고, 사지를 굳은 자세로 잡아당겼다. 그 자세를 유지한 채 그녀는 머리를 똑바로 들었고, 놀라울 정도로 불편해 보였다. 내가 그녀에게 그 캐릭터가 되어 말해 보라고 하자, 그녀는 “나는 그냥 로봇이에요, 나는 그냥 로봇이에요. 나는 어떤 것도 느낄 수 없어요, 나는 어떤 것도 느낄 수 없어요.”라고 말했다. 내가 킴을 멈추게 하고 물었다. “상자 속의 잭, 그렇게 꽉 조여져 있다는 것은 어떤 거야? 너의 감정은 어떻게 된 거야?” 킴은 “나는 모든 것에 대해 걱정해요. 나는 자신에 대해 생각하지 않으려고 해요. 나는 나를 괴롭히는 것들을 해결하지 않으려고 노력하고 나를 슬프게 하는 모든 것을 피하죠.”라고 말하였다.

그러고 나서 나는 상자 속의 잭에게 만약 몸에 긴장을 풀어 버리면 어떻게 되는지 물었다. 킴은 “그럴 수 없어요. 그냥 그렇게 둘 수 없어요. 긴장을 유지해야 해요. 다른 모든 사람들에게 좋게 보여야 하거든요. 나는 통제 속에서 머물러 있어야 해요.”라고 말하였다. 킴의 통찰은 놀라웠다. 나는 킴에게 말했다 “너도 알지, 너를 똑바로 유지하고, 꼿꼿하게, 꽉 조인 채로 유지하는 것이 어떤 건지……. 네가 상자 속에 있는 스파게티 면이라고 상상해 봐. 너는 스파게티 면이 어떻게 보이는지 알 거야. 아주 단단하고 똑바르게 놓인 상태이지."

그리고 나는 다시 말하였다. "좋아. 이제 네가 상자 밖으로 나와 있다가 끓는 물 속으로 들어간다고 생각해 봐. 이제 스파게티 면이 뜨거운 물 속에서 어떻게 변화하는지 내게 보여 주렴. 그게 어떤 건지 보여줘 봐." 그녀는 자신의 근육들의 긴장을 조금씩 풀기 시작했다. 그녀는 풀어지기 시작했고, 유연하고 부드러운 스파게티 면으로 변해 가는 것 같았다. 우리가 그녀가 실행했던 것들을 살펴보기 위해 앉았을 때, 그녀는 얼마나 힘들여 긴장을 놓고 유연하게, 부드럽게, 느긋하게 표현하도록 노력하였는지에 대해 말했다.

그녀는 자연스럽게 말을 멈추며 성찰했다. 그리고는 "와우, 정말 많은 에너지가 드네요."라고 말했다. 나는 그 말에 동의하면서 덧붙였다. "그녀가 정말 풀어지는 것을 두려워하는 것 같네. 나쁜 무언가가 생길까 봐 두려워하는 것 같아." 우리는 상자 속의 잭 경험을 생각하면서 그 회기를 끝냈다. 하지만 아직 '뚜껑을 튕겨 내는' 은유에는 도달하지도 못했다.

다음 주에 킴은 앉지도 못하고 나에게 물었다. "어떻게 엄마는 할머니에게 그렇게 할 수 있죠?" 나는 그 상황에 대해 잘 몰라 답할 수 없다고 말했다. "엄마의 엄마는 정말 좋고, 조용하고, 무난한 분이었어요." 킴에게 나는 그녀가 할머니를 좋아하는 것 같이 들려서 좋다고 말했다. "나는 그녀를 좋아한다고 말하지는 않았어요. 그녀는 내성적이에요!" 킴은 발을 빼는 듯이 말했다. "너는 너의 엄마가 어떻게 이런 스타일이 되었다고 생각해?" 내가 고쳐 물었다. "내 생각에는 무언가가 잘못된 거예요. 아마도 무언가 엄마를 행복하지 못하게 만드는 것 같아요. 하지만 왜 그녀가 우리 모두에게 화풀이해야만 하는지는 모르겠어요."

나는 킴이 그녀의 어머니와 공감하려 노력하고 있다는 것을 볼 수 있었다. 나는 그녀에게 우리가 해 왔던 작업을 계속 할 수 있을지 물었다. "나는 우리가 이 과정을 다 끝낸 거라고 생각했어요." 그녀가 말했다. "음, 거의 다…… 살펴볼 몇 가지만 남았어."라고 말하며 나는 킴을 차가운 스파게티 상태로 다시 안내하였다. 그녀는 그 '꽉 조인'이라는 은유를 몸으로 표현하였고 나는 그녀가 충분히 조여져 있고 이제는 뚜껑을 튕겨 버리는 것 외는 할 수 없는 상태에 있다고 상상해 보라고 말했다.

그녀는 나와 함께 '뚜껑을 튕겨 냄'이라는 은유를 표현하는 작업을 같이 하였다. 그녀는 결국에 끊어져 버리는 것처럼 그녀의 팔을 아래위로 흔들면서, 여기저기에 소리를 지르고 고함을 치면서 방 주변을 돌아다녔다. 그녀는 잠시 동안 그렇게 하고 나서 소파로 돌아왔다. "휴우, 숨 좀 쉴게요."라고 말했다. 그러고 나서 우리는 그녀의 생각과 감정에 대해 알아보고, 흥미로운 깨달음에 도달하였다. 킴은 이 상황에서 엄마가 '뚜껑을 튕겨 냄'이라는 행동 외에는 다른 출구가 없어 보인다며 자신을 그렇게 꽉 조이지 않는 것이 얼마나 다행인지에 대해 이야기했다. 이 회기가 끝날 즈음에 나는 가족치료 회기에 대한 제안을 하였고, 불편하면 커플(그녀와 그녀의 아빠, 그녀와 그녀의 엄마, 그녀와 그녀의 남동생) 간 상담을 먼저 할 수 있고 그렇지 않으면 모든 가족원과 다 같이 만나는 것으로 넘어갈 수도 있다고 말했다. 그녀는 아빠와 제일 먼저 만나고 싶어 하였다.

3. 가족 회기

우리의 치료는 킴이 그녀의 아빠, 그녀의 남동생 그리고 결국엔 그녀의 엄마와 함께 하는 연결 가족상담 방식으로 진행되었다. 우리가 했던 작업은 심오했고 깨달음을 주었으며, 특히 그녀가 아빠를 만났을 때는 감동적이었다. 그녀는 그녀가 만든 가계도를 아빠에게 보여 주었다. 나는 크리스에게 킴이 선택한 미니어처들에 대한 그의 생각을 물었다.

"나도 때때로 그렇게 느껴요. 소심하고 접촉을 피하는 존재처럼. 나는 예전에는 그렇지 않았어요. 그런데 지금까지 수년간 내향적으로 변해 왔어요." 나는 그가 만약 벽돌 벽이 되어 말을 한다면 벽이 부엉이에게 무엇이라 할 것 같은지 물었고, 그는 "그쪽에 가지 마, 거긴 막다른 길이야. 벽에 착륙할 방법을 찾아…….

그건 정말 중요해."라고 말했다. 그들은 어떻게 서로 가까워질 수 있을지에 대한 실질적인 대화를 나눴고, 나는 그들에게 통합을 위하여 그들의 미니어처 중 하나를 골라 보라고 했다. 킴은 그 벽돌 벽을 집은 후 팔을 옆에 붙이고 다리를 모으고 바닥에 누웠다.

그녀는 아빠에게 부엉이 말고 사슴이 되라고 말했고, 그녀와 함께 바닥에 내려와 같이 있자고 했다. 크리스는 그렇게 했다. 그는 딸을 바라보면서 약간 웅크리고 누워 대화했다. "이건 좀 멀리 있는 느낌인데요, 스파츠(그녀가 부르는 아빠의 별명)." "너는 오랫동안 나를 그렇게 부르지 않았잖아." "하지 말까요?" "아냐, 난 좋아." 나는 크리스가 말한 것을 반복하였다. "사슴은 벽으로부터 좀 떨어진 느낌이 든다는 거네요." 그러자 킴이 말했다. "아빠가 말하면, 내가 조금 더 움직일게요." 아빠는 즉시 딸 쪽으로 좀 더 허겁지겁 다가갔고 그의 팔이 딸에게 닿았다. 킴이 말했다. "멋져요. 조금 더 가까워지는 건 멋지네요." 크리스가 먼저 일어서고, 딸이 따라서 일어났다. 우리 세 명은 바닥에 앉았다. "내가 보기에 서로를 향해 갈 수 있는 많은 작은 길이 있어요." "벽은 걸어갈 수 없어요." 킴은 내가 몇 개월 전에 만났던 십 대 아이와 같은 아이인가 싶게 다른 모습을 보이며 말했다. 나는 "정말 그렇네. 두 분이 거기에 대해 생각해 봐야겠네요."라고 응답했다.

연결 회기들은 잘 진행되었다. 그러나 킴에게는 어머니와 함께 하는 상담에 아직 많은 두려움이 있었다. 그렇기 때문에 킴과 나는 대화를 구조화하는 많은 방법에 대해 이야기해야만 했다. 그녀가 엄마와 함께 있게 되자, 그녀는 내게 그녀가 만든 놀이 가계도를 엄마에게 보여 줘도 되는지 물었다. 나는 깜짝 놀라서 정말 원하는지 물었다. 그녀가 확신에 찬 듯 보였기에, 나는 가계도 그림을 꺼내와서는 함께 가족 놀이 가계도를 다시 재구성하였다.

나는 로다에게 놀이 가계도는 내가 가족들과 함께 상담할 때 이용하는 것으로 종종 사람들이 서로에 대한 감정을 표현하는 또 다른 방법이 되곤 한다고 설명하였다. 로다는 이해한 듯했지만 의구심이 있는 듯 보였다. 킴은 그녀가 엄마에게 딱 맞는 미니어처를 찾기가 얼마나 어려웠는지 설명했다. "흠…… 그건 좋은 신호는 아닌데……." 로다가 말했다. 나는 "킴은 할 수 있는 최선을 다했어요. 그것은 그녀가 관계를 표현하는 것을 얼마나 중요시했는가를 보여 주는 것이에요."라고 설명해 주었다. 킴이 상자 속의 잭에 대해 이야기했을 때, 로다는 눈에 띄게 화가 나 보였지만, 내가 그녀에게 킴이 말하는 것을 끝낼 때까지 기다려 달라고 요청했기 때문에 조용히 있었다.

그러고 나서 그녀는 엄한 목소리로 말했다. "킴, 나에 대한 묘사는 너무 불공평하구나. 네가 나를 그런 공격적인 이미지로 정한 것은 너무 모욕적이야." 킴이 "나는 엄마가 이렇게 대응할 거라 생각했어요."라고 말했고 내가 대답했다. "좋아, 내 생각에 너는 엄마가 이런 식으로 대응할 것을 이미 알았구나. 하지만 너는 너의 설명을 끝까지 계속 했고 너의 생각을 나눴어. 그게 중요한 거야. 내가 너희 엄마께 몇 가지 질문을 좀 해도 될까, 킴?" 킴은 묵인하였고 나는 그녀의 엄마에게 말했다. "이 은유의 의미를 조금 더 깊이 살펴보았으면 해요. 지금부터는 표면적인 것은 접어 두기로 하죠. 괜찮겠어요, 로다?" 로다는 아주 화가 나 있었다. "킴은 상담과정에서 꽉 조여져 있는 상태에 대해 이야기를 했어요. 거기에 당신에게 해당될 만한 것이 조금이라도 있나요? 저는 나 자신은 물론 대부분의 사람에게 이 부분은 모두 조금씩 해당된다고 생각되거든요." 내가 물었다. 로다는 "네, 물론, 그렇죠. 때때로 나는 내 어깨에 너무 많은 스트레스가 있다고 느껴요. 그리고 전 그걸 혼자 짊어지고 있어요."라고 대답했다. "이해해요, 로다." 나는 그녀의 말에 끼어들며 말했다. (나는 로다가 이 시점에서 집에서는 결코 어찌 할 수 없었던 킴의 행동에 대한 장황한 비난을 시작하려 한다고 생각했다.) "그런 것을 느끼는 건 너무 힘들죠, 그렇죠? 당신이 모든 짐을 다 짊어지고 있다고 느끼는 것…… 로다, 당신은 도움이 필요해요. 당신 어깨에 너무 많은 것을 지고 있다는 것은 쉬운 일이 아니에요." "맞아요. 동의해요." 그녀가 말했다 "어느 누구도 그걸 이해하지 못해요. 그들은 내게 관심이 없거나 내가 무슨 문제가 있다고 생각해요. 그들은 내가 그냥 스트레스가 많기 때문이라고만 생각해요." "당신이 그렇게 말하는 건 흥미롭네요. 왜냐하면 킴은 사실 당신의 스트레스에 대해 이야기 듣는 것에 관심이 있었다고 해요."라고 내가 말하자 킴은 의아스러운 듯이 나를 쳐다보았다. 나는 그녀가 엄마에 대해 가졌던 첫 번째 질문들 중 하나를 기억하는지 물었다. 그녀는 잠시 생각했지만 기억하지 못했다. 나는 그녀에게 엄마가 조여진 것을 느끼는 것이 얼마나 스트레스를 받고 지치는 일인지 이해했던 때를 상기시켰다. "아, 네." 그녀가 말했다. 그러고 나서 나는 로다에게 그녀가 겪고 있는 스트레스에 대해 킴에게 좀 이야기해 줄 수 있는지 물었다. 그녀는 킴과 남편을 비난하는 것을 피하면서 수정된 관점을 가지고 그녀가 겪고 있었던 것들에 대해 잘 설명했다. 킴은 엄마에게 몇 가지 질문을 하였다. "엄마는 대학에 다닐 때 뭘 하길 원했어요?" 로다가 말했다. "그건 너무 오래된 일이야. 하지만 나는 그 당시에는 미술에 대한 열정이 있었단다." "왜 그때 그걸 공부하지 않았어요?" 킴이 묻자 로다가 말했다. "우린 경제적으로 충분치 않았어." 킴이 다시 물었다. "지금은요? 공부를 다시 해 보시는 것은 어때요?" "나는 지금 너무 늙었어. 킴, 너는 내가 포기해 온 것들을 모를 거야." 나는 다시 로다를 제지하고 말했다. "킴, 정말 멋진 생각을 했구나. 지금도 아주 많은 미술 과정이 있어요. 옛날과는 달라요."

그리고 나는 로다에게 '뚜껑을 튕겨 버리는' 것에 대해 이야기하며 그녀의 딸에게 그것이 얼마나 속상한 것으로 보일 수 있는지를 다시 이야기했다. 나는 로다에게 킴이 그것에 대한 놀라운 통찰을 보여 줬다고 말했다. 로다는 말했다. "맞아요. 내가 그 조여져 있는 상황에 있었을 때, 뚜껑이 튕겨 나가는 것 외엔 다른 것을 할 수 없었어요." 나는 로다에게 킴이 그렇게 강력하고 스트레스가 가득하게 된 상황에서 그렇게 할 수밖에 없었을 것 같다는 것을 이해했다고 강조하였다. 그리고 나는 깊게 숨을 쉬면서 말했다. "로다, 우리는 어떻게 스트레스가 쌓이지 않게 할 수 있을지에 대해 그리고 당신이 뚜껑을 튕겨 버리고 나가 스트레스를 표현해야 하는 상황을 만들지 않도록 도와줄 방법과 당신이 위로를 받을 수 있는 것에 대해서 이야기할 수 있을 거예요." 로다는 많은 이야기를 하지는 않았지만 고개를 끄덕였다. 킴은 엄마의 침묵을 이해했고 꼭 대답하려 노력하지 않아도 된다는 메시지를 주며 이렇게 말하였다. "엄마, 내가 만약 엄마의 기분을 나아지게 할 수 있는 방법을 알려준다면 엄마에게 더 도움이 될 거예요." 로다는 딸을 보았다. 킴의 친절함과 돕겠다는 제안은 전달되는 듯 보였다. 로다는 다시 어깨를 으쓱하였고 어떠한 말도 하지 않았다. 나는 지금 로다가 초기 상담 과정에서 그녀가 원했던 것 중의 한 가지—그녀의 딸이 그녀에게 의지하고 대화를 원하는 것—가 이루어진 순간임을 인식하고 그것에 감사할 수 있도록 도왔다. 로다는 약간 누그러진 듯해 보였고 상담의 해결 방향으로 가고 있는 듯했다. 킴은 스파게티 면이 물에 닿았다고 속삭였다.

이 가족에서 하나의 핵심적인 회기가 내 머리(그리고 마음)에 강하게 각인되었는데, 가족들 각자가 원래의 미니어처 특성 중의 하나를 연기하는 조각 연습을 하는 것이었다. 아빠는 부엉이가 되었고, 킴은 권투 선수, 마이크는 축구 선수(흥미롭게도 아이들 둘 다 스포츠 스타를 원했다)가 되었다. 나는 미니어처들(상자 속의 잭을 포함)에게 처음, 중간, 끝을 가진 이야기를 만들어 볼 것을 요청했다. 그들이 만든 이야기는 이전에 자연스럽게 벌어졌던 그들의 상황과는 거리가 있었다.

주목할 만한 한 가지는 아빠를 상징하는 부엉이가 이야기 안에서 날개를 펴고 비행하고 있었다는 점이다(자신의 미니어처인 부엉이를 표현하였다). 이것은 처음으로 가족 역동을 극적으로 변화시켰다. 그는 팔을 펼치고 방을 돌아다녔다. 때론 '사물을 더 잘 보기 위해서' 소파에 앉기도 했다.

상자 속의 잭은 거리낌 없이 말하기 시작했다 "이 상자 안에서는 아무것도 볼 수 없어요. 부엉이 씨, 당신이 보고 있는 것을 말해 주세요. 내가 나가도 안전할까요?" 킴이 말하였다. "아마도 상자를 열 수 있는 버튼이 있을 거예요." 이것은 킴이 로다가 그녀 자신을 꽉 조이지 않게 조절하고 스스로 자신의 상자를 빠져나올 수 있는 방법을 소개한 것이며 매우 의미 있는 순간이었다. 이것은 오히려 내가 '혼돈의 회기'라 부를 만큼 많은 것이 빨리, 연속적으로 발생하였다. 하지만 전체적인 효과는 은유들이 암호화된 의사소통의 매개 역할을 하였고, 가족들이 움직이고 있고 웃고 있다는 것, 그리고 부모가 함께 웃으면서 같은 소파에 앉았다는 것이었다. 이것은 자연스럽게 그리고 창조적으로 발전하는 가족 내의 긍정적인 변화들을 자극하였다.

CHAPTER 09

"

사랑이 길을 안내하다
-커플 난화에서 선명함이 드러날 때-

"

PLAY in
FAMILY THERAPY

1. 사 례

동부 해안의 작은 사립대학에서 강의를 하며 코니와 진을 만났을 때, 그들은 둘 다 40대 초반이었다. 우리의 초기 면접에서 그들이 자신들의 삶에서 겪은 유사한 경험을 내게 설명하였고 그들에게는 많은 공통점이 있다는 게 명백하게 드러났다. 두 사람은 전형적인 양부모가정에서 태어났고 부모들은 그들에게 헌신하였다. 특히 그들의 학업적 성공을 이루는 데 있어서 더욱 그랬다. 그들은 자신들의 어린 시절은 행복했고 안정적이었으며 평온하고, 외상 경험이 없었다고 느꼈다. 그들은 둘 다 삶에서 성공하고자 하는 동기가 있었고, 서로 아무것도 아니었던 때부터 언젠가 박사가 될 거라고 확신했다고 말하며 서로를 보며 찡긋거렸다.

키와 몸무게가 유사한 이 두 여성들은 그들의 수수한 외모까지도 비슷했다. 나는 그들의 커밍아웃 경험이 유사했던 것들을 듣고 놀라지 않았다. 그들이 커밍아웃을 했을 때 자신들의 어머니들은 "알고 있었지만 캐묻고 싶지 않았다." 고 했으며 아버지들은 예상했던 관용의 태도를 보여 주는 것 같았다고 했다. 그들의 개인적인 삶은 그냥 그러했고 어떤 누군가의 간섭도 없었다.

이런 초기의 대응들은 그들이 부모들을 실망시키거나 어떤 면에서 비난받을 수 있다는 예측 가능한 불안과 공포를 완화시켜 주었지만, 그들의 관계가 양쪽 부모 모두에게서 지지받지 못했다는 것은 분명했다. 실제로 그때부터 부모들이 그들의 개인 삶에 대한 이런저런 질문을 하는 것은 없어졌다. 이것은 마치 부모들이 그들에게 친밀감을 더 이상 가지고 있지 않다는 것을 의미하는 듯했다.

코니는 양성애자였던 한 여성과 대학 시절 '유사 관계(quasi-relationship)'를 가진 적이 있었는데 그 여성은 코니를 숨겨 두고 싶어 하는 듯 보였다. 그들은 코니가 빠른 성관계와 가벼운 대화에 대한 그녀 애인의 요구를 들어줄 때만 가끔씩 데이트를 했다. 코니는 이런 관계를 "기어 2단으로는 결코 진입할 수 없는" 관계라고 묘사했다. 그녀는 성적인 도구로서의 자기 자신의 역할을 깨달았지만, 그녀 스스로도 그런 역할을 받아들였다고 설명했다. 그 외에도 몇몇 다른 서툰 데이트에 대해 그녀는 말했고, 그녀는 자신이 이성애자를 게이로 오해했던 많은 경험에 대해서는 웃음을 보였다.

진은 한 번의 심각한 관계가 있었지만 애인이 그들 친구 중 한 명과 함께 자신을 배신하는 비참한 결말로 끝이 났다고 했다. 진은 그녀가 수년간 "망연자실 상태"였다고 말했고, 콘서트와 영화를 보기 위해 친구들 모임에 가는 것 외에 다른 관계는 다 끝을 내겠다고 맹세했다고 한다. 그들은 자신을 스스로 사랑과 관련해 경험이 부족하다고 생각한다며 그들이 다음 단계로 나아갈 수 있을지 결정해야만 하는 갈림길로 이끈 깊고 열정적인 연애담에 대해서도 이야기하였다.

진은 가까운 주에 있는 한 대학에서 종신 재직을 제안받았고, 그것을 받아들이고 싶었지만 그녀의 사랑하는 파트너 코니를 두고 떠날 수가 없었다. 하지만 코니의 마음을 확신할 수 없었고 이 관계가 더 이상 지속되지 않을 때 그녀가 포기해야 하는 것들에 대한 불안감을 표현했다. 그들은 이런 상충하는 요구들 사이에서 방향을 찾고 자기들의 헌신을 확인해 보고자 치료사를 찾아 자신들의 딜레마에 대해 이야기해 보기로 결정했다고 했다.

1) 커플 회기

나는 코니, 진과 함께 세 개의 전통적인 이야기치료 회기를 진행했고, 그들은 그것을 멋지게 해냈다. 그들은 분명하게 말하고 표현하였는데 더욱 중요한 것은 그들이 믿을 수 없을 만큼 통찰력 있고 개방적이었다는 것이다. 나는 그들과 계속 만날 수 있었고 몇 주 동안 그들의 딜레마에 대해 더 이야기할 수도 있었다. 나는 그들에게 표현치료를 소개하였다. 어떤 면에서는 내가 이 상담을 더 깊게 다루고 싶기도 했지만, 또 한편으로 그들이 나를 보러 오기 전에 몇 가지 결론을 가지고 충분히 서로 훌륭하게 소통하였기 때문에 이 치료가 가능했다.

나는 그들과 미니어처와 미술 두 가지를 이용한 작업을 했다. 이 두 가지 활동은 우리가 심사숙고하고 내적으로 성찰하며 행동하는 데 있어 발판을 제공하였다.

내 사무실에는 모래놀이치료를 할 수 있는 수백 가지의 미니어처를 전시하는 벽 선반과 함께 사각의 모래상자 등의 치료도구들이 준비되어 있다(Homeyer & Sweeney, 2010). 모래놀이치료를 할 때, 나는 내담자들이 미니어처를 사용해서 모래상자 안에 자신만의 세상을 만들도록 한다. 이 사례에서 코니와 진에게 아래 내용을 표현할 수 있는 미니어처들을 찾아보도록 요청하였다. ① 지금의 그들의 관계에 대한 생각과 감정을 보여 주는 미니어처 ② 지난 5년간 그들의 관계를 어떻게 생각하고 느끼는지를 보여 주는 미니어처[이런 종류의 상징적 작업은 이 책의 제8장에서 맥골드릭과 길(McGoldrick & Gil, 2008)이 설명했던 가족놀이 가계도를 확장한 방법이다]. 내가 우리의 이야기 회기에서 그들의 미래 관계를 어떻게 보는지에 대해 질문했을 때 그들은 놀라울 정도로 구체성이 부족했다. 그래서 나는 이런 대안적인 언어를 사용했을 때 어떤 일이 일어나는지 보는 것이 흥미로웠다.

진과 코니는 그들의 관계를 다음의 상징들을 선택하여 표현했다. 진은 하트와 비둘기, 코니는 무지개와 사슴이었다. 그들은 서로에 대해 느낀 평화로움과 사랑에 대해 쉽게 이야기했고 그들이 보여 준 취약성에 대해서도 이야기하였다. 코니는 또한 폭풍우와 어두운 시간 후에 하늘에 완전한 색으로 나타난 무지개에 대해서도 이야기하였다.

그들의 미래 관계를 나타내기 위해 선택한 미니어처들은 강렬한 것들이었다. 코니는 태닝 의자와 개방된 문을 가진 작은 나무로 된 집을 선택했고, 진은 안에

야생마, 부서진 검은색 하트 그리고 초록색의 빛나는 바위를 가진 울타리를 택했다. 이런 사물들은 코니가 '빛으로 들어가기 위해 나오는 것' 그리고 결코 다시는 어둠 속으로 돌아가고 싶지 않은 것, (태닝하는 사람처럼) 드러내고 싶은 것에 대해 이야기하게 했다. 코니는 그녀의 과거 관계, 진을 버려짐의 공포에서 벗어나게 돕고, 그녀를 안전한 울타리 안에 있게 할 필요성이 있다고 느끼는 그녀의 생각 그리고 그들이 함께할 수 있는 삶에 대한 희망과 낙관론에 대해 이야기했다. 그러나 이런 대화는 명확하지 않았고, 그들의 현재 느끼는 공포들을 반영하는 듯 보였다. 나는 그들이 미래에 대한 것으로 선택한 많은 상징들이 그들이 예상한 공포들보다 명백하지 않은 것에 주목하였다. 또한 나는 두 여성이 자유로운 것, 뒤로 가고 싶지 않은 것으로 언급한 부분을 지적하였다. 그들은 우리의 상담이 끝나고 자리를 떠날 때 깊은 생각에 빠져 있었다.

2. 가족 난화

두 번째 활동은 난화 그리기라 불리는 것으로 카이아트코스카(Kwiatkowska, 1978)가 개발한 미술치료 평가의 하나다. 나는 큰 두 개의 포스트잇 이젤 종이를 약간 거리를 두고 놓았다. 그러고 나서 코니와 진에게 팔에 힘을 빼고 공기 중에 원을 만드는 동작을 요청하여 그들을 이완시킨 후, 밝은 파스텔 분필을 사용해 준비된 종이에 눈을 감고 낙서를 하도록 했다. 그들은 완벽하게 협력해서 두 개의 낙서 그리기를 완성하였고 나는 그들에게 그 그림들을 살펴보도록 했다. 그리고 그들이 무엇을 볼 수 있는지 확인시켰다.

그 후에 두 가지 난화 중 한 가지를 선택하게 하고 색, 모양, 선, 단어들 또는 그들이 원하는 모든 것들을 이용해서 그림으로 완성하게 시켰다. 그들은 코니의 난화를 선택하였고 아주 진지하게 작업을 진행하였다. 그들이 이 작업을 완성하는 데 50분이 걸렸다. 작업을 끝내고 나서는 눈물을 글썽이며 그 그림들에 대해

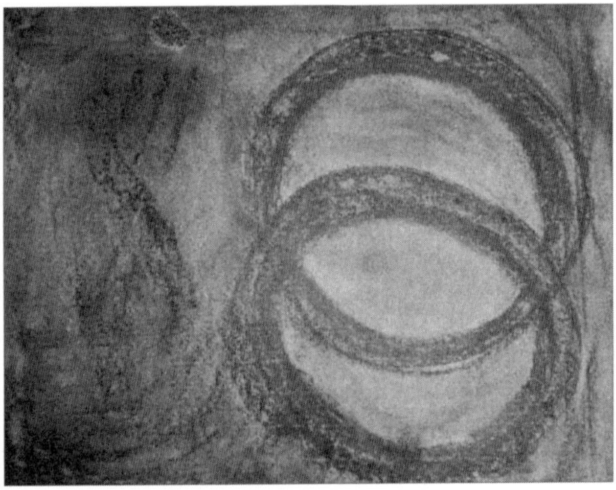

[그림 9-1] 결혼 반지가 보여요.

설명했다([그림 9-1] 참조).

진이 먼저 말했다. "우리 둘 다 법적으로 동성 간 결혼이 허용되는 곳에서 살기를 원한다고 명확하게 말하는 것을 두려워했어요." 진은 말할 때 눈물을 흘렸다. "나는 그녀가 나의 부인이며 삶의 최고의 친구이길, 나의 배우자이길 원해요. 그러나 나는 움츠러드는 너무나 두려운 느낌이 들었어요. 내 마음을 전달하는 것이 불쾌감을 주지 않을까 혹은 그것이 너무 빠른 것은 아닐까 혹은 그녀가 다른 누군가를 원하는 것은 아닐까, 조금 덜 심각하고 더 재미있고 더 활달한 누군가를 원할 수도 있을 것 같아서……."

코니가 덧붙였다. "나는 결혼이란 형식적 개념을 비웃었어요. 나는 결혼이 내게 가능할 수 있다거나 실현 가능하다고 결코 생각하지 않았어요……. 나는 진도 우리의 관계를 공개하고 싶어 하지 않는다고 생각했어요……. 나는 항상 뒤에 머물러야 할 것이라고 추측해 온 것 뿐이에요. 하지만 내가 뭔가 다른 사람을 원하는 일은 일어나지 않을 거예요." 나는 그들이 효과적이고 진실한 방식으로 의사소통을 사용하는 애정 수준에 놀랐다. 나는 그들이 더 말할 수 있도록 지지했고, 또한 그림으로 만든 작품에 대해 이야기하도록 격려했다. 그들은 손을 잡

왔고 진이 말했다. “내가 볼 수 있었던 것은 다소 떨어져 있기도 하지만 가까워질 수 있는 두 개의 원이었어요.” 그녀는 그림을 가리켰는데 분명하게 두 개의 원이 함께 연결되어 있었다. 그녀는 말했다. “나는 원을 넓혔고 다른 하나와 자연스럽게 연결할 수 있었어요. 우리는 서로 많은 말을 하지는 않았어요. 하지만 우리가 무지개 색을 칠할 때 우리는 함께하고 있는 듯했어요. 그림이 우리의 기분을 좋게 하는 것 같았어요.”

나는 그들에게 뒤로 좀 더 물러서서 그림을 보도록 요청하고(우리는 그림에 대해 이야기할 때 한 걸음 물러섰다) 그들이 뒤로 조금 더 물러서서 그림에 집중했을 때 진은 코니의 손을 잡고 말했다. “내가 보는 것이 네게도 보이니?” 코니는 확고한 목소리로 말했다. “반지처럼 보여…… 결혼 반지.” 진은 그것이 그녀도 보았던 것이라고 말했고, 그들은 웃으며 포옹했다.

우리는 그들의 변화를 실행하기 위한 계획과 그 과정에 대한 두려움과 걱정되는 예측들에 대한 논의를 위해 몇 번의 회기를 더 진행하며 만났다. 진은 코니가 그녀와 함께 더 안정적인 지역으로 가기 위해서 그녀의 직장을 포기해야 한다는 것을 알기 때문에 조금 더 걱정하고 있었다. 그러나 코니는 그녀가 탐색한 직장들에서 긍정적인 대답들이 있다며 기뻐했고, 두 개의 또 다른 인터뷰를 기대하고 있다고 했다.

나는 여러 가지 이유로 표현치료들을 활용하고 있는데, 그 이유 중 하나는 표현적인 치료가 내담자의 목표를 진행시키는 데 은유적 언어를 제공한다는 것이다. 또한 모래와 미술과 스토리텔링에서 은유들과 함께 작업하는 것은 내담자들의 외현화된 근심과 걱정을 충분히 안전하게 표현하도록 하는 방법을 제공할 수 있다는 것을 발견하였다. 내가 코니와 진과 사용한 활동 두 가지는 내담자들이 어떻게 때때로 언어적 표현보다 더 깊게 접촉할 수 있는 지를 보여 주었다. 또한 그것들을 환기시키고 유용한 방식으로 만들어 낸 외적 은유와 상호작용하는 능력을 이끌어 내고, 때로는 존재하는 방어기제를 자연스럽게 우회시킨다(Gil, 2014).

CHAPTER **10**

“그 녀석이 내 입안에서 무슨 짓을 하고 있는 거야

–가족 역동 평가에서 가족 예술 작업의 활용성을 보여 준 상어 이야기–”

PLAY in
FAMILY THERAPY

1. 사 례

루시아는 그녀의 13세 된 딸 메리 베스가 갑자기 비협조적이게 되고, 시무룩해하며, 우울해진 것에 대해 걱정하였다. 루시아는 메리가 작년에 살이 30파운드나 쪘으며 그녀의 작은 키를 감안하여 볼 때 지금의 몸무게는 적당하지 않다고 했다. 불과 2년 전까지 메리 베스는 행복하고 명랑했으며 가족 모두와 잘 지내며 가족의 기쁨이었다고 설명하며 루시아는 울었다. 메리 베스는 엄마가 이렇게 말할 때 눈을 굴렸으며, 자신을 "더러워지고, 냄새 나고, 마치 다른 아이처럼" 변했다고 표현하는 엄마에게 그녀는 혐오스럽다는 표정을 지었다.

메리 베스는 초반 회기 내내 듣기만 하고 말을 하지 않았다. 그러나 그녀의 몸짓은 무언가를 강하게 말하고 있었다. 그녀는 팔짱을 끼고 앉아서 엄마를 보지 않고 먼 곳을 바라보면서 계속 툴툴댔고 그녀의 행동은 금방이라도 이 자리를 박차고 뛰쳐나갈 것 같아 보였다. 그녀가 떠나려고 일어섰을 때 나는 조금만 기다려 달라고 말하고 이제까지 엄마의 말을 들었기 때문에 이번엔 메리의 말을 듣고 싶다고 했다. 그녀는 자리에 앉기는 했지만 엄마 앞에서는 자발적으로 어떠한 말도 하지 못했다.

이러한 그녀의 양면적인 태도를 고려하여 나는 커다란 흰 종이를 몇 장 꺼내 메리 베스에게 그림을 그리기 원한다면 이것을 자유롭게 사용해도 좋다고 말했다. 그녀는 놀란 듯 보였다. 하지만 전에 루시아가 내게 메리가 그림 그리는 것을 아주 좋아했다고 말했기 때문에 나는 이것이 좋은 방법이라 생각했다. 내가 선택할 수 있는 붓들과 은색 빛이 나는 색을 포함해서 여러 가지 색이 있는 물감들을 보여 주었을 때 그녀는 극도의 흥미를 보였다. 나는 그녀에게 원하는 것이나 떠오르는 것은 무엇이든 그릴 수 있다고 말했다. 그녀는 진한 보라색 물감에 매료되어서 그 색으로 종이 위에 일련의 원형의 움직임을 만들기 시작했다. 그녀는 작은 붓들을 이용해서 세밀하게 집중하며 아주 조심스럽게 무언가를 그리기 시작하였으며 점점 더 그것을 표현적인 것으로 확장해 나갔다. 하지만 그러다가도 그녀는 다시 그것을 통제하였다. 메리는 자신의 그림에 밝은 색을 추가하다가 다시 어둡게 만들었으며 계속해서 그런 행동을 반복했다. 그녀의 그림은 겹친 모양, 둥근 모양, 포개지는 모양들의 연속이었고, 이것은 젊은이들의 분위기와 그들의 혼돈을 표현하는 것 같았다. 그녀는 밝은 색조로 그림을 시작하고는 언제나 그것에 더 어두운 안료를 섞어 나갔다. 그러고는 모양을 만들기 위한 작은 도구를 선택했다. 계속해서 들쭉날쭉한 형태들이 더해지고 번개를 연상시키는 모양들이 생겨났다. 그렇게 작업을 마쳤을 때, 종이의 흰 부분은 다 채워지고 있었다. 마지막 결과물은 많은 색깔이 탁하게 뒤섞이지는 않은 그리고 중앙엔 깊은 회색빛이 감도는 인상적인 그림이 되어 있었다. 그녀가 그림을 그리거나 두 팔로 큰 원형의 움직임을 만들 때 그녀의 몸은 더욱 개방적이 되고 유연해 보였다. 그녀는 두세 번 일어서거나 뒤로 가서 그림이 어떻게 보이는지 살펴보았다. 그녀는 이 과정에 완전하게 몰입했고 미술 작업 동안에는 내가 옆에 있다는 것을 모르는 듯 보였다. 나는 그녀가 미술을 통해 자신을 표현하도록 조용히 있었다. 물론 그녀는 그림을 그릴 수 있는 시간이 제한되어 있다는 것을 알고 있었지만, 그녀가 그날의 마지막 내담자였기에 나는 제지하지 않았고 15분 정도를 더 진행하였다.

그녀가 다 했다고 내게 말했고, 나는 완성된 그림으로 다가가 말했다. "우리 저쪽으로 가서 함께 살펴보자." 그녀가 말을 시작할 때까지 나는 조용히 있었다. "나는 오랫동안 그림을 그리지 않았어요." 내가 말했다. "정말? 너를 위해 다시 그림을 그리는 건 어때?" "좋아요." 그녀가 말했다. "좋구나." 나는 메리에게 그녀가 그렇게 말하는 것을 들어 기쁘고 우리가 다시 만날 때 그림을 그릴 더 많은 기회를 가지게 될 것이라고 말했다. "나는 엄마 없이 그냥 우리끼리 만났으면 좋겠어요." 그녀가 말했다. 내가 "그래, 나는 엄마가 이 방에 있을 때와 없을 때 너의 행동이 다르다고 생각했어."라고 답하며 그녀에게 당분간 따로 개인상담을 통해 만나자고 하였고 이를 통해 서로를 잘 알 수 있게 될 것이라고 했다. 그리고 상담과정의 마지막에 다른 가족들이 우리와 함께 하게 될 것이고, 그 시기는 그녀가 정할 수 있게 할 것이라고 말했다.

이후의 5~6번의 회기에서 메리의 양면성이 감소하는 것이 보였다. 우리는 그녀가 일반적으로 기분이 어떤지를 정규적으로 점검하는 단계까지 발전하였고, 그녀는 그것을 이젤에 옮겨 미술로 표현하였다. 그녀가 그린 다음 두 개의 그림들은 첫 번째 것과 유사했고 어두운 색과 밝은 색을 함께 사용하는 그녀의 시도는 계속되었다. 초기에 그녀는 완전하게 모두 뒤얽혀 있는 원형의 형태를 만들었지만 나중에는 그 원들이 약간씩은 접해 있지만 많이 분리되게 하였다. 색을 칠할 때 그녀는 내게 말하기 시작했다. 처음에는 색들과 색을 섞는 것에 대해서만 말을 하다가 나중에는 학교에서 일어났던 일들 혹은 그녀의 형제와의 이야기들을 하기 시작했다. 나는 그녀를 재촉하지 않으면서 그녀 자신의 속도에 맞춰 나아갈 수 있게 여유를 가지고 그녀가 전하는 것에 관심을 집중했다. 나는 어머니가 자신을 질책하는 것처럼 느끼고 있는 메리의 생각에 주목하였고, 따로 루시아에게 그녀가 평상시 메리에게 어떻게 말하는지를 체크해 보라고 코치했다. 루시아는 그녀가 딸에게 좋게 대하면 딸이 그녀를 깔아뭉개거나 무시한다고 느꼈기 때문에 아마도 딸의 주목을 끌기 위해서 일부러 딸에게 나쁘게 말했던 것 같다고 했다.

루시아는 한 달에 두 번 상담을 받았고 나는 그녀의 '어려운' 결혼 생활에 대해 조금씩 알게 되었다. 그녀와 남편이 오래전에 각자의 길을 가기로 했다는 사실, 하지만 재정적으로는 따로 사는 것이 가능하지 않아서 여전히 같은 집에 머무르고 있다는 사실에 주목하게 되었다. 그녀는 남편이 집 지하에서 잠을 잔다고 말하며 남편도 스스로 그렇게 하는 것을 원하는 듯하다고 하였다. 또한 그녀의 남편은 술꾼이며 다혈질이기 때문에 그와 대립하거나 접촉하는 것을 피한다고 지나는 말로 언급하였다. 루시아는 천천히 그러나 확실하게 아이들에 대한 것은 모두 그녀의 몫으로 주어진 아주 불행한 가정의 삶을 살고 있다는 것을 드러냈다.

9세 된 오스카는 예기치 않게 생긴 아이로 처음에 그 아이가 태어나는 것을 원하지 않았다고 그녀는 말했다. 하지만 그는 아주 예쁘고 상냥한 소년으로 성장했고 그녀는 자신의 삶에 그가 있음에 매일 신께 감사하다고 했다. 그녀가 오스카에 대해 얘기하면 할수록, 메리 베스는 점점 더 확실하게 나쁜 아이인 것같이 여겨졌고, 오스카는 나쁜 부분이 조금도 없는 아이인 것같이 여겨졌다. 나는 루시아에게 몇 년 전 메리 베스에게 변화를 일으킬 만한 일이 있었던 건 아닌지 물었다. 루시아는 그것에 대해 많이 생각해 봤지만 설명할 수 있는 것은 떠오르지 않았다고 말했다.

2. 놀이기반 활동을 활용한 평가 모델

다른 곳에서 소개했던 것처럼(Gil, 2011a), 나는 놀이기반 발달 평가(Extended Play-Based Developmental Assessment: EPBDA)라 불리는 평가 과정을 활용한다. 이 평가는 아동들과 청소년들에게 자신들의 생각과 느낌, 인식들에 대해 표현할 수 있는 기회를 제공하기 위해 만들어졌다. 특별히 이것은 아동들이 상담사와 치료적 환경에 대해 편안함을 느낄 수 있게 하고, 상담사들이 내담자들이 그들의 세상에 대한 인식과 더불어 그 세상 속에 있는 사람들에 대해 알게 되며 내담자(아동과 십 대 청소년인 내담자)의 전반적인 기능을 천천히 평가할 수 있게 한다.

아동들이나 십 대 청소년들은 여러 가지 이유로 언어적 의사소통을 회피할 수 있기 때문에, 평가는 많은 놀이 기반의 표현 기술을 포함하고 있다. 이런 몇 가지 기술은 이 책 전반에서 더 자세하게 설명되었지만 이 사례에 연관이 있는 부분이 나올 때 다시 간단한 설명이 덧붙여질 것이다.

내가 메리 베스에게 자화상을 그려 볼 것을 요청했을 때, 그녀는 약간 망설였다. 그녀는 사람 그림은 잘 그리지 못한다고 말하고 그리기 시작했다. 그리는 동안 그녀는 그린 것을 반복해서 지우며 불만스러워했다. 그녀의 인내심이 바닥나고 곧 포기할 것이라고 여겨졌을 때 나는 많은 십 대 아이들이 추상적인 초상화를 그리기 좋아한다는 이야기를 던졌다. 그녀는 새 종이를 집으며 말했다. "무엇이든 이것보다는 나을 거예요." 그리고 그녀는 추상적 자화상을 어떻게 만들어야 하는지 물었다. 나는 그녀에게 선, 모양, 색, 단어, 이미지들, 그녀가 원하는 건 무엇이든지 그녀 스스로 생각해서 자신에 대해 표현할 수 있을 것 같은 그림을 채워 보라고 이야기했다. 그녀는 이 프로젝트를 잘 받아들였다. 그녀는 "나는 내 가족들 사이에 있는 샌드백 같아요."라고 말하면서 검은색 타원 형태를 만들었다. 나는 이것에 약간 놀랐다. 그래서 바로 "그것에 대해 좀 더 말해 줄래."라는 치료적 질문이 내 입에서 튀어나왔다. 그녀는 "아니요, 나는 그것에 대해서는 말하고 싶지 않아요."라고 말했다. 그녀는 작업을 다했다는 신호를 보내면서 소파로 가서 앉아 학교에 대한 이야기를 하기 원했고 우리는 그렇게 했다.

또 다른 놀이기반 활동은 가족놀이 가계도였다. 이것은 제8장에서 설명된 바 있다. 나는 큰 이젤 종이를 꺼내 탁자에 올려놓고 메리 베스에게 그녀의 가족에 대해 알기 원한다고 말했다. 나는 그녀가 눈을 돌리는 양가감정을 얼마나 잘 소통하는지에 대해 언급했다. 그때쯤 우리는 장난칠 수 있는 관계로 발전해서, 나는 그녀가 불평하면 서로 어쨌든 우리가 움직이고 있다는 것을 그녀에게 알려주는 것이 유용하다고 생각했다. 물론 메리 베스는 그녀가 정말로 원치 않을 때는 따르지 않았다.

나는 그녀의 아버지 조지(그는 항상 너무 바빠서 우리의 상담에 한 번도 올 수 없었다)에게는 네모 모양, 어머니 루시아에게는 원 모양을 그리고 그들을 연결시키는 선을 그리면서 어떻게 가계도를 그리는지 그녀에게 보여 주었다. 그녀는 연결선을 보고 "그들은 완전히 연결되어 있지 않아요. 그들은 정말 서로를 미워해요."라고 말하면서 빨간색 마커를 들고 선에 날카로운 구불구불한 선을 만들었다. 나는 그녀가 완벽하고 명백하게 만든 붉은 선을 주목했다. 그리고는 그녀와 그녀의 남동생을 가계도에 덧붙였고, 그녀는 즉시 다시 마커를 하나 집어 들고는 이번에는 노란색으로 동생의 네모를 색칠했다. "그냥 이렇게 해야 할 것 같아요. 왜냐하면 엄마는 항상 그 애가 태양 빛이라고 해요. 그리고 그가 '신의 키스를 받았다'고요."

나는 메리 베스의 조부모님에 대해 물었고, 그녀는 아버지의 부모님은 오래전에 자동차 사고로 돌아가셨다고 말했다(그녀는 이들의 모양을 검은색으로 칠했다). 그녀의 외조부모님은 살아계시지만 아프시다고 했고, 그들은 함께 같은 양로원에 사신다고 말했다. 그녀는 "그들은 멀리 사세요. 난 그분들이 어떻게 생겼는지 기억 못해요. 그분들은 내가 어릴 때 우리 집에 한 번 오셨어요."라고 말했다.

나는 그녀의 삶에서 다른 중요한 사람들이 있는지 물었다. 그녀는 애완동물이 하나 있는데, 모든 사람이 그 애완동물을 좋아하는 그녀가 이상하다고 생각하지만 그녀는 그것을 사랑한다고 말했다. 그녀는 자신의 애완동물이 무엇인지는 말하지 않을 거라며 내게 맞혀 보라고 말했다. 나의 내 아들이 수년간 타란튤라(대형 열대 거미과에 속하는 거미의 총칭)를 키웠기 때문에 나는 그것이라 생각했다. 기막힌 우연이었다! 타란튤라가 정말 그녀의 애완동물이었던 것이다. 그녀는 내가 자신의 애완동물을 맞혔다는 걸 믿을 수 없어 했다. 그녀가 일곱 살 때 이웃이었던 친구 데릭이 이사가면서 그 거미를 주었다고 했다. 메리 베스는 데릭이 그녀의 최고의 친구였다고 말했고 말할 때 거의 울 것 같아 보였다. 그가 떠난 후에 그녀의 삶은 결코 이전 같지 않게 되었다고 했다. 우리는 타란튤라와 데릭을 가계도에 추가하였다. 그녀의 유일한 또 다른 친구는 학교에서 함께 지내는 친구 홀리였는데, 그 친구와 같이 있으면 재미있고 신난다고 하며 최근에 우정을 발전시켜 가며 서로 좋아하고 있는 것 같다는 것을 알게 되었다고 했다. 우리는 홀리를 가계도에 추가하였다. 그러고 나서 나는 메리 베스에게 그녀 자신을 포함하여 가족의 모든 사람에 대한 자신의 생각과 느낌을 보여 주는 데 사용할 수 있는(나의 모래치료 수집물에 가지고 있던 것들 중에서) 미니어처들을 찾아보라고 요청하였다. 그렇게 메리 베스가 애쓰고 있는 것처럼 보인 것은 처음이었다. 그녀는 각각의 가족을 상징하는 완벽한 미니어처를 고를 때까지 이 과정을 계속하였다. 그녀가 이 과정을 완성하는 데 몇 주가 걸렸지만 이것을 통하여 나는 그녀를 더 잘 이해할 수 있게 되었다. 그녀는 아버지에 대해서는 칼 하나와 병 하나(이것은 그녀가 선택한 첫 번째 미니어처들이었고 그것을 가계도 속 아빠의 위치 네모칸에 두었다)를, 어머니에 대해서는 두 개의 머리가 달린 공룡을, 동생에게는 천사 하나와 무기 하나를, 그리고 자신을 위해서는 세 가지를 골랐다. 그것들은 전화하는 십 대 아이와 머리와 입을 가린 중동 여성 그리고 타원형의 검은색 점토 조각이었다. 그녀는 데릭에 대해서는 커다란 붉은색 하트를, 그녀의 새 친구 홀리에게는 작은 붉은색 하트를 추가하였다. 그녀가 적당한 크기의 붉은색 하트를 찾을 수 없었기에 타란튤라 옆에는 색칠을 하여 하트를 만들어 두었다. 그녀는 이 하트를 칠하면서 타란튤라의 이름인 탈룰라도 적었다. 그녀는 내게 자신이 지은 이 이름을 다른 누구에게도 말하지 말라고 말했고 나는 동의했다([그림 10-1] 참조).

그녀는 그녀가 만든 것들에 대해 이야기하고 싶어 하지 않았다. 하지만 그것에 깊이 감동받은 듯했다. 나는 그녀에게 그녀가 이 작업에 얼마나 진지하게 임했는지, 그녀가 얼마나 많은 시간을 들여서 자신의 생각과 느낌을 보여 주는 적절한 것들을 찾아냈는지 인정한다고 말했다. 나는 그녀가 택한 것들에 대해 생각해 보고 그녀를 더 완전하게 이해하기 위해서 노력할 것이라고 말했다. 이 과정에서 나는 한번도 그녀가 고른 미니어처들에 대해 말해달라고 하지 않았다. 그랬기 때문에 다음 주에 그녀가 각각의 미니어처 간의 자유로운 연관성을 적은 목록을 가지고 왔을 때 아주 기분 좋게 놀랄 수 있었다.

이 토론에서 그녀는 자신의 나이보다 더 성숙하고 현명해 보였다. 그동안 그렇게 어머니를 좌절시키고 우울하게 만들었던 십 대 아이가 이 아이였는지 믿어지지 않을 정도였다. 지금 내가 보는 메리 베스는 생각이 깊고 공손했으며 아주

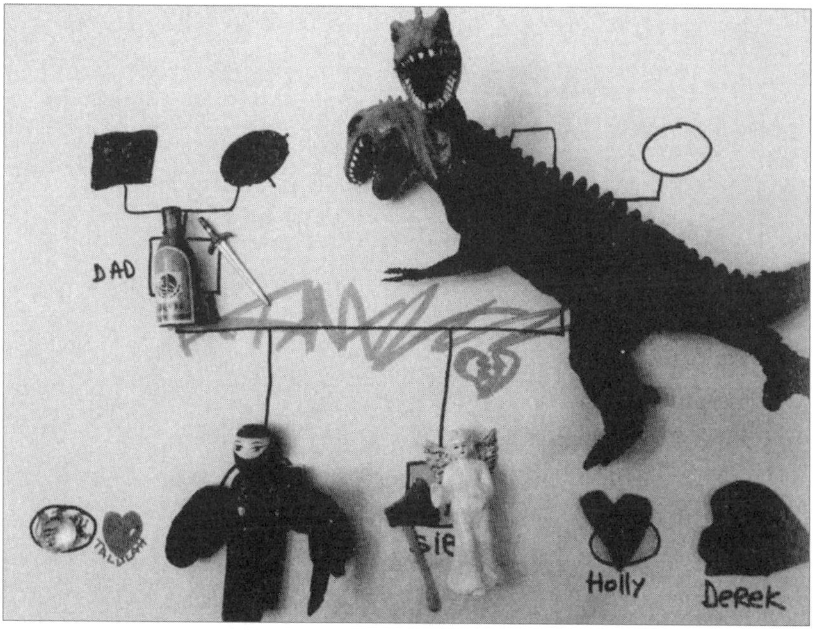

[그림 10-1] 나의 가족에 대한 나의 생각과 감정들

개방적이었고, 내적 성찰을 하고 싶어 하는 아이였다. 그녀는 내게 그녀의 아버지가 어떻게 점점 더 술을 많이 마시게 되었는지 그리고 요즘 아버지는 거의 제정신인 적이 없고 위층으로는 결코 올라오지 않으며 마치 없는 사람인 것 같다는 이야기를 하였다.

그녀는 눈물을 머금고 아버지는 그녀의 마음속에선 아주 오래전에 죽었다고 얘기했다. 또한 그가 그녀에게 얼마나 많은 상처를 주었는지 캣 스티븐스(Cat Stevens)의 노래 〈첫 번째 상처가 가장 깊었어요(The First Cut Is The Deepest)〉를 인용하면서 말했다. 아버지에 대해 말할 때 그녀는 아픈 작은 소녀처럼 보였다. 하지만 어머니에 대해 말할 때는 그렇지 않았다. 그녀는 어머니를 그녀와 아버지 모두에게 '포악하고 공격적'이라고 설명했다. "오스카가 아니었다면 그녀는 아마 내내 그렇게 못되게 굴었을 거예요. 그것이 내가 왜 그녀를 피하고 싶어 하는지의 이유예요."

그녀는 오스카에게 사용했던 천사를 집어 들고는 자신이 그를 정말 사랑한다고 했다. 그 아이는 정말 예쁘다고, 하지만 어머니는 오스카가 메리 베스와 더 많은 시간을 보내면 질투를 한다고 말했다. "그녀는 내가 동생과 지내게 두지 않아요. 그녀는 우리 사이에 끼어들고 그 애가 자신에게만 있기 원해요." 또한 "엄마가 아빠를 지금같이 되게 만들었어요."라고도 말했다. 나는 그녀가 부재 중인 아빠를 얼마나 보호하려 하는지 놀랐다. "아빠는 예전에는 이렇지 않았어요. 바로 엄마가 아빠를 미치게 만들었어요." 나는 메리 베스가 왜 바뀌었는지 이해가 되었다. 그녀는 건강하지 않은 가족 체계에서 살고 있었고, 그녀 주변에는 모든 것이 고통이었던 것 같았다. 이제 우리가 가족치료 작업으로 옮겨야 할 시간이 되었다.

3. 가족 회기

나는 루시아에게 전화하여 전화기를 들고 지하에 있는 조지에게 가서 그와 통화하게 해 달라고 요청했고, 전화로 내가 그의 딸의 상담사이며 지금 그의 딸이 심각한 위급 상태에 있으니 빠른 시일 내에 내 사무실에서 그를 만나고 싶다고 했다.

조지는 중앙아메리카에서 더 나은 삶을 위해 미국으로 넘어온 중년의 남미인이었다. 그는 부모가 자동차 사고로 돌아가신 후 17세에 홀로 남겨졌고 불법으로 이 나라에 왔다. 그는 정규 교육을 거의 받지 못했고, 가족을 부양하기 위해 두 가지 일을 하면서 살았다. 그 당시에 그는 부족한 것이 없었다. 어느 날 조지는 그가 자주 가는 맥도날드에서 카운터 일을 하는 루시아를 만났다. 그들은 금세 서로를 좋아하게 되었고 빨리 결혼해서 가정을 꾸리길 열망했다.

조지는 어린 시절, 12세 무렵부터 술을 마시기 시작했고, 그의 아버지와 할아버지도 역시 알코올중독자였다. 루시아는 십 대 때 위탁 보호시설에 지냈다.

그녀는 스스로의 노력으로 모든 것을 해냈고, 아주 독립적이었다. 메리 베스가 7세가 될 무렵까지 그들은 분명 행복했었다. 그러나 그 이후 조지가 직장에서 다른 여성과 바람을 피워 임신까지 하게 되었고 루시가 그 사실을 알게 되었다. 어느 날 루시아와 조지 그리고 그의 애인은 심각한 대치 상황에 있게 되었고 그러던 중에 그 애인이 울면서 거리로 뛰쳐나가서 달려오던 차에 치어 죽게 되었다. 조지는 또 한번 그가 사랑한 누군가를 사고로 잃게 되자 더 깊은 우울, 더 많은 음주에 빠지게 되었고, 애인의 죽음을 아내 탓으로 돌리며 아내를 외면하는 상황까지 벌어지게 되었다.

나는 조지와의 첫 번째 회기에서 이 모든 것을 알게 되었다. 그는 상담에도 약간 취해서 왔으며 그의 딸의 운명에 대해 들을 준비가 되어 있다고 말했다. 나의 전화가 그를 겁먹게 했던 것 같다. 그는 딸이 상담사를 만나고 있다는 것을 알지 못했기에 내가 의사이고 딸이 병에 걸린 것이라고 말할 것이라 예상했기 때문이다. 내가 그에게 그런 상황이 벌어진다면 어떨지 물었을 때, 그는 울기 시작했고 그가 딸을 얼마나 사랑하고 그리워하는지 말했다. 나는 그들이 서로를 잃어버린 듯 그리워하고 있는 것 같다고 말했다. “아니요.” 그가 말했다. “그 애 엄마가 그 애를 내게서 등 돌리게 했고 이제는 그 아이는 나를 미워해요! 그리고 내가 해 왔던 모든 것을 알면 미워할 거예요.” 그는 큰 죄의식에 싸여 있었다. 나는 그에게 가까이 가서 그를 똑바로 쳐다보고 말했다. “메리는 그녀 인생의 미래가 달려 있는 심각한 문제를 가지고 있어요. 그녀는 아주 불행하고 지독하게 외로움을 느끼고 있어요. 그녀는 그녀 가족의 모든 문제의 원인이 자신이라고 생각해요. 당신이 보는 것처럼 그 아이는 익사되고 있어요. 당신은 그 애를 구해야만 해요.” 그는 자기가 너무 약해서 그럴 수 없다고 말했다. 나는 그가 술을 끊은 적이 있는지 물었고, 그는 애인 신시아가 살아 있을 때 끊었다고 말했다. 나는 그때 어떻게 술을 끊을 수 있었는지 물었다. 그는 신시아가 자기의 손을 잡고 알코올중독자 모임(AA)에 데려갔다고 말했다. “지금은 그럴 이유가 없어요.” 그가 말했다. 나는 일어서서 말했다. “어떻게 당신이 그렇게 말할 수 있죠? 당신은 여전히 당신의 도움을 원하는 어린 두 아이가 있어요." "그 애들은 나를 원하지 않아요." 그가 말했다. 내가 대답했다. "아니요, 지금의 당신은 아니겠지요. 하지만 그 아이들은 당신이 그들을 사랑하는지, 당신이 그들을 돌볼 수 있는지 알고 싶어 해요. 이건 애들에게 중요해요."

나는 조지에게 그가 다시 알코올중독자 모임(AA)에, 이번에는 다른 이유를 가지고 돌아갈 수 있을지 물었다. 또한 나는 그에게 그와 메리 베스가 함께 상담에 와 주길 원한다고 말했다. 그는 메리가 그의 말을 듣고 싶어 하지 않을 거라고 생각했다(나는 솔직히 그녀가 이 상담에 올 것이라고 확실히 믿고 있었다). 사실상 메리 베스와 아버지와의 합동 회기(conjoint sessions) 이후에, 나는 가족 모두가 함께하는 회기가 진행되어야 한다고 생각하고 있었다.

몇 차례 메리 베스와 아버지의 눈물의 재회가 이루어졌으며, 이 만남에서 그들은 서로의 상처를 통해 서로를 이해하게 되었고 이후에 첫 번째 가족치료 회기가 진행되었다. 부녀간 상담에서 메리 베스는 처음에는 냉담하게 행동하여 조지에게 많은 상처를 주었다. 그러나 상담의 후반부에 그녀는 자신이 작은 소녀였을 때를 아빠가 어떻게 기억하고 있는지 그리고 아빠가 문제를 회피하고 엄마로부터 떨어져 있기 위해 왜 거리를 두어야 했는지에 대한 이야기들을 들을 수 있게 되었다. 그들은 진심 어린 대화를 나누었고 서로를 향한 움직임은 진정이 깃들어 있었다.

가족치료 회기는 모든 사람에게 도전이 되었다. 나는 '가족 난화'를 하기로 결정하였다. 모든 가족원은 그들 각자의 이젤에 걸려 있는 종이에 크게 낙서를 해보라는 요청을 받았고 그들은 각각 이젤 앞에 서서 눈을 감고 휘갈기는 그림을 그렸다. 이 활동을 위해 나는 방에 네 개의 이젤과 그 옆에 각각 파스텔 분필 한 박스를 준비하였다. '가족 난화' 활동 전에 나는 손에 분필을 들고 큰 움직임을 하면서 종이 위에 어떻게 낙서를 하는 것인지 보여 주었다.

활동의 다음 단계는 가족들이 선, 색, 모양 등을 더해 큰 그림으로 변화시킬 그림을 누구의 것으로 선택할지 결정하는 것이었다. 다른 말로 하면, 가족들은 이제 낙서를 다른 무엇으로 함께 확장시키는 작업을 하는 것이다. 모두 루시아의 그림을 선택한 것은 그다지 놀랍지 않았다. 그녀는 오스카 앞에서 최선을 다했고, 그와 메리 베스는 이 활동을 하면서 서로 즐기고 있는 듯했다.

그 그림은 큰 상어의 모양으로 변하고 끝이 났다. 누가 그것을 시작했는지는 명백하지 않았지만 그 상어 입 속에 세 개의 큰 이빨이 공들여 완성되면서 그 모습은 점점 더 무서워졌다. 물은 큰 물고기가 갈기갈기 찢어 버린 사지들로 가득 찼다. 마지막에 루시아는 다리들을 상어의 입 속에 넣었다. 조지는 그 다리를 하이힐을 신은 여자의 다리로 만들었다. 루시아가 다시 신발을 남자의 부츠로 만들어 놓았다. 이렇게 왔다 갔다 하는 것이 최소 세 번은 있었고, 나는 그들에게 5분이 남았다고 알려 주었다. 작업이 끝나갈 때 나는 그들에게 그것을 무엇이라 불러야 할지 함께 이야기해 보라고 했다. 그들이 종이 위에 쓴 마지막 제목은 '상어가 득실대는 바다 속에서의 생활'이었다([그림 10-2] 참조).

[그림 10-2] 상어가 득실대는 바다 속에서의 생활

내가 그들에게 함께 이것을 만드는 것이 어땠는지 물었을 때, 놀랍게도 아이들은 그들이 엄마, 아빠와 함께 무언가를 해 봤던 적이 없기 때문에 이 활동이 즐거웠다고 말했고 부모들은 대답이 없었다. 나는 모두에게 우리가 이 그림에 대해 좀 더 이야기하자고 제안하였고 이 그림은 나중에 그들이 상담을 마칠 때 방에 걸 거라고 말했다.

우리는 함께 그림에서 보이는 그들의 가족 역동을 앉아서 바라보았다. 우리는 그림에서 보았던 긍정적인 것들에 대해 이야기를 했다. 가족원들은 몇 가지를 지적하였다. 그것들은 '상어는 지략이 있고, 힘이 세다' '상어는 바다의 왕이다' '상어는 본능대로 행동한다' '그들은 나쁜 동물은 아니다' 등이었다. 메리 베스는 그녀의 부모보다 정서적으로 훨씬 성숙했고 심사숙고하였다. 그녀는 "더 안전한 바다에 있는 것이 좋을 것 같아요."라고 말했고, 그 말에 오스카는 "네, 우리 올챙이들과 함께 수영하는 사람들과 해변을 한 번 더 그려요."라고 덧붙였다.

나는 메리 베스가 좋은 제안을 했다고 말하면서 그녀의 의견에 덧붙여 물고기들은 때때로 위험을 느끼면 해안가에 가까운 더 안전한 바다를 찾거나 위험이 있는 장소를 피하기도 한다고 말해 주었다. 나는 보이건 보이지 않건 어떠한 위험에 대한 걱정이 없는 더 안전한 바다에서 수영할 수 있는 물고기들은 어떨지 궁금하다고 크게 말했고, 메리 베스는 "물고기가 사는 곳에는 위험이나 폭력은 필요치 않아요."라고 답했다. 루시아가 일상적으로 보여 주었던 공격적인 태도는 볼 수 없었다. 그녀는 다른 어떤 때보다 눈물을 많이 보였다. 이런 행동은 메리 베스가 설명했던 오스카가 루시아 주변에 있을 때 보이는 전형적인 그녀의 행동과 일치하는 것이었다. "물고기는 아주 똑똑할 수 있어요."라고 내가 덧붙였다. "물고기들은 더 안전한 곳으로 가서 수영할 수 있고, 그들은 그들에게 더 안전한 환경을 창조할 수도 있어요." 조지는 "물고기는 더 안전한 바다를 찾아야만 하고, 물고기들은 밖으로 나가서 그런 곳을 찾아야만 해."라고 말하며 그것을 간략하게 적었다. 이 회기에서 많은 이야기가 오고 갔다. 나는 다음의 상담은 부모들만 만나는 것으로 정했다.

다음 상담에서 루시아는 그녀가 겪어 온, 결코 떨칠 수 없었던 고통을 선명하게 돌아보면서 강렬하고 원한에 찬 언어들을 풀어냈다. 나는 조지에게 듣는 것이 괴로울 만큼 아내가 많은 고통과 슬픔을 겪어 왔던 것이고 우리는 그것을 들을 필요가 있다고 말했다. 그리고 루시아에게는 조지가 피하지 않고 들을 수 있도록 덜 폭력적인 언어를 찾는 노력을 해 보라고 요청했다. 나는 그녀에게 그녀의 언어가 너무나 공격적이기 때문에 내가 듣기에도 힘들어서 말을 가로막고 싶을 정도였다고 말했다. "나는 당신의 말을 듣기 원해요. 하지만 당신이 말해야만 하는 중요한 것들을 들을 수 있게 나를, 우리를 도와주세요."

조지는 루시아가 그의 외도에 심하게 상처받아 온 것을 듣고 충격을 받았다. 그가 대답할 기회가 생겼을 때, 그는 그녀가 자신을 원하지 않고 거절한다고 느꼈었다고 말했다. "물론이야!" 그녀는 소리쳤다 "당신은 나에겐 관심이 없는 슬픈 술주정뱅이로 변해 버렸어." 이로써 각자가 상대방으로부터 거절당했다고 느껴 왔다는 것은 분명해졌다. 루시아는 이 거절로 인해 자신의 모든 양육적 관심을 아들에게로 돌렸다고 했다. 이번에는 조지가 말했다. "당신은 내가 진실로 사랑한 유일한 사람을 죽였어." 그녀는 내 쪽으로 방향을 바꿔서 "봐요, 내가 선생님에게 말했잖아요. 그는 나를 사랑하지 않았어요." 조지가 계속했다. "당신은 사랑하기에 쉬운 사람이 아니야. 물론 나는 한때 당신을 사랑했어. 하지만 당신은 나를 두들겨 대고, 가슴에 못을 박고, 나를 작고 쓸모없는 존재라고 느끼게 만들었어." 그리고 조지는 나를 향해 말했다. "나는 방을 하나 구해서 집을 나가겠어요." 루시아는 좀 작아진 소리로 이어 말했다. "계속해 봐요. 상관없어요. 어쨌거나 당신은 오랫동안 없었던 거나 마찬가지잖아요." 그러고는 조지가 말했다. "하지만 나는 메리 베스와 만나 이야기하기 위해 여기에는 계속 올 거야. 그리고 나는 내 아이들에게 좋은 아버지가 될 거야." 루시아가 그가 그녀의 아이들과 연락하는 것을 허락하지 않을 거라고 말하자 조지는 내게 "나는 내 변호인으로부터 아버지는 권리가 있고 그 애들이 나를 보기 원한다면 나는 애들을 볼 수 있다는 것을 들었어."라고 말했다. 루시아는 분노했다. 다음 상담에서도 루시아는 그녀가 고통스러워하는 것들을 표현할 때면 기존의 표현방식을 그대로 나타냈다.

나는 다음 해에도 계속 이 가족을 만났다. 나는 루시아에게 개인치료를 추천하였고 조지에게는 일관되고 공감 어린 지원을 제공하는 좋은 AA 후견인을 연결해 주었다. 메리 베스와 그는 강한 유대관계를 형성했고, 메리 베스와 오스카도 그랬다. 하지만 여전히 루시아와 메리 베스는 치열하게 대립하면서 싸웠고, 메리 베스가 대학에 가기 위해 집을 떠났을 때 그들의 관계는 다소 개선이 되었다.

CHAPTER 11

“나를 너희 지도자에게 데려가라
-가족의 변화를 유발하는 드라마치료 기법의 사용-”

PLAY in
FAMILY THERAPY

1. 사 례

로버트 가족은 열한 살인 딸 앤 마리가 '의욕을 찾는' 것을 진심으로 돕고 싶어 했다. 아이의 행동 때문에 상담사를 찾는 다른 가족들과는 다르게 호세와 델리아는 그들의 딸이 행복하지 않다고 염려하고 있었다. 그들은 앤 마리가 외동아이이고, 일반적인 다른 아이들과는 다르게 다른 형제를 가지게 해주지 못한 것에 대해 죄책감이 있음을 표현했다. 호세와 델리아는 둘 다 많은 형제자매가 있었고 그들은 그런 가족 관계에 크게 가치를 두었다. 델리아는 확실히 아주 어려운 임신과 출산을 견뎠고, 의사들은 그녀에게 이후의 임신은 아주 위험할 것이라고 충고했다. 이 부부는 위험해서 임신을 하지 못하는 것이 딸에게서 누릴 수 있는 어린 시절의 권리를 빼앗은 것이라고 느끼며 무거운 짐을 지고 있는 것으로 느껴졌다.

내가 앤 마리에 대해 말해 달라고 요청했을 때, 그들은 동시에 대답했다. 호세는 그녀가 똑똑하고 훌륭한 학생이라고 말했고, 델리아는 그녀가 외롭고 아주 조용하다고 말했다. 그들은 계속해서 앤 마리는 미숙아로 아주 작게 태어났으며 중추신경계 질환이 있었기 때문에 자주 배앓이를 일으켜 수유가 어려웠고, 늘 노심초사하게 했다고 했다. 호세는 딸이 태어났을 때부터 아내는 앤 마리의 건강과 안전에 집착하게 되었고 그녀를 아주 조심스럽게 다뤘다고 말했다.

델리아는 호세가 자신과는 반대로 약하고 아파보이는 아기에게서 도망치려고 했었다고 짜증스럽게 말했다. 나는 그들이 딸에 대해 말하는 과정에서 그들의 결혼 생활이 딸이 태어나면서부터 변하기 시작했고, 딸의 건강 문제를 다루는 방식이 적절하지 않았다는 것을 분명히 알게 되었다. 사실 그들은 앤 마리를 걱정하고 보호하는 문제에 대해서 여전히 논쟁 중인 듯 보였다.

나는 초기 면접에서 앤 마리가 방에만 있으려 하고 부모와 저녁 식사를 함께 하지 않고 그녀의 방으로 저녁을 가져다 달라고 요청하거나, 방과 후 활동 참여나 생일 초대 수락 그리고 기타 다른 사회적 활동에 참여하는 것을 꺼리는 경향이 있다는 정보를 얻게 되었다. 앤 마리는 심지어 옆집에 사는 친구와도 집 밖을 나서지 않는다고 했고, 가끔 델리아가 그녀의 딸과 친구들이 놀게끔 시간을 만들어 주곤 했다. 앤 마리는 다른 사람들과 있을 때 매우 수줍어했다. 델리아의 몇몇 친구는 자기 아이들이 조용하고 바르게 행동하는 듯 보이는 앤 마리처럼 됐으면 좋겠다고 말하지만 실제로 델리아는 다른 부모들에게 이런 말을 듣는 게 싫다고 하였다. 무엇이든지 남의 떡이 항상 커 보이는 법 아니냐며 시큰둥하게 말했다. 그리고 그녀는 앤 마리가 더 정상이기를 바란다고 했다. 사실 나는 호세와 델리아가 우리가 함께 만나는 시간에 정상, 비정상이라는 단어를 사용하는 것을 최소 20번은 들었다. 초기 면접이 끝날 무렵, 나는 그들이 기능적인 측면에서 그들의 딸이 정상적인지 그렇지 않은지 진심으로 확인하고 싶어하는 듯하다고 말했다. 나는 다음 상담 시간에 앤 마리를 만나기로 했고, 상담 마지막에는 가족과 함께 만나게 될 것이라고 말했다. 그들은 처음에는 그 말을 이해하지 못했다. 그들은 문제를 가진 사람은 앤 마리이기 때문에 내가 그녀에게만 집중해야 한다고 생각했던 것이다. 사실 호세는 그의 아내가 그냥 초기 면접에만 함께 참여하면 된다고 말했다고 전했다.

2. 앤 마리와의 만남

나는 몇 달간 앤 마리를 만났고 그녀를 알고 좋아하게 되었다. 그녀는 부모의 말처럼 부드럽게 말하고 수줍어했다. 내가 그녀에게 부모님이 나를 만나러 오는 것에 대해 어떻게 말을 했는지 물었을 때 그녀는 "아무말도 해주지 않았어요."라고 말했다. 나는 그 말에 놀랐고 그녀에게 내가 대기실에서 엄마를 데려오는 동안 잠시 기다려 달라고 부탁했다. 나는 델리아에게 앤 마리가 왜 나를 보러 오게 되었는지 직접 이야기해 줄 것을 요청했다. 델리아는 짜증이 난 듯 내가 그녀를 대신해 말해 줄 수 있는지 물었다. 나는 델리아에게 앤을 상담에 데리고 오기 전에 말해 주어야 할 것들에 대해 설명한 것을 상기시켰고, 그녀는 앤 마리에게 말할 적당한 시기를 찾지 못했고 우리가 이야기했던 것들을 잊어버렸다고 말했다. 나는 왜 상담을 받으러 왔는지 그녀의 진심을 앤 마리에게 그냥 말하면 된다고 했다. 델리아는 어색해하며 말했다. "좋아, 얘야. 너도 알겠지만 아빠는 네가 왜 부끄러워하는지에 대해 걱정하고 계셔." 앤 마리는 멀리 바라보며 말했다. "나도 알아요." 델리아는 계속해서 말했다. "아빠와 나는 네가 행복한지 궁금해. 우리는 네가 외로워 보여. 그래서 네가 누군가에게 이야기한다면 도움이 될 거라고 생각했어." 그리고 그녀는 앤 마리에게 나는 상담사이고 무언가 잘 해결하고자 하는 것들이 있거나 다르게 변화되고자 하는 많은 아이와 함께 하는 분이라고 소개했다. 나는 앤에게 나의 일은 그녀를 조금 더 잘 알아 가는 것이고, 미술과 놀이 같은 다양한 방법으로 마음속에 걱정이 있는지 혹은 보여 주고 싶거나 말하고 싶은 무엇이 있는지를 알아보는 것이라고 했다. 그녀는 나의 말을 이해하는 것 같았고 나는 델리아에게 소개해 주어서 감사하다고 말했다. 그리고 나는 그녀에게 우리는 약 50분간 함께하는 시간을 가질 거라고 말했다.

그녀는 천천히, 하지만 확실하게 준비하는 듯 보였다. 처음부터 앤 마리는 무거운 부담감 같은 것과 고군분투하고 있는 것이 분명했다. 무언가를 조금 엿볼 수 있기까지는 몇 달이 걸렸고 이런 과정은 그녀의 놀이 커뮤니케이션을 통해서 이뤄졌다. 그녀의 초기 놀이는 모래상자였고, 많은 아이와 같이 그녀는 차가운 모래를 체로 거르고, 앞뒤로 옮기고, 손을 모래 속에 묻고, 그리고 주변을 둘러보았다. 나는 그녀가 선반 벽에 정리된 미니어처들을 사용해 볼 수 있다고 안내하였고, 그녀는 결단력 있게 미니어처들을 선택하였다. 새 둥지, 아기 새 그리고 나

[그림 11-1] 새 둥지, 아기 새 그리고 나무 하나

무 하나였다([그림 11-1] 참조).

그녀는 둥지를 꼭대기에서 짧은 가지로 옮겼다. 그리고 나서 그것을 나무둥치 안에 두었다(아이들은 이 공간을 종종 보호 공간으로 설명하고 사용한다). 때로는 새가 나무둥치 안에 있는 것을 좋아하고 그곳에 있는 것에 만족한 듯 보였다. 또 다른 때는 새가 밖에서 나는 소음과 걱정들을 듣게 되는 것에 대해 이야기하였다. 그리고 그녀는 동물 몇 마리를 가지고 와서 작은 울타리 안에 두었다. 돼지, 양, 작은 말들이 따로 떨어져서 하지만 함께 살고 있었다([그림 11-2] 참조). 우리가 이 모래놀이를 마쳤을 때 그녀는 그 상자를 살펴보면서 '함께 그리고 혼자 살아가는 것'이라고 말했다. 나는 이것이 그녀가 가족들과 함께 있을 때 그녀의 경험을 포현한 것이라 생각했다.

사실 그동안 그녀와의 상담에서 세 가지 미니어처가 항상 등장했다(처음에 골랐던 둥지, 새, 나무; 다음에는 울타리 쳐진 공간들; 마지막에는 병원, 의사, 의료진). 그녀의 이야기 속에서 그녀는 수의사가 되었다. 그녀의 일은 동물들이 휴식을 하고 있는지, 비타민을 먹었는지, 건강한 음식을 먹었는지 그리고 정기적으로 혈액 검진을 받았는지 확인하는 것이었다([그림 11-3] 참조).

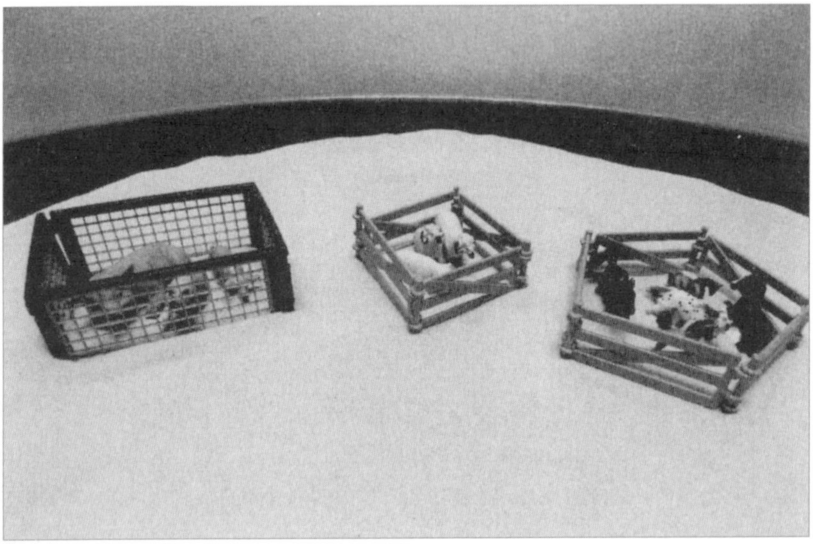

[그림 11-2] 함께 그리고 혼자 살아가는 것

[그림 11-3] 수의사가 되어 동물을 돌봄

앤 마리의 놀이에서 부모님은 없었고 그녀는 권위적으로 이야기를 진행했다. 그녀가 수의사이거나 아니면 새일 때도 나무둥지 안의 작은 공간을 좋아했다. 그녀의 놀이는 매우 상징적이었지만 제한적이었고 기쁨, 웃음 혹은 에너지를 방출하는 자유는 없는 듯했다. 사실상 그녀의 에너지는 아주 제한적인 듯했다. 나의 접근방법은 비지시적이었고, 나는 그녀가 다양한 방식으로 의사소통할 기회를 가지도록 하면서 반영적 경청을 하였다. 앤 마리는 자신의 생각을 아주 명료하게 표현했다. 그녀의 부모는 그녀가 오래전에 놀이를 그만두었고 자기 방에서 혼자 책을 읽는 것을 좋아했기 때문에 그녀가 내 놀이치료 시간에 어떤 장난감들을 가지고 노는지 궁금하다고 했다. 하지만 내가 앤 마리와 함께 한 경험은 그들의 이야기와는 상당히 달랐다. 그녀는 모래놀이, 미술, 스토리텔링 등을 통하여 그녀의 창의성 욕구를 주저없이 표현하였다.

그녀가 말해 준 한 가지 이야기는 지도자가 없는 한 왕국에 대한 것이었고 그녀의 이야기는 아주 재미있었다. 나는 그 이야기가 더 진행되면 내게 말해 달라고 요청했다. 이야기의 요점은 다음과 같다.

> 옛날 어느 먼 곳에 한 왕국이 있었다. 그곳을 아는 사람은 거의 없었고, 방문할 수 있는 사람도 거의 없었다(고립과 근접성의 문제). 왕국의 모든 사람은 시간을 어떻게 사용할지, 무엇을 해야 할지 스스로 결정할 수 있는 행복한 곳에 있었기 때문에 모두 행복했다(이상화). 대부분의 사람은 정원사였고 꽃을 키우는 것을 좋아했다(양육). 사실 결혼식이나 생일에 주문되는 대부분의 장식용 꽃들은 이 왕국에서 온 것이고, 여기서는 짙은 붉은색 장미들과 짙은 핑크색의 치자꽃이 유명했다.

이 왕국에서 가장 특별한 것은 동물들에게 무엇을 해야 할지 지시하거나 그들을 감시하고 방해하는 지도자들이 없다는 것이었다(양육자와 규칙의 부재). "모든 사람들은 지도자가 왕국에 올 수 있는 헬리콥터가 없다는 것, 즉 왕국으로 올 수 있는 어떤 방법도 없다는 것 때문에 행복했다." 나는 이 이야기가 매력적이며 이 아이의 삶과 연관되어 있다는 것을 알 수 있었다. 이 이야기와 모래놀이에서의 이야기를 통해 나는 그녀의 가정생활에 약간의 결함이 있을 수 있다는 느낌을 갖게 되었고, 호세와 델리아가 아무리 딸을 걱정해도 그들이 그녀를 얼마나 사랑하는지가 적절히 전달되지 않고 있다는 것을 알 수 있었다. 사실상 나는 앤 마리가 무엇인가를 다른 사람들과 많이 다르게 느끼고 있다는 것을 분명하게 알게 되었고, 이것은 부모님을 포함한 타인과 어울릴 때 부정적인 영향을 주고 있었다. 그녀가 건강에 문제가 있던 유아기에 그녀를 돌보았던 부모의 양육 방식이 그녀가 다른 아이들과는 다르다는, 그녀는 많이 약해서 보호가 필요한 사람이라는 메시지를 전달해 왔고 그것이 자아형성에 영향을 미쳤다.

첫 번째 회기에서 나는 앤 마리에게 아이들과만 만나기도 하지만 필요에 따라 어떤 때는 부모님을 우리의 가족치료 회기에 초대하기도 한다고 말했다. 그녀는 "정말요? 우리 아빠는 여기에 올 시간이 없어요. 그들은 이곳을 좋아하지 않아요. 그들은 그냥 학교와 관련된 것들만 좋아해요."라고 말했다. 나는 그녀에게 상담 안에서 부모님이 편하게 느끼도록 도와줄 수 있다고 안심시켰다. 그리고 가족 모두가 몇 가지 재미있는 활동에 참여할 수 있도록 할 것이라고 말했다. 앤 마리는 믿기지 않는 듯 나를 보며 말했다. "좋아요, 선생님도 내 말이 무슨 말인지 알게 될 거예요." 또한 앤 마리는 그녀의 개별상담 시간이 이것으로 인해 줄어들지 않도록 해달라고 협상하였다. 다시 말해, 그녀는 가족을 보는 것은 좋지만, 그녀가 혼자 상담받는 것을 멈추고 싶지 않다고 했다. 나는 그녀의 말을 충분히 이해하고 있음을 전달하였고, 가족치료를 하는 동안에 2주에 한 번 그녀와 만날 수 있다고 말했다.

앤 마리가 예측한 대로 그녀의 아버지는 상담실에 올 시간 내기가 아주 어렵다고 했고, 나는 그를 끌어들이기 위해 일요일이나 토요일 하루 그들을 만나는 데 동의했다. 심지어 그는 그 시간에도 직장에 급한 일이 생겼다며 오지 않은 적도 몇 번 있었다. 그러나 점차적으로 그는 잘못된 점들을 수정하고 더욱 활동적이고 협력적인 부모가 되어 갔다. 앤 마리와 나는 함께 그녀의 부모를 어떤 활동에 참여하도록 할지 선택하기 위해 이야기했다. 나는 그녀가 모래놀이치료를 너무 재미있어 했기 때문에 아마도 부모님에게도 모래놀이를 하는 것을 요청할 것이라고 생각했다. "잘 모르겠어요. 이런 걸 하는 게 어른들에게도 괜찮은지. 하지만 그들에게도 아마 재미있을 거예요." 앤 마리는 말했다. 나는 그녀에게 많은 성인, 가족, 집단과 함께 모래놀이치료를 했던 경험이 있었다고 말하며, 우리의 첫 번째 가족 회기도 재미있는 활동이 될 것이라며 그녀의 의견에 동의했다.

3. 가족모래놀이치료

실제로 델리아와 호세는 서로 허용적이지 않고 대립적이었다. 앤 마리의 긴장감은 가족 안에서도 분명하게 나타나고 있었다. 나는 그들에게 간단한 지시를 하였다. "여러분이 모래상자에 함께 만들고 싶은 세상을 필요한 만큼의 미니어처를 사용하여 완성해 보세요. 여러분이 선택한 어떤 방식으로든 여러분은 하나의 가족으로 이것을 완성해야만 해요." 델리아는 즉시 앤 마리 쪽으로 향하며 말했다. "휴…… 여기에는 정말 많은 작은 장난감이 있는 것 같구나." 앤 마리는 응답했다 "알아요, 엄마. 그것들이 예쁘죠?" 델리아는 동의했고, 가족들은 상자에 놓을 작은 미니어처들을 찾기 시작했다.

델리아는 앤 마리가 선택해야 하고 선택하지 말아야 하는 것들에 대해 이야기하며 앤 마리가 고르는 것을 간섭했다. 호세는 델리아와 앤 마리가 있는 곳으로부터 떨어져서 독립적으로 작업하였고, 그가 주변을 둘러볼 때는 깊은 생각에 빠진 듯했다. 함께 창조해 가는 것에 대해서 그들은 언어적인 의사소통은 하지 않았다. 하나의 작업에 각기 서로 다른 집단들이 각각 활동을 하고 있는 듯했다. 그들의 상징적 언어는 간결하고 많지 않았다. 마지막에 창조된 결과는 명확하게 그 가족의 단절을 보여 주었다([그림 11-4] 참조).

호세는 질주하는 말 위에 앉아 있는 강력한 보호 장비를 한 검투사를 골랐다.

그는 그 검투사 뒤에 작은 성을 두었고 검투사는 그 성으로부터 떨어져서 말을 타고 있었다. 그리고 숲처럼 보이게 몇 개의 나무를 함께 놓았다. 말은 그 나무 사이를 통과해서 달렸다.

델리아는 여왕과 공주를 골랐다. 아마도 호세가 검투사를 사용하는 것을 알고서 그랬을 수도 있고 그렇지 않을 수도 있다. 그녀는 정원에 꽃과 채소들을 두었고 여왕과 공주는 정원을 가꾸고 있는 듯했다. 가까이에는 그들이 떠나기를 기다리는 사슴이 있었다. 그 사슴은 정원으로 들어와서 채소들을 먹을 수도 있었다. 델리아는 그 여왕과 공주는 자연에서 보내는 날들에 완벽하게 만족하고 있다고 좀 엉뚱하게 이야기했다.

마지막으로 앤 마리는 자기만의 작은 공간을 만들어서 두 마리 아기 새가 있는 큰 둥지를 놓았다. 어미 새는 높은 가지에서 감시를 하고 있었다. 앤 마리는 곧 그녀가 그들을 위한 신선한 음식을 찾기 위해 다른 숲으로 날아갈 것인데, 이 숲은 아이들을 위한 좋은 음식이 얼마 남지 않았기 때문이라고 했다. 또한

[그림 11-4] 새끼들을 위해 먹이를 구하러 비행하고 양육하고 보호해요.

그녀는 새 둥지 옆에 링거를 두었다. 이것은 어미 새가 아기들에게 음식을 주는 것이 늦어질 경우에 아기새를 위한 링거이기 때문에 가까이에 두어야 한다고 말했다.

나는 가족들을 모래상자 주변에 앉도록 했고, 가족들이 함께 만든 것을 좀 더 가까이 보자고 했다. 내가 이렇게 말할 때 앤 마리는 앞에 돋보기를 쥐고 있는 작은 쥐 한 마리를 골라 돋보기는 모래상자 벽 한쪽에 따로 두고, 마지막으로 작은 쥐만 모래상자에 놓았다.

나는 가족들을 초대해 둘러보게 하였고 다른 사람들이 만든 것을 보게 하였다. "이제는 여러분 각자가 만든 것들을 살펴보는 멋진 시간이에요. 만약 여러분이 만든 것에 대해 나누고 싶은 것이 있거나 다른 누군가가 만든 것들에 대해 그들에게 말하고 싶은 것이 있고 나눌 수 있다면 좋은 시간이 될 거예요."라고 말했고 또한 "볼 것이 많네요. 그럼 시간을 좀 가져 보세요."라고 말했다.

호세는 그들의 선택이 얼마나 다른지를 언급하면서 성별의 차이점에 주목했다. "내가 어릴 때는 검투사를 가지고 노는 걸 아주 좋아했어요. 나는 아주 많은 검투사를 가졌어요. 원탁의 기사들이요. 그리고 나는 리처드왕에 대한 책을 읽는 걸 좋아했죠." 그러고는 그가 웃으며 말했다. "나는 항상 그런 이야기들 속으로 빠져들었어요. 왕을 위해 싸우는 것을 상상하면서요." 델리아는 남자들이 항상 싸움과 전쟁에 대해 이야기하기를 좋아하는 게 아주 재미있다"고 말하였다. 호세는 대답했다. "우리는 기본적으로 차이가 있어요……. 나는 정의와 목숨을 걸 만큼의 가치가 있는 것에 대해 생각하는데, 그녀는 그것을 공격과 폭력으로 요약해 버리죠." 호세는 그의 아내가 자신을 오해했다고 느꼈고 대화를 회피하였다. 그를 다시 대화 안으로 참여시키는 것은 어려웠다.

내가 호세에게 검투사에 대해 더 이야기해 달라고 요청했을 때, 그는 그렇게 하고 싶어 하지 않았지만 검투사가 숲을 향해 통과하고 있는 부분을 내가 주목했을 때, 그는 "의무에 호출" 되고 "부름에 응답" 했다고 말했다. 델리아가 그것에 대해 평을 하자 호세는 그 말을 다시 한 번 비평적으로 느끼며 "이런 건 익숙해요."라고 패배한 느낌의 목소리로 이야기했다.

나는 물러서서 가족들에게 그들이 나누기 원하는 다른 어떤 것들이 있는지, 그들이 했던 작업에서 주목하고 싶은 것들이 있는지 물었다. 이번에는 앤 마리가 부모님에게 관심을 받고 싶은 듯 약간 가벼운 톤으로 아기 목소리를 내며 어미 새가 아기들을 위한 신선한 먹이를 얻기 위해 적당한 때를 얼마나 기다려 왔는지 말했다. "그녀는 숲에서 먹이를 찾고는 했어. 하지만 음식이 오염되었고, 이제 어미 새는 다른 곳에서 신선한 음식을 찾아야만 해." 그녀는 계속 말했다. "괜찮아. 왜냐하면 어미 새는 정말 빨리 그리고 높이 날 수 있어. 그녀의 독수리 같은 눈을 가지고 신선한 음식을 발견할 수 있어." 나는 새들은 그런 현명하고 빠른 엄마를 가져서 행운이라고 말했고, 호세는 재빨리 비꼬듯이 "글쎄, 그 엄마는 자기가 중요하다고 생각하는 것을 하는 동안 새들만 두고 또 떠날 것같이 보이는걸."이라고 말했다. 이 말은 이전에 숲 속에서 말을 타던 검투사에 대해 그녀의 엄마가 비꼬던 것과 직접적으로 연결되었다.

마지막으로 델리아는 그녀가 정원을 가꾸면서 느낀 기쁨에 대해 그녀가 정원 가꾸기에 더 많은 시간을 가질 수 있다면 얼마나 좋을지, 그녀의 딸, 공주도 그녀가 했던 것처럼 정원 가꾸기를 즐기게 되는 것을 얼마나 많이 바랐는지 이야기했다. 앤 마리는 "그리고 새들은 땅에 내려오면 벌레들이 있는지 보고, 음식을 사냥할 적당한 장소인지 아닌지 알게 돼요."

이 모래놀이치료 회기는 부모들의 갈등 영역을 강조하였고 그들이 서로 단절되어 있으면서 오해하고 있었고 서로를 향한 분노와 과민함을 키워 왔다는 것에 대한 단서를 제공하기 시작했다.

나는 그들에게 이런 문제들이 더 깊게 논의될 수 있는 연결된 상담에 와 줄 것을 요청했다. 나도 그들에게 지적했지만 부모들도 (회기 동안에) 스스로 그들의 문제를 인식하게 되었다. 부모의 갈등이 드러났을 때, 앤 마리는 부모의 주의를 다른 곳으로 돌려 그들의 기분을 좋게 만들기 위해 노력했다. 이런 과정에서 경험한 통찰은 문제를 더욱 직접적으로 다룰 수 있도록 도움이 되었다. 우리는 여러 번의 다양한 가족놀이치료 회기를 진행했고, '말하기, 느끼기, 행동하기 게임(Talking, Feeling, Doing Game)' (Gardner, 2004)이나 가족 난화(Kerr, Hoshino, Sutherland, Parashak, & McCarley, 2007; Kwiatkowska, 1978)라 불리는 가족 미술 활동 그리고 몇 가지 치료놀이 활동(Booth & Jernberg, 2009)도 했다. 그러나 드라마놀이와 드라마치료를 응용한 가족인형 이야기가 우리의 상담에서 가장 큰 진전을 보였다.

4. 가족인형 인터뷰

가족인형 인터뷰는 어윈과 말로이(Irwin & Malloy, 1975)가 처음 고안하였다. 나는 가족놀이치료 안에서 몇 가지 목표를 이루기 위해 가족인형 인터뷰(Gil, 1994)를 사용하였다. 어윈과 말로이가 설명했던 것처럼 가족인형 인터뷰의 목표는 "가족들 간의 그리고 가족 구성원들 사이의 상징적 의사소통을 연구하면서 가족 내의 의사 결정을 살펴보기 위한 그리고 가족 패턴을 관찰하기 위한 것" 이었다(1975, p. 182).

나는 가족들이 만들어 낸 상징들을 더 깊게 탐구해 보고 싶었다. 나는 뇌의 활동—유용한 경험이지만, 은유를 탐험하고 확장시키는 것의 가치를 간과할 수 있는 빠른 전환—을 이끌어 내기 위해 고안된 일련의 질문을 가족들에게 하는 것보다 은유에 머무는 것이 더욱 분명히 유익하다고 느꼈다. 그러므로 나는 독자들에게 이야기와 실제 삶 사이의 연결과 통찰을 지원하는 평가 과정에 그리고 은유가 확장될 수 있고 치료 목표들을 진전시키기 위한 특별한 내용들을 발전시킬 수 있는 실제적인 처치 계획에서도 이 접근방법을 사용하는 것을 고려해 보라고 장려한다.

이 기법의 지시 사항은 아주 간단하다. 즉, 인형들을 사용하거나 미술 재료들을 이용해 만들 수 있는 것들을 활용하여 처음, 중간, 끝이 있는 이야기를 만드는 것이다. 여기에는 두 가지 규칙이 있다. 이야기를 만들 때 〈아기 돼지 삼형제〉 같은 기존의 이야기를 인용하는 것이 아니라 해당 가족이 만든 독창적인 이야기여야 한다는 것 그리고 그냥 읽는 것이 아니라 행동으로 실행해야 한다는 것이다. 상담사는 가족들에게 그들이 이야기를 만들기 위한 시간을 가지게 될 거라고 말한다. 그리고 그들이 준비가 되면 청중이 되어 그 이야기를 듣게 될 것이다. 가족들이 이야기할 때 상담사는 항상 그들을 의식해야 하고, 그것을 좀 더 자세히 살펴보아야 한다. (하지만 그들에게 우리가 말하거나 질문할 것이라고 이야기하는 것은 피해야 한다. 항상 그렇게 하게 된다고 해도 말이다.) 이것은 끝에 그들이 질문을 받게 되는 것에 대해 걱정하는 것을 예방할 수 있다.

나는 앤 마리와 그녀의 가족들을 위해 약 20개의 인형을 가져왔고, 그 인형들 중 몇 가지는 그들이 예전에 했던(그들이 모래놀이를 했을 때) 작업과 연관이 되어 있었다. 그 중에는 새들, 둥지 속의 새들, 검투사, 공주와 왕비, 몇 가지 사나운 동물, 그리고 몇 가지 소극적인 동물이 있었다. 가족은 이 기법에 수용적이었고 내가 그들을 위해 가져온 인형들을 살펴보았다. 그들은 그들의 이야기를 만드는 데 약 30분이 걸렸고, 이야기를 준비할 때 문을 통해 웃음소리가 들려왔다.*

가족들은 이야기를 할 때 아주 활기찼다. 그들의 이야기를 여기에 적어 보았다.

우주 공간에 외계인이 살았다. 거기에서 생산되는 주된 상품은 헬륨이 들어 있는 풍선 종류였다. 모든 외계인이 그들의 땅에서 일을 했고 그들은 헬륨 풍선을 불며 지구에 내려가는 헬륨 탱크를 채웠다. 실제로 집을 떠날 수 있는 특권을 가진 특수 요원들은 헬륨 탱크를 지구로 가져왔다. 그렇지 않은 다른 사람들은 그냥 그곳에 머물러서 풍선을 만들고 불어야만 했다. 어느 날, 특수 요원 중 한 명이 지구로 왔다. 그

* 가끔 나는 가족이 이야기를 만드는 과정을 직접 관찰하기도 하지만, 어떤 경우에는 비디오카메라를 틀어놓고 나온 후 나중에 따로 녹화된 것을 관찰하기도 한다. 이 비디오는 가족들이 직접 자신들의 이야기 만드는 과정을 볼 수 있는 기회를 제공하며, 가족 스스로 그들이 어떻게 기능하고 행동하는지 조망하는 것을 돕는 도구로도 활용된다.

러나 오는 중에 어떤 일이 생겼고 그는 날 수 있는 힘을 잃었다. 그래서 그는 지구에서 길을 잃고 갈 곳이 없었다. 그는 특별한 능력도 없었다. 처음에 그는 공원 벤치에서 잠을 잤고 나무껍질을 먹었고 물웅덩이에서 물을 마셨다. 하지만 그는 점점 쇠약해졌고 도움이 필요하다고 느껴서 경찰서로 갔다. 경찰이 사람들을 도와준다는 말을 들었기 때문이다. 경찰서에 있던 사람들은 그 외계인을 흥미롭게 쳐다보았고 그의 말을 믿지 않고 그를 체포하려고 했다. 그러나 그의 몸 전체가 미끄러웠기 때문에 사람들은 그를 두려워하기 시작했다. 어느 누구도 그에게 손을 대고 싶어 하지 않았다. 그리고 그는 영화에서 본 것처럼 소리쳤다. "나를 너희 지도자에게 데려가라." 경찰들은 주위를 둘러보며, 무엇을 해야 할지 몰라 당황했다. 몇 사람은 마을의 시장을 생각했고, 몇몇은 미국의 대통령을, 몇몇은 학교의 교장을 생각했다. 그들은 계속해서 논쟁을 했고 외계인은 누가 지도자인지 그들이 논쟁하는 동안 잠이 들었다.

나는 가족들의 인형 이야기가 흥미로웠고 충분히 시간을 가지고 그들과 함께 그 이야기를 끝까지 듣고 보았다. 그리고 나는 몇 가지 질문을 했다.

외계인들이 지구로 오는 여행은 어땠나?
지구로 이동하는 중요한 일을 할 외계인은 어떻게 선택되었는가?
뒤에 남아서 결코 여행하지 못하는 외계인들은 어땠을까?
누가 책임자인지 모르는 경찰들은 어땠을까?
누가 책임을 지게 될지는 어떻게 결정되었을까?

이런 질문들은 활발한 대화를 가져왔다. 나는 단지 이야기의 등장인물들에 대해 질문했지만 그들은 그 질문에 대해 열심히 생각하고 토론했다. 이 가족이 그들의 집단적인 무의식으로부터 이 이야기를 창조했다는 것은 분명해 보였다. 은유는 가족으로부터 부재하는 호세, 가족들이 그의 직업의 중요성을 이해하기 바라는 그의 욕구, 위기가 있었다는 사실, 누군가가 방향을 제공하는 지도자를 찾아야만 한다는 것 등을 내포하고 있었다. 이 이야기에서 약간 재미난 부분은 나머지 외계인이 모두 헬륨 탱크를 채우는 한 가지의 직업만 가졌고 그들의 일은 예식이나 장례식을 위한 풍선을 부는 것뿐이었다는 것이다. 사실 이 가족은 생일 파티를 하는 전통이 있었는데, 파티에 헬륨 풍선들을 채워서 축하하곤 했다. 또한 그 이야기가 외계인의 여행, 다른 외계인들이 그가 돌아오길 기다린다는 것으로 발전했다는 것은 주목할 만했다. 이것은 익숙한 문제처럼 느껴졌다.

가족이 다음 상담에 왔을 때, 그들은 함께 작업하는 것과 이야기하는 것 그리고 그들이 아주 즐거웠던 시간의 녹화 장면을 보는 것을 기대하고 있었다. 그들은 팝콘을 가져왔고 (나는 그것을 전자렌지에 넣었다) 녹화 테이프를 시청하기 위해 소파에 앉았다. 델리아는 이야기의 의미를 이해하는 듯했고, 작은 소리로 중얼거렸다 "그런 낯선 여행은 너무 짜증나." 쉬는 시간을 가지기 위해 테이프를 잠시 멈췄다. 50분이 빠르게 지나갔고 나는 이 가족들을 볼 수 있는 마지막 상담만을 남긴 상태였다.

마지막 상담에서 나는 상자 하나 가득 의상들을 가지고 왔고 이번에는 가족에게 그들의 인형 이야기를 그들이 직접 역할을 실제로 실행하면서 보여 주기를 원한다고 했다. 나는 그들에게 많은 의상과 오래된 옷들, 모자, 풍선 등을 제공했다. 그들은 이야기의 캐릭터를 재현할 수 있었다. 그들이 의상을 입었을 때, 나는 내가 준비한 많은 카드 중에 하나씩을 고르라고 했고, 그들의 이야기를 발전시키고 확장시킬 수 있는 가능성들을 가진 다음의 생각들을 하도록 요청했다.

① 이 외계인은 즉각적인 도움을 필요로 하고 지도자와 이야기하길 원했던 것 같다. 지도자에게 전달될 서면으로 된 성명서를 만들어 보라.

② 즉시 가능한 지도자가 없을 경우에 외계인들에게 플랜 B를 가지게 하라. 그들이 원하는 도움을 얻기 위해 그들이 내부의 나침반을 활용할 수 있는 방법은 무엇인가?

③ 지구에 오는 것에 선택되지 못한 외계인들이 기다리는 동안 어떻게 시간을 보내는지, 그리고 그들의 생활이 기다리는 시간으로 모두 낭비되지 않도록 하는 것에

대해 이야기하게 하라.

④ 어떻게 잃어버린 힘을 다시 얻는 것이 가능할까?

⑤ 성장하거나 밝혀질 가능한 대체 능력은 무엇인가?

⑥ 물품을 수송하기 위해 집을 떠난 특수 요원들은 어떻게 집과 연락을 유지해야 그들이 떠나고 없어도 남아 있는 사람들이 걱정하거나 힘들지 않게 지내도록 할 수 있을까?

가족들은 이런 카드놀이에 아주 빠르게 적응했고 많은 시간 동안 그들의 이야기를 확장시켰다. 그들은 가족 역동에 대해 통찰하게 되었고 어떻게 서로에게 연결되는가에서 중요하게 긍정적인 변화를 만들어 내는 중요 변인들을 밝히고 성찰할 수 있는 듯이 보였다. 가장 주목할 만한 것은 델리아가 남편이 집에 더 많이 머물러 그녀 옆에 있어 주었으면 하는 그녀의 바램을 표현한 부분이었다. 호세는 델리아가 앤 마리에게 치중하는 것은 그를 중요하게 생각하지 않아서가 아니라, 그들의 딸을 보호하고 양육하려는 욕구가 크기 때문인 것을 이해하게 되었다. 델리아는 그녀의 남편과 딸에게 그녀가 과거에 경험했던 고충을 털어놓았다(이것은 처음이었다). 그것은 그녀의 어린 아기였던 남동생이 탈수로 죽었고, 그 후 그녀의 어머니가 절망에 빠져 수년간 우울증을 앓았던 것에 대한 기억이었다. 부모는 그들의 신경과민이 앤 마리에게 영향을 미쳤고 그녀에게 스스로 친구들과 다른 아이라고 낙인찍힌 기분을 느끼게 만들었다는 것을 인식하게 되었다. 이것이 그녀를 고립되게 만들고 사회적인 상황에서 불편한 기분이 들게 했던 것이다.

부부는 그들의 결혼 상태를 다시 점검하면서 더 많은 친밀감을 가지게 되었고 함께 시간을 보내고 서로 함께 즐기며 딸 앞에서 더욱 결합된 모습을 보여 주었다. 앤 마리는 이런 변화에 잘 적응하며 더욱 긍정적인 자아상을 발전시켜 나갔다.

CHAPTER 12

"

맺음말

"

PLAY in
FAMILY THERAPY

전통적인 이야기치료는 한계가 있다. 특히 언어적 의사소통이 힘겨운 내담자들, 정서적으로 보호적이고 제한적인 내담자들, 통찰이나 내적 성찰이 부족한 듯한 내담자들에게는 특히 그렇다. 전통적으로 아동에게 사용되는 놀이치료가 내담자들에게 자기표현을 용이하게 하는 대안적인 의사소통 형식을 제공하고, 새로운 형식의 사고와 내적 성찰의 가능성을 제공할 수도 있다.

가족들이 상담실을 찾을 때 혹은 가족들이 학교상담사, 소아과 의사 혹은 CPS와 같은 다른 이에 의해 상담에 위탁되었을 때, 상담사는 문제가 발생하게 된 기록의 특정한 분위기 또는 가족들이 각 구성원에게 특별한 영향을 미치기 때문에 드러난 문제를 맥락적으로 이해할 필요가 있다. 한 개인의 문제가 가족 구성원들에 의해 개선되거나 악화될 수 있기 때문이다. 체계적으로 접근하는 가족치료사들은 가족 전체를 상담 장면에 초대할 수도 있고, 10세 이상의 아이들은 선별적으로 배제할 수도 있고, 혹은 다른 방에서 그들의 부모들을 기다리게 할 수도 있다(아마도 종이와 다른 재료들을 가지고 그림을 그리면서). 아이들만 만나도록 준비되거나 훈련된 놀이치료사들이 종종 부모와 함께 하는 상담을 실행하기도 하지만, 그들은 그들이 문제를 이해하고 평가할 수 있는 징후를 보여 주는 아이들만 만나는 것이 더 쉽고 더욱 생산적이라고 생각할 수 있다.

이 책의 목적은 가족과 놀이치료의 통합에 대한 옹호를 위한 것이고, 상담사들이 창조적으로 생각하고, 그들의 전문 영역을 넓히고 통합적 작업에 대한 자신만의 장애물을 인식하도록 돕고자 하는 것이다. 이 책에서 나는 실제 상담 장면의 예를 들어 가족놀이치료가 가족을 초대하고 환영하며 참여시키고, 생산적일 수 있는 다양한 방식을 보여 주고자 노력하였다.

가족놀이치료는 가족들을 놀이에 함께 초대할 때 즉시 관찰할 수 있게 되는 잠재적인 많은 이점을 가지고 있다. 즉각적으로 주목할 수 있는 것은 가족놀이치료가 가족들로 하여금 그들의 문제와 접했을 때 찾아낼 수 없는 감정과 사고를 이끌어 내는 새로운 어떤 것을 행하게 한다는 것이다. 또 중요하게 고려할 점은 아이들이 부모를 지각하거나 부모 말을 듣는 방식을 바꿀 수 있거나 그 반대가 될 가능성이다. 예를 들어, 부모님을 '너무 엄격하다'고 인식하는 아이는 부모들이 웃기는 목소리로 얘기할 때, 교활한 동물인 척 할 때 혹은 가족 이야기에서 영웅이 되었을 때, 열광하거나 안도감을 느낄 수 있다.

가족놀이치료의 가장 놀라운 첫 번째 특징은 상담에 참여하기 전 방어적이고 혼란스럽게 느끼던 아이들과 성인들을 무장 해제시킬 수 있다는 것이다. 부모들과 아이들은 모두 그들이 말하고 치료에서 하게 될 것들을 실습하고 연습할 수 있게 된다. 가족이 가족놀이치료에 참여하게 되는 것은 놀이가 그들을 놀라게 하고, 좀 더 자유롭고 덜 방어적인 방식으로 행동할 수 있게 돕기 때문이다. 또한 가족들에게 새롭고 기존에 사용해 보지 않았던 의사소통 방식이나 놀이를 통해 더 많은 자기노출을 할 수 있는 기회를 만들어 낼 수도 있다. 많은 성인이 놀이와 친숙하지 않고 어색하거나 그것을 신뢰하지 못할 수 있다. 하지만 그들은 놀이를 적용한 상담 장면으로의 초대를 수용하고 싶어 한다. 가족 구성원들이 때로는 거부하거나 의심할 수도 있지만 이렇게 머뭇거리는 행동들도 다뤄질 필요가 있다. 어떤 상담사들은 종종 내게 부모들의 '저항'을 어떻게 다루는지 묻는다. 그러면 나는 다음과 같이 대답한다.

> 저는 '저항'이라는 단어를 사용하지 않으려고 노력해요. 왜냐하면 그것은 적대적인 맥락을 만들어 낼 수도 있고, 그런 맥락에서는 부모들이 억압하거나 전투적이 된다고 느끼게 돼요. 대신에 저는 '주저함' 혹은 '양면적'인이라는 말을 사용해서 상담에 참여할 수 있도록 인식을 변화시킵니다. 또 저는 부모들에게 저를 신뢰할 것을 요청합니다. 많은 부모가 처음에 확신하지 못한다고 느끼지만 가족놀이치료를 적용하고

나면 대부분 그들의 아이들과 자신들에 대해 얼마나 많이 배울 수 있었는지 확인하면서 놀라게 된다고 말합니다.

다른 말로 하면, 나는 회유하는 접근 방식을 사용해서 저항이나 방어라기보다는 그들의 주저함을 인식하고 그들이 스스로를 평가할 수 있는 경험을 할 수 있게 하는 활동들로 빨리 진행해 나가게 된다.

또한 놀이는 아주 흥미로울 수도 있고, 성인과 아동 내담자들 모두 두려움 혹은 호기심을 가지고 접근하게 될 수도 있다. 그 반응이 어떤 것이든 간에, 그들은 더욱 자연스럽게 받아들이고 숙련되는 것이 가능하다.

나의 전문적인 경력의 대부분이 놀이치료를 진행하는 것이었고, 나는 고통이나 절망 외엔 다른 방법을 찾을 수 없는 상황에 놓여 있던 가족들에게 놀이가 '아주 놀라운' 경험과 영향을 주었던 경우를 많이 보았다. 놀이는 아이들이라면 모두 거쳐 온, 그리고 아이들이 어른으로 성장하면서 지나온 어린 시절에 대해 떠올릴 때 가장 분명하게 드러나는 활동이다. 놀이와의 친밀함은 성인에게도 내재되어 있는 것일 수 있다. 어떤 성인들은 놀이를 그들의 여가 시간에 스포츠를 하는 데, 미술 수업을 듣는 데, 브리지나 체스와 같은 경쟁적 놀이의 형태로 통합한다. 또 다른 사람들은 아이들 혹은 손자들과 함께 어린 시절의 놀이를 함께하며 스스로 놀이 활동에서 그들이 얼마나 편해질 수 있는지에 놀라기도 한다. 놀이를 통해 즉각적으로 드러나는 신체적인 이점들은 아주 분명하다. 대부분의 놀이와 신체 활동은 엔도르핀을 방출하기 때문에 사람들은 행복감이 증가하는 것을 느끼게 된다.

내담자들은 가족놀이치료에서 일어난 경험들에 놀라고 기뻐한다. 또 그들은 눈물을 흘리기도 한다. 냉혹한 현실들을 놀이로 가장해 표현하면서 혹은 '충분히 안전한 상태에서'의 인형 이야기를 하면서 지금 현재 상황에 직면하게 될 수도 있다. 언급된 문제들이 더 작은(사실상 축소된) 세상에서 새로운 가능성들을 드러내는 것으로 느껴질 수도 있다.

놀이치료는 독특하다. 놀이치료는 한 개인이 자기를 동일시하고 인식하며 투사하고, 그들의 회복 과정에 장난감이나 미니어처, 은유 그리고 드라마적인 신체적 활동을 활용하는 것이다. 개인들이 안전하다고 느낄 때, 그리고 고통에 대처하기 위해 방어적인 메커니즘을 사용할 때, 놀이치료는 드러나지 않은 걱정들, 고통 혹은 도전적인 상황에 대한 승리의 성취를 위한 메커니즘을 제공한다. 놀이치료는 강력한 도구이고 가족들에게 도움이 되는 치료적 작업에 그들을 참여시킬 수 있는 가능성을 가지고 있다.

나는 놀이치료가 신뢰성의 문제를 겪고 있다고 생각한다. 이것은 전문화된 학문의 분야이기 때문이다. 대부분의 전문가는 그들이 아동 발달, 아동상담 혹은 아동정신병리학에 대해 배울 때 상담에서 놀이 기술을 통합시키는 것에 대해 고려했음에도 불구하고 놀이치료에 대한 구체적인 훈련을 받지는 않았다. 내 경험으로는 아이들과 작업하는 대부분의 전문가가 놀이의 가치를 조건적으로 인식한다. 다른 무언가를 제공하는 활동에서 아이들과 연결되기 위한 메커니즘으로서, 그들의 관심을 돌리기 위한 방법 혹은 아이들이 쉽게 말하도록 편안하게 하는 방법 혹은 그들이 상담사와 편안하게 느낄 수 있게 돕는 방법으로 제공하는 활동 정도로만 인식한다. 놀이를 또 다른 목표를 이루기 위한 연결 매개체로 사용하는 것과 놀이를 치료 자체로 이해하는 것에는 실체적인 차이가 있다. 최근의 쉐퍼와 드류즈(Schaefer & Drewes, 2014)의 책에서 그들은 "놀이는 단지 다른 개입을 적용하기 위한 매체나 맥락만은 아니며, 놀이 행동 안에는 행동 변화를 가져오는 적극적인 힘이 내재되어 있다."고 진술한다. 대부분의 훈련된 경험이 풍부한 놀이치료사는 아동중심 놀이치료가 언제 가장 도움을 줄 수 있는지 그리고 지시적이고 목표가 있는 놀이치료가 언제 가장 큰 치료적 이점을 갖게 되는지 평가하는 데 있어 이 이론 틀의 이점을 갖게 된다. 놀이치료는 항상 오해되고 축소되었기 때문에 훈련되지 않은 정신건강 전문가들에게 이 접근 방식에 대한 진정한 이점들이 무시되었던 경향이 있다.

지난 십 년간, 놀이치료 분야에서의 논의는 오랜 시간에 걸쳐 등장한 다양한 이론들과 응용들을 활용하면서 더욱 통합된 접근 방식으로 변화해 왔다(놀이치료의 역사적 고찰을 위해서는 제1장을 참조). 쉐퍼와 드류즈(2014)는 특히 다른 이론들을 넘어서서 특수한 아동기 문제들을 다루는 데 있어 놀이치료를 바람직하게 만드는 변화인자나 치료적 요인들을 보게 하였다. 그들은 이것을 놀이치료의 초이론적(transtheoretical) 모델이라 부르고 이러한 접근을 통해 상담사들이 프로크루스테스(Procrustes)의 침대 방식으로 내담자들을 '하나의 크기에 맞추는' 단일 이론 안으로 가두게 되는 것을 지양하자고 제안한다(p. 3).

이 책에서 논의된 통합적 모델은 어린아이들이 있는 가족들과의 작업에 더 많은 임상적 적용을 할 수 있도록 고안되었다. 체계적 사고와 놀이치료의 통합은 양쪽의 이론들을 고양시키고 강화시키며, 내담자들에게 좀 더 다양한 표현의 기회를 갖는 혜택을 누리게 된다.

나는 스스로를 "3개 국어를 한다."고 소개한다. 스페인어(나의 모국어), 영어(내가 심리학 공부를 하는 데 사용된 언어), 그리고 나의 마음과 영혼의 언어인 '상징 언어'다. 나는 모든 사람이 발달의 초기 단계에 상징 언어를 사용했다면 유창할 수 있었겠지만, 그렇지 않기에 모든 사람의 상징 언어가 유창하다고 생각하지는 않는다. 제3장에서 논의한 린 해들리와 나처럼, 상담사들은 개인적인 그리고 전문적인 적용을 위해 창조성을 키울 잠재력을 가지고 있다. 은유 언어의 발달은 도전적이기도 하고 보람 있는 것이기도 하다(제2장 참조). 창조적인 진행과 은유를 통한 작업이 흥미로운 것은 상담사들에게 좁은 영역을 확장시키고 가능성들을 시각화하는 그리고 실제 연습에 몰두하게 하는 더 큰 자기탐구를 요구하고 있다는 것이다. 그들 스스로를 경험적인 학습에 노출하고 그들의 마음이 사색적일 수 있게 하는 시간과 노력에 몰두하면서 상담사들은 통합된, 표현적인 치료 모델에 자신감을 키울 수 있을 것이다.

놀이치료사와 가족치료사 양쪽 모두가 서로의 접근을 채택하는 것에 대해 양가적 감정을 느끼는 많은 이유(제2장 참조) 중에서 가장 강력한 것은 가족놀이치료 작업을 체계적으로 하는 것에 대한 준비가 부족하다는 것이다. 이것은 놀이와 가족치료 훈련 프로그램 모두에서 나타나고 있고 등장할 수 있는 문제다. 통합된 접근 방식에 흥미가 있는 상담사들은 이 분야에서의 교육을 찾고 있을 수도 있다. 그러나 이것은 시간과 재정적 자원의 투입을 요구하는 데, 이는 학생들이 전문가가 되어감에 따라 점점 더 도전적인 것이 된다.

나의 희망은 이 책이 다른 임상가들뿐만 아니라 놀이치료사와 가족치료사의 대화를 향상시키고, 가족들이 놀이의 세계로 초대될 때 불붙을 수 있는 가능성들을 조감하게 하는 것이다. 가족놀이치료사들은 그들의 견해를 변화시킬 수 있고 긍정적인 변화로 향하도록 마음과 정신을 개방할 수 있는 경험을 가족 구성원들에게 제공하여 보다 긍정적인 관계 변화를 만들어 낼 수 있다. 심도 있는 변화가 즉각적으로 일어나지 않을 때에도, 최소한 가족들은 긍정적이고 즐거우며 활기찬 경험들을 가지게 되고, 그것은 그들의 미래의 관계에서 더 큰 긍정성의 기초로 중요한 역할을 하게 될 수 있을 것이다.

참고문헌

Abra, J. (1997). *The motives for creative work.* Kresskill, NJ: Hampton Press.

Ackerman, N. W. (1970). Child participation in family therapy. *Family Process, 9,* 403-410.

Alegre, A. (2011). Parenting styles and children's emotional intelligence: What do we know? *Family Journal, 19*(1), 56-62.

Amabile, T. M. (1983). *The social psychology of creativity.* New York: Springer-Verlag.

Ariel, S., Carel, C. A., & Tyano, S. (1985). Uses of children's make-believe play in family therapy: Theory and clinical examples. *Journal of Marital and Family Therapy, 11*(1), 47-60.

Axline, V. (1947). *Play therapy.* New York: Ballantine Books.

Axline, V. (1950). Entering the child's world via play experiences. *Progressive Education, 27,* 68-75.

Axline, V. (1964). *Dibs: In search of self.* New York: Random House.

Aziz-Zadeh, L., Liew, S.-L., & Dandekar, F. (2013). Exploring the neural correlates of visual creativity. *Social Cognitive and Affective Neuroscience, 8*(4), 475-480.

Bateson, G. (1972). *Steps to an ecology of mind: A revolutionary approach to man's understanding of himself.* New York: Ballantine Books.

Bailey, E., & Sori, C. (2000). Involving parents in children's therapy. In C. E. Bailey (Ed.), *Children in therapy: Using the family as a resource* (pp. 475-501). New York: Norton.

Berg, I. K., & Steiner, T. (2003). *Children's solution work.* New York: Norton.

Biank, N., & Sori, C. F. (2003). Feeling faces prevent scary places. In C. Sori, L. L. Hecker, & Associates, *The therapist's notebook for children and adolescents: Homework, handouts, and activities for use in psychotherapy* (pp. 3-8). Binghamton, NY: Haworth-Press.

Booth, P. B., & Jernberg, A. M. (2009). *Theraplay: Helping parents and children build better relationships through attachment-based play.* New York: Wiley.

Botkin, D. R. (2000). Family play therapy: A creative approach to including young children in family therapy. *Journal of Systemic Therapies, 19*(3), 31-42.

Bratton, S. C., Ray, D., Rhine, T., & Jones, L. (2005). The efficacy of play therapy with children: A meta-analytic review of treatment outcomes. *Professional Psychology Research and Practice, 36*(4), 376-390.

Bressler, S. L., & Menon, V. (2010). Large scale brain networks in cognition. *Trends in Cognitive Sciences, 14*(6), 278-291.

Broderick, C. B., & Schrader, S. S. (1991). The history of professional marriage and family therapy. In A. S. Gurman & D. P. Kniskern (Eds.), *Handbook of family therapy* (Vol. 2, pp. 3-37). New York: Brunner/Mazel.

Busby, B. M., & Lufkin, A. C. (1992). Tigers are something else: Case for family play. *Contemporary Family Therapy, 14*(6), pp. 437-453.

Butler, A. M., & Eyberg, S. M. (2006). Parent-child interaction therapy and ethnic minority children. *Vulnerable Children and Youth Studies, 1*(3), 246-255.

Carmichael, K. D. (2006). *Play therapy: An introduction.* Columbus, OH: Pearson.

Carson, D. K., & Becker, K. W. (2003). *Creativity in psychotherapy: Reaching new heights with individuals, couples, and families.* Binghamton, NY: Haworth Press.

Carr, A. (2009). The effectiveness of family therapy and systemic interventions for child-focused problems. *Journal of Family Therapy, 31,* 3-45.

Carter, B., & McGoldrick, M. (1999). *The expanded family life cycle: Individual, family and social perspectives* (3rd ed.). Boston: Allyn & Bacon.

Cederborg, A. D. (1997). Young children's participation in family therapy talk. *American Journal of Family Therapy, 15,* 18-38.

Chasin, R., & White, T. B. (1989). The child in family therapy: Guidelines for active engagement across the age span. In L. Combrinck-Graham (Ed.), *Children in family contexts: Perspectives on treatment* (pp. 5-25). New York: Guilford Press.

Chen, F. M., Lin, H. S., & Li, C. H. (2012). The role of emotion in parent-child relationships: Children's emotionality, maternal meta-emotion, and children's attachment security. *Journal of Child and Family Studies, 21,* 403-410.

Cholle, F. P. (2012). *The intuitive compass: Why the best decisions balance reason and instinct.* San Francisco: Jossey-Bass.

Combrinck-Graham, L. (Ed.). (1989). *Children in family contexts: Perspectives on treatment.* New York: Guilford Press.

Combrinck-Graham, L. (1991). On technique with children in family therapy: How calculated should it be? *Journal of Marital and Family Therapy, 17*(4), 373-377.

Combrinck-Graham, L. (Ed.). (2006). *Children in family contexts: Perspectives on treatment* (2nd ed.). New York: Guilford Press.

Conoley, C. W., Graham, J. M., Neu, T., Craig, M. C., O'Pry, A., Cardin, S. A. et al. (2003). Solution-focused family therapy with three aggressive and oppositional-acting children: An *N* = 1 empirical study. *Family Process, 42*(3), 361-374.

Cornett, N. (2012). A filial therapy model through a family therapy lens: See the possibilities. *Family Journal, 20*(3), 274-282.

Csikszentmihalyi, M. (1997). *Creativity: Flow and the psychology of discovery and invention.* New York: HarperCollins.

Davis, N. (1990). *Therapeutic stories that teach and heal.* Burke, VA: Nancy Davis.

Dermer, S., Olund, D., & Sori, C. F. (2006). Integrating play in family therapy theories. In C. F. Sori (Ed.), *Engaging children in family therapy: Creative approaches to integrating theory and research in clinical practice* (pp. 37-65). New York: Routledge.

de Shazer, S. (1985). *Keys to solutions in brief therapy.* New York: Norton.

de Shazer, S. (1988). *Clues: Investigating solutions in brief therapy.* New York: Norton.

Duhl, F. J., Kantor, D., & Duhl, B. (1973). Learning, space, and action in family therapy: A primer of sculpture. In D. A. Bloch (Ed.), *Techniques of family therapy: A primer* (pp. 47-63). New York: Grune & Stratton.

Dweck, C. S. (2006). *Mindset: The new psychology of success.* New York: Random House.

Efron, D., & Bradley, B. (2007). Emotionally focused therapy (EFT) and emotionally focused family therapy (EFFT): A challenge/opportunity for systemic and post-systemic therapists. *Journal of Systemic Therapies, 26*(4), 1-4.

Erickson, M., & Rossi, E. (1979). *Hypnotherapy casebook.* New York: Irvington.

Esparza, D. P. (2010). Therapeutic metaphor and clinical hypnosis. Retrieved from www. hypnos.co.uk/hynomag/esparza.html.

Eyberg, S. (1988). Parent-child interaction therapy: Integration of traditional and behavioral concerns. *Child and Family Behavior Therapy, 10,* 33-46.

Freeman, J., Epston, D., & Lobovits, D. (1997). *Playful approaches to serious problems: Narrative therapy with children and their families.* New York: Norton.

Frost, R. (1966). The road not taken. In *Robert Frost's poems* (p. 223). New York: Washington Square Press. (Original work published 1916)

Furrow, J., & Palmer, G. (2007). EFFT and blended families: Building bonds from the inside out. *Journal of Systemic Therapies, 26*(4), 44-58.

Gardner, R. (2004). *Psychotherapeutic use of the Talking, Feeling, & Doing game.*

Melville, NY: Childswork/Childplay.

Gil, E. (1994). *Play in family therapy.* New York: Guilford Press.

Gil, E. (2001). *Family play therapy: Rationale and techniques* [guide to video]. Fairfax, MA: Starbright Training Institute for Family and Child Play Therapy.

Gil, E. (2003). Play genograms. In C. F. Sori, L. L. Hecker, & Associates, *The therapist's notebook for children and adolescents: Homework, handouts, and activities for use in psychotherapy* (pp. 49-56). Binghamton, NY: Haworth Press.

Gil, E. (2006). *Helping abused and traumatized children: Integrating directive and nondirective approaches.* New York: Guilford Press.

Gil, E. (2010a). Children's self-initiated gradual exposure: The wonders of posttraumatic play and behavioral reenactments. In E. Gil (Ed.), *Working with children to heal interpersonal trauma: The power of play* (pp. 44-63). New York: Guilford Press.

Gil, E. (2010b). Silent grieving in a world without words: A child witnesses his brother's murder. In E. Gil (Ed.), *Working with children to heal interpersonal trauma: The power of play* (pp. 67-91). New York: Guilford Press.

Gil, E. (2010c). "This mommy has no milk!": A neglected child's adaptation to loss and hunger. In E. Gil (Ed.), *Working with children to heal interpersonal trauma: The power of play* (pp. 288-310). New York: Guilford Press.

Gil, E. (Ed.). (2010d). *Working with children to heal interpersonal trauma: The power of play.* New York: Guilford Press.

Gil, E. (2011a). *Extended play-based developmental assessment.* Royal Oak, MI: Self Esteem Shop.

Gil, E. (2011b). Family play therapy: Igniting creative energy, valuing metaphors, and making changes from the inside out. In C. Schaefer (Ed.), *Foundations of play therapy* (2nd ed., pp. 207-226). New York: Wiley.

Gil, E. (2012a). Art and play therapy with sexually abused children. In C. A Malchiodi (Ed.), *Handbook of art therapy* (2nd ed., pp. 175-191). New York:

Guilford Press.

Gil, E. (2012b). Trauma-focused integrated play therapy (TF-IPT). In P. Good-year-Brown (Ed.), *Play therapy with traumatized children* (pp. 251-278). Hoboken, NJ: Wiley.

Gil, E. (2013, January/February). Courtship, mating, and a little help from play therapy. *Family Therapy Magazine, 12*(1), 10-13.

Gil, E. (2014). The creative use of metaphor in play and art therapy with attachment problems, In C. A. Malchiodi & D. Crenshaw (Eds.), *Creative arts and play therapy for attachment problems* (pp. 159-176). New York: Guilford Press.

Gil, E., & Dias, T. (2014). The integration of drama therapy and play therapy in attachment work with traumatized children. In C. Malchiodi & D. Crenshaw (Eds.), *Creative arts and play therapy for attachment problems* (pp. 100-118). New York: Guilford Press.

Gil, E., & Drewes, A. A. (Eds.). (2005). *Cultural issues in play therapy.* New York: Guilford Press.

Gil, E., Konrath, E., Goldin, M., Shaw, J., & Bryan, H. (2014). Integrative approach to play therapy, In D. A. Crenshaw & A. Stewart (Eds.), *Play therapy: A comprehensive guide to theory and practice.* New York: Guilford Press.

Gil, E., & Sobol, B. (2005). Engaging families in therapeutic play. In C. E. Bailey (Ed.), *Children in therapy: Using the family as a resource* (pp. 341-382). New York: Norton.

Ginott, H. (1965). *Between parent and child.* New York: Avon.

Gladding, S. T., & Henderson, D. A. (2000). Creativity and family counseling: The SCAMPER model as a template for promoting creative processes. *Family Journal, 8*(3), 245-249.

Goleman, D. (2011). *The brain and emotional intelligence: New insights* (p. 72). Florence, MA: More Than Sound.

Gondor, L. H. (1957). Use of fantasy communications in child psychotherapy.

American Journal of Psychotherapy, 5, 323-335.

Gottman, J. M. (1999). *The marriage clinic: A scientifically based marital therapy.* New York: Norton.

Gottman, J. M. (2001). Meta-emotion, children's emotional intelligence, and buffering children from marital conflict. In C. D. Ryff & B. H. Singer (Eds.), *Emotion, social relationships, and health* (pp. 23-39). New York: Oxford University Press.

Gottman, J. M., & DeClaire, J. (1997). *Raising an emotionally intelligent child: The heart of parenting.* New York: Fireside.

Gottman, J. M., Katz, L. F., & Hooven, C. (1996). Parental meta-emotion philosophy and the emotional life of families: Theoretical models and preliminary data. *Journal of Family Psychology, 10*(3), 243-268.

Greenberg, L. S., & Johnson, S. M. (1988). *Emotionally focused therapy for couples.* New York: Guilford Press.

Guerney, L. F. (1983). *Client centered (non-directive) play therapy.* In C. E. Schaefer & K. J. O'Connor (Eds.), *Handbook of play therapy* (pp. 21-64). New York: Wiley.

Guerney, L., & Guerney, B. (1989). Child relationship enhancement: Family therapy and parent educations. *Person-Centered Review, 4,* 344-357.

Guiffrida, D. A., Jordan, R., Saiz, S., & Barnes, K. L. (2007). The use of metaphor in clinical supervision. *Journal of Counseling and Development, 85,* 393-400.

Hadley, L. B. (2011). *Raise your Creativity Quotient (CQ) with the IPAW Approach.* Presented at the Kentucky Counseling Association annual conference, Louisville.

Haley, J. (1993a). *Jay Haley on Milton H. Erickson.* New York: Brunner/Mazel.

Haley, J. (1993b). *Uncommon therapy: The psychiatric techniques of Milton H. Erickson.* New York: Norton.

Haslam, D. R., & Harris, S. M. (2011). Integrating play and family therapy methods: A survey of play therapists' attitudes in the field. *International Journal of Play*

Therapy, 20(2), 51-65.

Hecker, L., & Kottler, J. (2002). Growing creative therapists: Introduction to the special issue. *Journal of Clinical Activities Assignments Handouts in Psychotherapy Practice, 2*(2), 1-3.

Hecker, L. L., Mims, G. A., & Boughner, S. R. (2003). General systems theory, cybernetics, and family therapy. In L. Hecker & J. Wetchler (Eds.), *An introduction to marriage and family therapy* (pp. 39-61). Binghamton, NY: Haworth Press.

Henggeler, S. W., & Sheidow, A. J. (2012). Empirically supported family-based treatments for conduct disorder and delinquency in adolescents. *Journal of Marital and Family Therapy, 38*(1), 30-58.

Hinz, L. D. (2009). *Expressive therapies continuum: A framework for using art in therapy.* New York: Taylor & Francis.

Homeyer, L., & Sweeney, D. (Eds.). (2010). *Sandtray therapy: A practical manual* (2nd ed.). New York: Routledge.

Hoshino, J. (2008). Structural family art therapy. In C. Kerr, J. Hoshino, J. Sutherland, S. Parashak, & L. McCarley (Eds.), *Family art therapy: Foundations of theory and practice* (pp. 119-166). New York: Routledge.

Hoshino, J., & Cameron, D. (2008). Narrative art therapy within a multicultural framework. In C. Kerr, J. Hoshino, J. Sutherland, S. Parashak, & L. McCarley (Eds.), *Family art therapy: Foundations of theory and practice* (pp. 193-221). New York: Routledge.

Irwin, E., & Malloy, T. (1975). Family Puppet Interview. *Family Process, 14*(2), 179-191.

Jensen, E. (2001). *Arts with the brain in mind.* Alexandria, VA: Association for Supervision and Curriculum Development.

Jernberg, A. M., & Booth, P. B. (1999). *Theraplay: Helping parents and children build better relationships through attachment-based play.* San Francisco: Jossey-

Bass.

Johnson, L., & Thomas, V. (1999). Influences on the inclusion of children in family therapy: A brief report. *Journal of Marital and Family Therapy, 25,* 117-123.

Johnson, S. M. (2004). *The practice of emotionally focused couple therapy* (2nd ed.). New York: Brunner-Routledge.

Johnson, S. M., & Lee, A. C. (2005). Emotionally focused family therapy: Restructuring attachment. In C. E. Bailey (Ed.), *Children in therapy: Using the family as a resource* (pp. 112-136). New York: Norton.

Jung-Beeman, M., Bowden, E. M., Haberman, J., Frymiare, J., Arambel-Liu, S., Greenblatt, R., et al. (2004). Neural activity when people solve verbal problems with insight. *PLoS Biology, 2*(4), e97.

Jung, R. E., Mead, B. S., Carrasco, J., & Flores, R. A. (2013). The structure of creative cognition in the human brain. *Frontiers in Human Neuroscience, 7,* 330.

Kalff, D. (1980). *Sandplay.* Boston: Sigo Press.

Kaslow, N. J., Broth, M. R., Smith, C. O., & Collins, M. H. (2012). Family-based interventions for child and adolescent disorders. *Journal of Marital and Family Therapy, 38*(1), 82-100.

Katz, L. F., & Gottman, J. M. (1997). Buffering children from marital conflict and dissolution. *Journal of Clinical Child Psychology, 26*(2), 151-171.

Katz, L. F., Maliken, A. D., & Stettler, N. M. (2012). Parental meta-emotion philosophy: A review of research and theoretical framework. *Child Development Perspectives, 6*(4), 417-422.

Kaufman, S. (2013). The real neuroscience of creativity. Retrieved from http://blog.scientificamerican/beautiful-minds/2013/08/19/the-real-neuroscience-of-creativity.

Kaufman, J. C., & Beghetto, R. A. (2009). Beyond big and little: The four c model of creativity. *Review of General Psychology, 13*(1), 1-12.

Keith, D. V., & Whitaker, C. A. (1981). Play therapy: A paradigm for work with families. *Journal of Marital and Family Therapy, 7,* 243-254.

Kerr, C. (2008). Bowen family systems theory (BFST) and family art therapy. In C. Kerr, J. Hoshino, J. Sutherland, S. T. Parashak, & L. McCarley (Eds.), *Family art therapy: Foundations of theory and practice* (pp. 95-118). New York: Routledge.

Kerr, C., Hoshino, J., Sutherland, J., Parashak, S. T., & McCarley, L. L. (2007). *Family art therapy: Foundations of theory and practice.* New York: Routledge/Taylor & Francis Group.

Korner, S., & Brown, G. (1990). Exclusion of children from family psychotherapy: Family therapist's beliefs and practices. *Journal of Family Psychology, 3,* 420-430.

Kottler, J. A., & Hecker, L. L. (2002). Creativity in therapy. *Journal of Clinical Activities Assignments Handouts in Psychotherapy Practice, 2*(2), 5-21.

Kottman, T. (2001). *Play therapy: Basics and beyond.* Alexandria, VA: American Counseling Association.

Kwiatkowska, H. (1978). *Family therapy and evaluation through art.* Springfield, IL: Charles C Thomas.

Lambert, S. F., LeBlanc, J., Mullen, J. A., Ray, D., Baggerly, J., White, J., et al. (2005). Learning more about those who play in session: The National Play Therapy in Counseling Practices Project (Phase I). *International Journal of Play Therapy, 14*(2), 7-24.

Landreth, G. (1991). *Play therapy: The art of the relationship.* Muncie, IN: Accelerated Development.

Landreth, G. (2002). *Play therapy: The art of the relationship* (2nd ed.). Philadelphia: Brunner-Routledge.

Landreth, G. (2012). *Play therapy: The art of the relationship* (3rd ed.). New York: Taylor & Francis.

Landreth, G., & Bratton, S. C. (2006). *Child-parent relationship therapy: A 10-session filial therapy model.* New York: Taylor & Francis.

Larner, G. (1996). Narrative child family therapy. *Family Process, 35,* 423-440.

LeBlanc, M., & Ritchie, M. (1999). Predictors of play therapy outcomes. *International Journal of Play Therapy, 8*(2), 19-34.

Levy, D. M. (1938). "Release therapy" in young children. *Psychiatry, 1,* 387-389.

Liang, A., Zhang, G., Chen, H., & Zhang, P. (2012). Relations among parental meta-emotion philosophy, parental emotion expressivity, and children's social competence. *Acta Psychologica Sinica, 44,* 199-210.

Lieberman, A. F., & Van, Horn, P. (2008). *Psychotherapy with infants and young children: Repairing the effects of stress and trauma on early attachment.* New York: Guilford Press.

Lowenfeld, M. (1991). *Play in childhood.* Cambridge, UK: Cambridge University Press. (Original work published 1935)

Lund, L. K., Zimmernan, T. S., & Haddock, S. A. (2002). The theory, structure, and techniques for the inclusion of children in family therapy: A literature review. *Journal of Marital and Family Therapy, 28*(4), 445-454.

Malchiodi, C. A. (1998). *Understanding children's drawings.* New York: Guilford Press.

May, J. C. (2005). Family attachment narrative therapy: Healing the experience of early childhood maltreatment. *Journal of Marital and Family Therapy, 31*(3), 221-237.

McGoldrick, M., & Gerson, R. (1986). *Genograms in family assessment.* New York: Norton.

McGoldrick, M., Gerson, R., & Petry, S. (2008). *Genograms: Assessment and intervention* (3rd ed.). New York: Norton.

McGoldrick, M., & Gil, E. (2008). Family play genograms. In M. McGoldrick, S. Shellenberger, & S. S. Petry, *Genograms: Assessment and intervention* (3rd ed., pp. 257-274). New York: Norton.

McGoldrick, M., Giordano, J., & Garcia-Preto, N. (2005). *Ethnicity and family therapy* (3rd ed.). New York: Guilford Press.

McGoldrick, M., & Shellenberger, S. (1999). *Genograms: Assessment and intervention* (2nd ed.). New York: Norton.

Miller, L. C., & McLeod, E. (2001). Children as participants in family therapy: Practice, research, and theoretical concerns. *Family Journal, 9*(4), 275-383.

Miller, W. M. (1994). Family play therapy: History, theory, and convergence. In C. Schaefer & L. Carey (Eds.), *Family play therapy* (pp. 3-19). Northvale, NJ: Aronson.

Mills, J., & Crowley, R. (2001). *Therapeutic metaphors for children and the child within.* New York: Brunner/Routledge.

Minuchin, S. (1974). *Families and family therapy.* Cambridge, MA: Harvard University Press.

Minuchin, S., Nichols, M. P., & Lee, W. (2007). *Assessing families and couples: From symptom to system.* New York: Pearson.

Minuchin, S., Rosman, B. L., & Baker, L. (1978). *Psychosomatic families: Anorexia nervosa in context.* Cambridge, MA: Harvard University Press.

Montalvo, B., & Haley, J. (1973). In defense of child therapy. *Family Process, 12*(3), 227-244.

Moustakas, C. D. (1959). *Psychotherapy with children: The living relationship.* New York: Harper & Row.

Munns, E. (Ed.). (2000). *Theraplay: Innovations in attachment-enhancing play therapy.* Lanham, MD: Aronson.

Munns, E. (2011). Theraplay: Attachment-enhancing play therapy. In C. Schaefer (Ed.), *Foundations of play therapy* (2nd ed., pp. 275-296). New York: Wiley.

Nash, J. B., & Schaefer, C. E. (2011). Play therapy: Basic concepts and practices. In C. E. Schaeffer (Ed.), *Foundations of play therapy* (2nd ed., pp. 3-14). New York: Wiley.

Nichols, M. P., & Schwartz, R. C. (2008). *Family therapy: Concetps and methods* (8th ed.). New York: Pearson.

Nims, D. R. (2007). Integrating play therapy techniques into solution-focused brief therapy. *International Journal of Play Therapy, 16*(1), 54-68.

Nims, D. R., & Duba, J. D. (2011). Using play therapy techniques in a Bowenian theoretical context. *Family Journal, 19,* 83-89.

Oaklander, V. (1988). *Windows to our children.* New York: Gestalt Journal Press.

O'Connor, K. (2000). *The play therapy primer.* Hoboken, NJ: Wiley.

O'Connor, K., & Braverman, L. M. (1997). *Play therapy theory and practice: A comparative presentation.* New York: Wiley.

Onnis, L., Bernardini, M., Giambartolomei, A., Leonelli, B., Menenti, A., & Vietri, A. (2007, October). *The use of metaphors in systemic therapy: A bridge between mind and body languages.* Paper presented at the International Congress of the European Family Therapy Association, Glasgow, Scotland, United Kingdom.

Palmer, G., & Efron, D. (2007). Emotionally focused family therapy: Developing the model. *Journal of Systemic Therapies, 26*(4), 17-24.

Pare, D., & Rombach, M. A. (2003). Therapeutic letters to young persons. In C. F. Sori, L. L. Hecker, & Associates, *The therapist's notebook for children and adolescents: Homework, handouts, and activities for use in psychotherapy* (pp. 199-203). Binghamton, NY: Haworth Press.

Pearl, E., Thicken, L., Olafson, E., Boat, B., Connely, L., Barnes, J., et al. (2012). Effectiveness of community dissemination of parent-child interaction therapy. *Psychological Trauma: Theory, Research, Practice, and Policy, 4*(2), 204-213.

Piirto, J. (2003). *Understanding creativity.* Scottsdale: Great Potential Press.

Princeton University (2010). About WordNet. Retrieved from http://wordnet.princeton.edu.

Raimondi, N. M., & Walters, C. (2004). Training family therapists to work with children: Competence, relevance, and interest ratings in the field of family therapy. *American Journal of Family Therapy, 32,* 225-237.

Ricoeur, P. (1967). *The symbolism of evil.* Boston: Beacon Press.

Rober, P. (2008). Being there, experiencing and creating space for dialogue: About working with children in family therapy. *Journal of Family Therapy, 38,* 465-477.

Robinson, K. (2011). *Out of our minds: Learning to be creative* (2nd ed.). West Sussex, UK: Capstone.

Rotter, J. C., & Bush, M. V. (2000). Play and family therapy. *Family Journal, 8*(2), 172-176.

Ruble, N. (1999). The voices of therapists and children regarding the inclusion of children in family therapy: Systematic research synthesis. *Contemporary Family Therapy, 2*(4), 485-503.

Satir, V. (1972). *Peoplemaking.* Palo Alto, CA: Science and Behavior Books.

Satir, V. (1983). *Conjoint family therapy* (3rd ed.). Palo Alto, CA: Science and Behavior Books.

Sawyer, R. K. (2012). *Explaining creativity: The science of human innovation* (2nd ed.). New York: Oxford University Press.

Schaefer, C. E. (Ed.). (2011). *Foundations of play therapy* (2nd ed.). Hoboken, NJ: Wiley.

Schaefer, C. E., & Drewes, A. (Eds.). (2014). *The therapeutic powers of play: 20 core agents of change* (2nd ed.). Hoboken, NJ: Wiley.

Schaefer, C. E., & O'Connor, K. J. (1983). *Handbook of play therapy.* Hoboken, NJ: Wiley.

Schwartz, J. P., Thigpen, S. E., & Montgomery, J. K. (2006). Examination of parenting styles of processing emotions and differentiation of self. *Family Journal, 14*(1), 41-48.

Selby, E. D., Shaw, E. J., & Houtz, J. C. (2005). The creative personality. *Gifted Child Quarterly, 49*(4), 300-357.

Selekman, M. D. (1997). *Solution-focused therapy with children: Harnessing family strengths for systemic change.* New York: Guilford Press.

Selekman, M. D. (2005). Solution-oriented brief family therapy with children. In C. E. Bailey (Ed.), *Children in therapy: Using the family as a resource* (2nd ed., pp. 1-19). New York: Norton.

Selekman, M. D. (2010). *Collaborative brief therapy with children.* New York: Guilford Press.

Seymour, J. W., & Erdman, P. (1996). Family play therapy using a resiliency model. *International Journal of Play Therapy, 5*(1), 19-30.

Shallcross, L. (2011, February). Working outside the box. *Counseling Today* (pp. 26-31).

Shilts, L., & Duncan, B. (2003). Integrating externalization and scaling questions: Using visual scaling to amplify children's voices. In C. Sori & L. Hecker (Eds.), *The therapist's notebook for children and adolescents: Homework, handouts, and activities for youth in psychotherapy* (pp. 230-236). New York: Haworth Press.

Sholtes, S. K. (2003). The use of consultants in play therapy: Narrative practices with young children. In C. Sori, L. Hecker, & Associates, *The therapist's notebook for children and adolescents: Homework, handouts, and activities for use in psychotherapy* (pp. 225-229). Binghamton, NY: Haworth Press.

Simon, R. (1992). Stranger in a strange land: An interview with Salvador Minuchin. In R. Simon, *One on one: Conversations with the shapers of family therapy* (pp. 73-86). New York: Guilford Press.

Simons, V. A., & Freedman, J. (2000). Witnessing bravery: Narrative ideas for working with children and families. In C. E. Bailey (Ed.), *Children in therapy: Using the family as a resource* (pp. 20-45). New York: Norton.

Smith, C., & Nylund, D. (Eds.). (1997). *Narrative therapies with children and adolescents.* New York: Guilford Press.

Sori, C. F. (1995). The "art" of restructuring: Integrating art with structural family therapy. *Journal of Family Psychotherapy, 6,* 13-31.

Sori, C. F. (1997). Involving children in family therapy: Making family movies. In C. Sori, L. L. Hecker, & Associates, *The therapist's notebook for children and adolescents: Homework, handouts, and activities for use in psychotherapy* (pp. 281-284). Binghamton, NY: Haworth Press.

Sori, C. F. (2000). *Training family therapists to work with children and families: A modified Delphi study*. Unpublished doctoral dissertation, Purdue University, West Lafayette, IN.

Sori, C. F. (2003). Kidsculpt: Children's role in marital and family therapy. In C. Sori, L. L. Hecker, & Associates, *The therapist's notebook for children and adolescents: Homework, handouts, and activities for use in psychotherapy* (pp. 270-278). Binghamton, NY: Haworth Press.

Sori, C. F. (2006a). *Engaging children in family therapy: Creative approaches to integrating theory and research in clinical practice*. New York: Routledge.

Sori, C. F. (2006b). Family play therapy: An interview with Eliana Gil. In C. F. Sori (Ed.), *Engaging children in family therapy: Creative approaches to integrating theory and research in clinical practice* (pp. 69-90). New York: Routledge.

Sori, C. F. (2006c). Filial play therapy: An intervention with Rise VanFleet. In C. F. Sori (Ed.), *Engaging children in family therapy: Creative approaches to integrating theory and research in clinical practice* (pp. 91-116). New York: Routledge.

Sori, C. F. (2006d). Reflections on children in family therapy: An interview with Salvador Minuchin. In C. F. Sori (Ed.), *Engaging children in family therapy: Creative approaches to integrating theory and research in clinical practice* (pp. 21-36). New York: Routledge.

Sori, C. F. (2008). KidsRap: Using hip-hop to promote and punctuate change. In C. Sori, L. L. Hecker, & Associates, *The therapist's notebook: Vol. 3. More homework, handouts, and activities for use in psychotherapy* (pp. 15-28). New York: Routledge.

Sori, C. F., Dermer, S., & Wesolowski, G. (2006). Involving children in family counseling and involving parents in children's counseling: Theoretical and practical guidelines. In C. F. Sori (Ed.), *Engaging children in family therapy: Creative approaches to integrating theory and research in clinical practice* (pp. 139-158). New York: Routledge.

Sori, C. F., Hecker, L. L., & Associates. (2003). *The therapist's notebook for children and adolescents: Homework, handouts, and activities for use in psychotherapy.* Binghamton, NY: Haworth Press.

Sori, C. F., & Sprenkle, D. (2004). Training family therapists to work with children and families: A modified Delphi study. *Journal of Marital and Family Therapy, 30,* 479-495.

Strickland-Clark, L., Campbell, D., & Dallos, R. (2000). Children's and adolescents' views on family therapy. *Journal of Family Therapy, 22,* 324-341.

Terr, L. (1999). *Beyond love and work: Why adults need to play.* New York: Scribner.

Timmer, S. G., Ho, L. K. L., Urquiza, A. J., Zebell, N. M., Fernandez y Garcia, E., & Boys, D. (2011). The effectiveness of parent-child interaction therapy with depressive mothers: The changing relationship as the agent of individual change. *Child Psychiatry and Human Development, 42,* 406-423.

Topham, G. L., Wampler, K. S., Titus, G., & Rolling, E. (2011). Predicting parent and child outcomes of a filial therapy program. *International Journal of Play Therapy, 20*(2), 79-93.

Trebing, J. (2000). Short-term solution-oriented play therapy for children of divorced parents. In H. G. Kaduson & C. E. Schaefer (Eds.), *Short-term play therapy for children* (pp. 144-174). New York: Wiley.

VanFleet, R. (2014). *Filial therapy: Strengthening parent-child relationships through play* (3rd ed.). Sarasota, FL: Professional Resource Press.

VanFleet, R. (2003). Strengthening parent-child attachment with play: Filial play therapy. In C. F. Sori, L. L. Hecker, & Associates, *The therapist's notebook for children and adolescents: Homework, handouts, and activities for use in psychotherapy* (pp. 57-63). Binghamton, NY: Haworth Press.

VanFleet, R. (2005). *Filial therapy: Strengthening parent-child relationships through play* (2nd ed.). Sarasota, FL: Professional Resource Press.

VanFleet, R. (2011). Filial therapy: Strengthening family relationships with the power of play. In C. E. Schaefer (Ed.), *Foundations of play therapy* (2nd ed., pp. 153-169). New York: Wiley.

VanFleet, R. (2014). *Filial therapy: Strengthening parent-child relationships through play* (3rd ed.). Sarasota, FL: Professional Resource Press.

VanFleet, R., Ryan, S., & Smith, S. (2005). Filial therapy: A critical review. In L. Reddy, T. Files-Hall, & C. Schaefer (Eds.), *Empirically based play interventions for children* (pp. 241-264). Washington, DC: American Psychological Association.

Villeneuve, C., & LaRoche, C. (1993). The child's participation in family therapy: A review and a model. *Contemporary Family Therapy, 15*(2), 105-119.

Voss, J. L., & Paller, K. A. (2009). An electrophysiological signature of unconscious recognition memory. *Nature Neuroscience, 12*(3), 349-355.

Wetchler, J. (2003). The history of marriage and family therapy. In L. Hecker & J. Wetchler (Eds.), *An introduction to marriage and family therapy* (pp. 3-37). New York: Routledge.

White, M. (1984). Pseudo-encopresis: From avalanche to victory, from vicious to virtuous cycles. *Family Systems Medicine, 2*(2), 150-160.

White, M., & Epston, D. (1990). *Narrative means to therapeutic ends.* New York: Norton.

Wittenborn, A. K., Faber, A. J., Harvey, A. M., & Thomas, V. K. (2006). Emotionally focused family therapy and play therapy techniques. *American Journal of Family Therapy, 34,* 333-342.

Zilbach, J. J. (1986). *Young children in family therapy.* New York: Brunner/Mazel.

Zilbach, J. J. (1995). *Young children in family therapy.* Northvale, NJ: Jason Aronson.

Zilbach, J. J., Bergel, E., & Gass, C. (1972). Role of the young child in family therapy. In C. J. Sage & H. S. Kaplan (Eds.), *Progress in group and family therapy* (pp. 385-399). New York: Brunner/Mazel.

찾아보기

인 명

내 용

저자 소개

Eliana Gil 박사는 심리상담 및 치료와 교육을 제공하는 버지니아 페어펙스의 길 연구소(Gil Institute for Trauma Recovery and Education)의 설립자이며, 스타브라이트 아동 · 가족놀이치료 연구소(Starbright Training Institute for Child and Family Play Therapy)의 이사다. 그녀는 가족놀이치료 교육과 아동기에 트라우마를 경험한 성인 및 그들의 가족을 대상으로 한 전문적인 심리치료를 제공하는 가족놀이치료 전문가다.

Gil 박사는 1990년대 이후로 이노바 켈러 센터(Inova Kellar Center)와 아동 조력 센터(Childhelp Children's Center)에서 성적 학대 피해 아동을 대상으로 한 심리치료 프로그램을 운영하는 등 40여 년 동안 아동학대 방지와 심리치료 분야 발전에 많은 기여를 하고 있다. 그녀는 부부 · 가족 · 아동 전문상담사이며 부부 · 가족치료 슈퍼바이저, 미술치료사, 미국놀이치료학회 공인 슈퍼바이저로 활동하고 있다.

Gil 박사는 Virginia Techs 대학의 부부 · 가족치료 학과(Marriage and Family Therapy Department)의 겸임교수이며 미국 전역에서 상담과 교육을 진행하고 있다. 그녀는 미국아동학대방지전문가협회와 아동성학대방지 국가지원센터의 이사, 국제놀이치료협회의 대표를 역임했으며 국제놀이치료협회로부터 공로상을 받았다.

주요 저서로는 『놀이의 치유력(The Healing Power of Play)』『피학대 청소년치료(Treating Abused Adolescents)』『피학대 및 외상 아동 돕기(Helping Abused and Traumatized Children)』가 있다. 그 밖에도 아동학대와 관련한 수많은 저서와 비디오 프로그램이 있다. 현재 그녀의 저서들은 스페인어를 포함한 여러 언어들로 번역되어 활용되고 있다.

역자 소개

⊙ 진혜련(Chin, Hye Ryun)

마음돌봄상담센터 소장

미국놀이치료사학회(Association Play Therapist) 공인 슈퍼바이저(RPT-s)

한국미술치료상담학회 교수위원

뉴욕시 공인 인지행동(CBT for Depression and Trauma)상담사

〈저서〉

『BE HAPPY』 시리즈(공저, 엘리북, 2011)

⊙ 허미정(Heo, Mi Jeong)

더불어자라는숲 심리상담센터 소장

한국임상모래놀이치료학회 KSST 공인 모래놀이치료사 1급

한국가족치료학회 부부가족상담전문가 2급

한국상담학회 전문상담사 2급

⊙ 최연실(Choi, Youn Shil)

상명대학교 가족복지학과 교수

한국가족치료학회 부부가족상담 전문가 슈퍼바이저

한국상담학회 부부가족상담분과학회 슈퍼바이저

한국가족관계학회 가족상담 슈퍼바이저 및 가족생활교육 슈퍼바이저

가족놀이치료: 가족치료에서 놀이의 활용
Play in Family Therapy(2nd ed.)

2016년 11월 1일 1판 1쇄 인쇄
2016년 11월 10일 1판 1쇄 발행

지은이 • Eliana Gil
옮긴이 • 진혜련 · 허미정 · 최연실
펴낸이 • 김진환
펴낸곳 • (주) 학지사
04031 서울특별시 마포구 양화로 15길 20 마인드월드빌딩
대표전화 • 02-330-5114 팩스 • 02-324-2345
등록번호 • 제313-2006-000265호

홈페이지 • http://www.hakjisa.co.kr
페이스북 • https://www.facebook.com/hakjisabook

ISBN 978-89-997-1102-2 93180
정가 16,000원

이 도서의 국립중앙도서관 출판시도서목록(CIP)은 서지정보유통지원시스템 홈페이지(http://seoji.nl.go.kr)와 국가자료공동목록시스템(http://www.nl.go.kr/kolisnet)에서 이용하실 수 있습니다.
(CIP 제어번호: CIP2016025212)